H. Breymann, J. Schick

# Münchener Beiträge zur romanischen und englischen Philologie

H. Breymann, J. Schick

**Münchener Beiträge zur romanischen und englischen Philologie**

ISBN/EAN: 9783743300897

Hergestellt in Europa, USA, Kanada, Australien, Japan

Cover: Foto ©Thomas Meinert / pixelio.de

Manufactured and distributed by brebook publishing software
(www.brebook.com)

H. Breymann, J. Schick

**Münchener Beiträge zur romanischen und englischen Philologie**

# MÜNCHENER BEITRÄGE

ZUR

# ROMANISCHEN UND ENGLISCHEN PHILOLOGIE.

HERAUSGEGEBEN

VON

## H. BREYMANN UND J. SCHICK.

— —

LII.

ENTWICKLUNG DES BIBLISCHEN DRAMAS DES XVI.
JAHRHUNDERTS IN FRANKREICH UNTER DEM EINFLUSS
DER LITERARISCHEN RENAISSANCEBEWEGUNG.

❀

LEIPZIG.
A. DEICHERT'SCHE VERLAGSBUCHHANDLUNG NACHF.
1911.

# ENTWICKLUNG DES BIBLISCHEN DRAMAS

# DES XVI. JAHRHUNDERTS IN FRANKREICH

## UNTER DEM EINFLUSS

## DER LITERARISCHEN RENAISSANCEBEWEGUNG.

VON

## Dr. ERWIN KOHLER.

— ⋘ —

LEIPZIG.

A. DEICHERT'SCHE VERLAGSBUCHHANDLUNG NACHF.

1911.

Meinem lieben Vater.

# Inhaltsverzeichnis.

# Benützte Literatur.

Baguenault de Puchesse. G.: Etude biographique et littéraire sur deux poètes du XVIe siècle: Jean et Jacques de la Taille. Orléans 1889.

Baum, J. W.: Th. Beza nach handschriftl. Quellen dargestellt. Leipzig 1843.

Beauchamps: Recherches sur les Théâtres de France. Paris 1785.

Benoist. A.: Les Théories dramatiques avant les Discours de Corneille. In Annales de la Faculté des Lettres à Bordeaux 1891.

Bernage. S.: Etude sur Robert Garnier. Paris 1880 (thèse).

Bibliothèque du Théâtre François depuis son origine (par le duc de la Vallière). Dresde MDCCLXVIII.

Böhm. K.: Beiträge zur Kenntnis des Einflusses Seneca's auf die in der Zeit von 1552–1562 erschienenen französischen Tragödien. In Münchener Beiträge zur rom. und engl. Philol. Bd. 24.

Breitinger. H.: Les Unités d'Aristote avant le Cid de Corneille. Genève 1879.

Chasles. Ph.: Discours sur la marche et les progrès de la langue et de la littérature française. Depuis le commencement du XVIe siècle jusqu'en 1610. Paris 1829.

Clouzot: L'ancien théâtre en Poitou. Niort 1901.

Creizenach. W.: Geschichte des neueren Dramas. Bd. II: Renaissance und Reformation. Halle 1901.

Darmsteter et Hatzfeld: Le XVIe siècle en France. Paris 1893.

Du Méril, E.: Du Développement de la Tragédie en France. In Revue Germanique XI 1860.

Ebert, A.: Entwicklungsgeschichte der französischen Tragödie vornehmlich im 16. Jahrhundert. Gotha 1856.

Egger, E.: L'Hellénisme en France. Paris 1869.

Faguet, E.: Essai sur la Tragédie Française au XVIe siècle. Paris 1883 (thèse).

—: Les Manifestes dramatiques avant Corneille. In Revue des Cours et Conférences. Dez. 1900.

Godefroy, Fr.: Histoire de la littérature française depuis le XVIe siècle jusqu'à nos jours. Bd. 1: XVIe siècle. Prosateurs et Poètes. Paris 1878.

Gofflot, V.: Le Théâtre au Collège du moyen âge à nos jours. Paris 1907.

Haag, Eug. et Em.: La France protestante publ. p. H. Bordier. 1877—88.

Holl, F.: Das politische und religiöse Tendenzdrama des 16. Jahrh. in Frankreich. Bd. 26 der Münchener Beiträge zur rom. u. engl. Philologie.

Klein, Fr.: Der Chor in den wichtigsten Tragödien der französischen Renaissance. Erlangen 1897. Bd. 12 der Münchener Beiträge zur rom. u. engl. Phil.

Kulke: Jean de la Taille's Famine im Verhältnis zu Seneca's Troades. Z. fr. Spr. Litt. Suppl. III.

La Croix du Maine: Bibliothèque Françoise de — et du Verdier. Par M. Rigoley de Juvigny. Paris 1772.

Lancaster, H. C.: The French Tragi-Comedy. Its Origin and Development from 1552 to 1628. Baltimore 1907. Diss.

Lanson, G.: Etudes sur les origines de la tragédie classique en France. In Revue d'Histoire Littéraire de France X (1903) p. 177 u. 413 (zitiert als Lanson X).

— —: La Littérature française sous Henri IV (A. de Montchrestien). In Revue des deux Mondes 107 (1891) p. 369 ff.

Lenient, C.: La Satire ou la littérature militante au XVIe siècle. Paris 1877.

Littré, E.: Histoire de la langue française. Paris 1863.

Lotheissen. Ferd.: Geschichte der französischen Literatur im 17. Jahrh. Wien 1878.

Meyer. A. C. F.: Origin and progress of the dramatic art in France. Diss. Rostock 1872.

Morf: Geschichte der neueren französischen Literatur 1. Straßburg 1898.

Mouhy (Chevalier de): Abrégé de l'histoire du théâtre françois depuis son origine jusqu'au premier juillet de l'année 1780. Paris 1780.

Parfait Frères: Histoire du Théâtre François depuis son origine jusqu'à présent. Paris MDCCXLV.

Petit de Julleville. L.: Histoire de la Langue et de la Littérature française des Origines à 1900. Tome III und IV. Paris 1896.

— —: Histoire du Théâtre en France. Les Mystères. Paris 1880.

Picot. E.: Catalogue des livres composant la Bibliothèque du feu M. le Baron J. de Rothschild. Paris 1877.

Ranke. L.: Französische Geschichte vornehmlich im 16. und 17. Jahrhundert. Stuttgart 1852.

Rigal, E.: Alexandre Hardy et le théâtre français à la fin du XVIe et au commencement du XVIIe siècle. Paris 1889 (thèse).

— : Le Théâtre français avant la Période classique. Paris 1901.

Riniker. R.: Die Preziosität der französischen Renaissance-poësie. Diss. Zürich 1898.

Ronsard: Œuvres complètes de - publ. par P. Blanche-main. (Bibl. elzév.) Paris 1858.

Rothschild. J. de: Le Mistère du viel testament publ. p. . Paris 1876 (in Société des Anciens Textes français).

Rucktäschel. Th.: Einige Arts Poétiques aus der Zeit Ronsard's und Malherbe's. Diss. Leipzig 1889.

Ste-Beuve: Tableau historique et critique de la Poésie française et du Théâtre française au XVIe siècle. Paris 1842.

St-Marc Girardin: Tableau des progrès et de la marche de la littérature française au XVIe siècle. Paris 1829.

Soleinne: Catalogue de la Bibl. Dramatique de M. –. Rédigé p. L. Jacob. Bibliophile. Paris 1843.

Tilley, A.: The Literature of the French Renaissance. Cambridge 1904.

Tivier, H.: Histoire de la littérature dramatique en France depuis ses Origines jusqu'au Cid. Paris 1873.

Toldo: Le Théâtre de la Renaissance. In Revue d'Hist. litt. IV 1897.

Vauquelin, Jean: Les Diverses Poésies de –, sieur de la Fresnaye. Publiées et annotées p. Julien Travers. Caen 1869.

### Texte.

Bèze, Th. de: Tragedie Francoise du Sacrifice d'Abraham Autheur . s. l. MDLXV (Kgl. Bibliothek Stuttgart). Neudruck. Genève (Fick) 1874 (Universitätsbibl. Göttingen).

Coignac, Joachim de: La Deconfiture de Goliath. Tragedie de – . Lausanne. s. d. (Bibl. Nat. Rés. Y f 4349).

La Croix, Antoine de: Tragicomedie: l'Argument pris du troisième Chapitre de Daniel auec le Cantique des trois Enfans, chanté en la fornaise (A. D. L. C.) (Bibl. Nat. Rés. p. Yc 1198 und Bibl. Mazarine 21753).

Rivaudeau, André de: Les Œuvres poétiques d' —. nouv. éd. p. p. Mourrain de Sourdeval. Paris 1859 (Kgl. Bibl. Berlin X t 6044).

Desmazures, Louis: Tragédies Saintes. Éd. critique p. p. Charles Comte. Paris 1907. In Société des Textes Français Modernes.

Messer, Philone: Josias. Tragedie de –. S. l. (Genève) 1583 (Kgl. Bibl. Berlin X v 2871). — Adonias. Tragedie de – . Lausanne MDLXXXVI (Kgl. Bibl. Berlin Q w 9773).

Vesel, Claude de: Jephte, trad. de Buchanan p. — Paris 1566 (Großh. Bibl. Karlsruhe A dh. D b 45).

Chrestien, Florent: Jephte, trad. de Buchanan. Orléans 1567 (Bibl. Bern S h 20).

Fiefmelin. Sieur de: Les Œuvres du —. Poitiers 1601
(Bibl. de l'Ars. B.-L 6676).

Brisset, Roland: Le Premier Livre du Théâtre Tragique
de . Tours 1590 (Bibl. Nat. Rés. Y f 129).

La Taille, Jean de: Saül le furieux. In Bd. 40 der
Münchener Beiträge zur rom. und engl. Philologie, heraus-
gegeben v. H. Breymann u. J. Schick. Leipzig 1908. —
La Famine. In Œuvres Poétiques de —. Paris 1570
(Kgl. Bibl. Dresden).

Ste-Marthe. Scévole de: Les Œuvres de . Paris
MDLXXIX (Bibl. Nat. Y e 1098 u. Bibl. Mazarine 10866).

Roches, M° Des: Théâtre de —. Poitiers 1571 (Bibl. de
l'Ars. B.-L. 10918).

Chantelouve, François de: Tragedie de Pharaon et
autres Œuvres poétiques. Contenant Hymnes, divers
Sonnets et chansons. Par — . Paris s. d. (Bibl. Nat.
Rés. Y f 3876).

(Lecoq): Tragedie représentant l'odieus et sanglant meurtre
commis par le maudit Caïn à l'encontre de son frère
Abel: extraicte du 4. chap. de Genèse. Paris s. d. n.
nom. (Bibl. Nat. Rés. Y f 3876. Darin auch „Pharaon"
von Chantelouve.)

Amboise, Adrien d': Holoferne. Tragedie sacree extraite
de l'Histoire de Judith. Par . Paris MDLXXX·
(Bibl. Nat. Rés. Y f 4261).

Garnier, Robert: Les Tragédies de - -. Herausgeg. von
W. Förster. III. Bd. Heilbronn 1883. In Sammlung
franz. Neudrucke herausgeg. v. Karl Vollmöller.

Matthieu, Pierre: Esther, Tragedie de —. Lyon 1585
(Bibl. de l'Ars. B.-L. 10596). - - Vasthi. Premiere Tragedie
de —, docteur és droicts. Lyon MDLXXXIX (Bibl.
Wolfenbüttel. Lauf. Katal.) No. 3223. Aman, Seconde
Tragedie de . Lyon MDLXXXIX (Bibl. Wolfen-
büttel. Lauf. Kat. No. 3223).

Perrin, Fr.: Tragedie de Sichem Ravisseur (p. —). In
Diverses Tragedies Sainctes de Plusieurs Autheurs de ce
temps. Recueillies par Raphael du Petit Val. Rouen
1606 (Bibl. Nat. Rés. Y f 2902—2906). (Darin auch

noch: Esaü v. Behourt. La Machabée v. Virey, Tobie v.
Ouyn. Joseph le Chaste v. Montreux.)

**Vivre, Gerard de:** Comedie du Patriarche Abraham et
sa servante Agar. In: Trois Comedies Francoises de —.
Le tout pour l'utilite de la jeunesse et usage des escoles
francoises reveu et corrige p. Ant. Tyron. Rotterdam
1589 (Bibl. de l'Ars. B.-L. 9695).

**Heyns, Pierre:** Les Comedies et Tragedies Du Laurier.
Imprimé à Harlem par G. Romain. Pour Zacharias
Heyns, Libraire à Amsterdam. 1597 (Bibl. Nat. Rés. Y f
4471).

**Ouyn, Jacques:** Thobie. Tragi-Comedie Nouuelle. Tiree
de la S. Bible par —. Rouen 1606 (Bibl. de l'Ars.
B.-L. 10917). S. auch in „Diverses Trag. Sainctes" unter
„Perrin".

**Behourt, Jean:** Esaü ou le Chasseur. En Forme de Tra-
gedie. Rouen 1599. In Diverses Tragedies de plusieurs
autheurs de ce temps. Recueillies par Raphael du Petit
Val. Rouen 1599 (Bibl. Nat. Y f 4735— 41). (Darin auch:
S. Cloüaud v. J. Heudon, Pyrrhe v. J. Heudon. La Medee
v. La Peruse, La Machabée v. Virey, Adonis v. Le Breton.
La Polyxène v. Behourt.)  „Esaü" auch in Diverses Trag.
Saintes s. n. „Perrin".

**Montchrestien:** Les Tragédies de Montchrestien. Nouv.
ed. p. p. Petit de Julleville  Paris 1891 (Bibl. Elz.)
(Kgl. Bibl. Berlin A g 2506).

**Virey, Jean de:** La Machabée. Tragedie du martyre des
sept frères et de Solomone leur mère p. —. Paris 1600
(Kgl. Bibl. Berlin X v 2896). S. a. in Diverses Trag.
Sainctes unter „Perrin" und in Diverses Trag. unter
„Behourt".

— —: La Divine et Heureuse Victoire des Machabees sur
le roi Antiocus. Auecques la Repurgation du Temple
de Hierusalem par  . Rouen 1611 (Bibl. de l'Ars.
B.-L. 10662). (Darin auch „La Machabée".)

**Montreux, Nic. de,** Pseud.: Ollenix du Mont-Sacré.
Joseph le Chaste. Comédie. Rouen 1601 (Bibl. Weimar
O f 130). S. a. Diverses Trag. Sainctes unter „Perrin".

Marcé, Rolland de: Achab. Tragedie. Composée par —. Paris 1601 (Bibl. de l'Ars. B.-L. 10491).

Nancel, Pierre de: Le Theatre sacré par —. Paris MDCVII (Bibl. Nat. Yf 2060—61).

Chretien, Nic.: Tragedie d'Amnon et Thamar p. —. In Les Tragedies de —. Rouen 1608 (Bibl. Nat. Yf 2066—69).

Billard, Claude: Tragedies Francoises de —. Seigneur de Courgenay, Bourbonnois. Paris MDCX (Bibl. Nat. Yf 2074).

# Einleitung.

In dem Parlamentsbeschluß des Jahres 1548, durch den der Confrérie de la Passion in Paris verboten wurde «*de jouer le Mystere de la Passion de nostre Sauveur, ne autres Mysteres sacrez, sous peine d'amende arbitraire*», haben wir die gemeinsame Wirkung der beiden tiefgreifendsten Strömungen in der Geistesentwicklung des 16. Jahrhunderts in Frankreich zu erblicken: Reformation und Renaissance haben das nationale Theater vernichtet.

Die Reformation hatte einen Wandel im religiösen Leben der damaligen Zeit hervorgerufen: die Äußerlichkeit der Religionsbetätigung machte einer ernsteren Frömmigkeit Platz, selbst, wenn auch teilweise unbewußt, bei denjenigen, welche der neuen Lehre nicht folgten, sie sogar bekämpften. Das Erwachen neuen religiösen Lebens brachte naturgemäß eine steigende Achtung der Religion und religiöser Dinge mit sich und so mußte man es auch unwürdig finden, religiöse Stoffe zur bloßen Unterhaltung oder zur Belustigung — einen erbaulichen Zweck verfolgten die Mystères damals kaum mehr — auf der Bühne zu sehen. Ein Verbot der Mysterienaufführung war damals um so willkommener, als auch die religiöse Polemik sich der Dramatik bemächtigte und der katholische Klerus und das Parlament eine Ausbreitung der neuen Lehre auch auf diesem Wege befürchtete.

Mehr noch als die Reformation wirkte die Renaissancebewegung an dem Entstehen jenes Verbotes mit. Sie bahnte eine Läuterung des Geschmackes an und gab der damaligen Welt vor allem den Sinn für das Schöne. Dies findet seinen

Niederschlag besonders in poetischer, also auch dramatischer
Hinsicht. Die neue aus dem Altertum geschöpfte ästhetische
Bildung konnte in den Trivialitäten und der Mangelhaftigkeit
der Mysterien ihr poetisches Ideal nicht sehen. [1] So bildete
sich in den Reihen der „lettrés" eine Gegnerschaft gegen das
mittelalterliche ernste Schauspiel heraus, deren Wirkung in
dem erwähnten Parlamentsbeschluß mitbestimmend zutage
tritt. Obgleich durch diesen der Confrérie immerhin noch
erlaubt blieb *de pouvoir jouer autres Mystères prophanes, honnestes et licites»*, so war ihr doch durch das Verbot der Aufführung geistlicher Mysterien die eigentliche Lebensader
unterbunden. Und wenn auch dieses Verbot nur für Paris
galt und in der Provinz, besonders in der konservativen Normandie, sich die Aufführung solcher Stücke noch fortsetzte,
so ist doch auch hier ein starker Rückgang, ein fortschreitendes
Absterben zu bemerken. Sollte nun das Theater einer all-
mählichen Verödung anheimfallen? Es sind abermals Reformation und Renaissance, die das Theater der damaligen
Zeit bestimmend beeinflussen. Sie brachten neues Leben,
neues Blühen.

In erster Linie war es die Renaissancebewegung, von
welcher der Anstoß zu einer Erneuerung ausging. Schon
etwa seit Mitte der dreißiger Jahre hatte eine lebhafte Über-
setzungsliteratur begonnen. Außer lateinischen und griechischen
Komödien wurden auch die Tragödien der alten Klassiker
Sophocles, Euripides und Seneca in das Französische übertragen. Auf diese Übersetzungen folgte wie in der dramatischen Literatur anderer Völker das Humanistendrama, die
Schuldramatik mit ihren lateinischen Originalstücken. Während
sich diese in der Form an die klassischen Vorbilder anschlossen,
zeigen sich in der Wahl der Stoffe zwei Hauptrichtungen:

---

[1] Vgl. die Beschreibung Chasles' von dem Mystère des Simon
Gréban: «*là se pressent et s'accumulent les mariages, les assassinats, les
morts subites, les résurrections, les anathèmes, les enchantements, les
guerres, les incendies, les supplices, les fêtes, les martyres; où les bouffons
et les courtisanes interrompent sans cesse Dieu le père et Dieu le fils;
où la foudre gronde à toutes les scènes, où la terre tremble à toutes les
actes, et qui se termine par le jugement dernier.»*

Die Vertreter der einen nehmen ihre Helden aus der Antike.
Das hervorragendste Drama dieser Gattung ist der „Julius
Caesar" des Muret (1526—85). Die andere Richtung behandelt alttestamentliche Gegenstände, teilweise in der Absicht,
das mittelalterliche Schauspiel durch Erzeugnisse, die in
Nachahmung der Alten entstanden sind, zu verdrängen. Der
bedeutendste Repräsentant dieses Strebens ist Buchanan
(1506—82), der um 1540 zwei biblische Tragödien „Baptistes
sive calomnia" und „Jephtes sive votum" veröffentlichte. Hier-
mit war der späteren nationalen Tragödie der Weg vor-
gezeichnet, um einen erfolgreichen Übergang vom mittelalterlichen Schauspiel zum Renaissancedrama herzustellen. «Plût
à Dieu», meint Faguet, «qu'ils (les tragiques du XVIe s.) en
eussent suivi de plus près la sobre et judicieuse ordonnance».  Es
dauerte in der Entwicklung der Renaissancebewegung indes
noch ein volles Dezennium bis der nächste Schritt in der
dramatischen Literatur geschah. Inzwischen hatte sich auch
seit der Regierung Franz I. der Strom der italienischen Renaissance in breitem Bette durch Lyon als Schleuse in das
aufnahmefähige und -willige Land ergossen. Im Jahre 1549
forderte Du Bellay in seiner begeisterten „Deffence et Illustration
de la langue françoise" seine Zeitgenossen auf, in Geist und
Nachahmung der Alten in französischer Sprache zu
dichten.¹) Dies war denn auch das Bestreben der ganzen
Dichterschule, der er selbst angehörte und deren vornehmstes
Mitglied Ronsard war: der Plejade. Ein reiches intensives
Schaffen setzt ein zuerst auf lyrischem Gebiet, dann auch in
der Dramatik. So erschien drei Jahre nach Du Bellay's
Manifest die «Cléopâtre captive» des Jodelle, der als der Be-
gründer der französischen Renaissancetragödie gilt. Denn seinem
Beispiel folgte eine lange Reihe von Dichtern, die alle sowohl

---

¹) Über das Drama sagt er kurz: «Quand aux comedies et tragedies,
si les roys et les republiques les couloint restituer en leur ancienne
dignité, qu'ont usurpée les farces et les moralitez, je seroy' bien d'opinion
que tu t'y employasses et si tu le veux faire pour l'ornement de ta
langue, tu scais ou tu en doibs trouver les archetypes» (Ed. Chamard,
S. 230), also „eine schroffe Ablehnung der mittelalterlichen Formen des
Dramas".

- — 4

formell wie auch meist stofflich sich an das klassische Altertum, besonders an Seneca, anschlossen.

Im Gegensatz zu dieser „streng antikisierenden" Richtung der Renaissance stehen die Versuche der Reformation, eine Erneuerung der Dramatik herbeizuführen, indem sie dem mittelalterlichen Mysterium neues Leben einzuhauchen und es im modernen Geiste umzubilden sucht. Die biblischen Stoffe lagen den Reformationsdichtern um so näher, als sie darin zugleich ihre religiösen Anschauungen niederlegen und so auch durch das Drama propagandistisch wirken konnten. Das erste dieser geistlichen Dramen ist der „Abraham sacrifiant" des Th. de Bèze. Es macht sich in der Entwicklung dieser Kategorie die Einwirkung der Renaissancedramatik unverkennbar geltend. Unter ihrem Einfluß werden diese biblischen Dramen mehr und mehr von der mittelalterlichen Form und dem mittelalterlichen Geiste geläutert.

Von dem Zeitpunkt an, wo nicht mehr bloß Reformationsdichter, sondern auch die Renaissancepoeten sich der biblischen Stoffe bemächtigen, schließt sich das biblische Drama immer enger an die Renaissancetragödie an, bis es sich schließlich — in seinen besseren Vertretern — fast nur mehr stofflich von ihr unterscheidet.

In der vorliegenden Arbeit soll nun der Versuch gemacht werden, die Entwicklung des Bibeldramas im 16. Jahrhundert unter dem Einfluß der literarischen Renaissancebewegung darzustellen. Unter der Bezeichnung „Bibeldramen" sind sämtliche Produkte der neuen Dramatik, deren Stoff dem alten Testament entnommen ist, verstanden.

Die Untersuchung zerfällt in zwei Teile: Der erste Teil beschäftigt sich mehr mit der materiellen Seite; er soll die Bibeldramen in ihrer zeitlichen Aufeinanderfolge behandeln unter Hervorhebung der für die Entwicklung der ganzen Gattung wesentlichen Merkmale, während der zweite Teil die Darstellung des Einflusses der literarischen Renaissancebewegung auf die Entwicklung der Bibeldramen enthält.

## Kapitel I

# Übersicht über die dem 16. Jahrhundert angehörenden Bibeldramen.

Eine Gruppierung der biblischen Dramen des 16. Jahrhunderts liefert uns zwei ungleiche Abschnitte. Der erste, kleinere, umfaßt diejenigen Dramen, die im Zeichen der Religionskämpfe stehend zum Zweck kalvinistischer Propaganda geschrieben sind und nicht bloß inhaltlich, sondern auch formell noch ziemlich stark den Zusammenhang mit dem mittelalterlichen ernsten Schauspiel erkennen lassen. Daneben zeigt sich doch auch schon, hauptsächlich in formeller Hinsicht, der Einfluß der neuen Dramatik. Es ist

## das Bibeldrama der Protestanten, d. h. Calvinisten.

Die Reformation stand zwar dem Theater feindlich gegenüber, wollte jedoch mit der dem Volke lieb gewordenen Tradition nicht ganz brechen und gestattete daher ab und zu Aufführungen. Doch gewann die Ansicht der calvinistischen Eiferer, es sei eine Entweihung der Bibel, Stoffe aus ihr dramatisch darzustellen, mehr und mehr die Oberhand, so daß das protestantische Bibeldrama, das außerdem auch dem damaligen antikisierenden Zeitgeist widersprach, nach kurzer Blüte verschwand. Der Begründer desselben ist, wie bereits erwähnt, Théodore de Bèze (1519–1605) mit *Abraham Sacrifiant, Tragedie Francoise*. Schon als Student der Rechte in Orléans hatte er stets große Neigung zur Dichtkunst gezeigt und war ein begeisterter Verehrer des klassischen

Altertums. Im Jahre 1548 begab er sich nach Genf, wo er sich mit Calvin befreundete und von da ab einer der eifrigsten Vorkämpfer der Reformation wurde. Bald bekam er einen Lehrstuhl des Griechischen an der Akademie in Lausanne. Hier wurde auch von seinen Schülern seine Tragödie aufgeführt. Wann wissen wir nicht genau (1549 oder 1550). Gedruckt wurde sie zum erstenmal im Jahre 1550 in Genf, dann 1551 in Lyon und 1552 in Paris unter dem Titel «*Le Sacrifice d'Abraham, tragedie françoise, separée en trois pauses, à la façon des actes des Comedies, avec des chœurs, un prologue et un epilogue*». Ein Neudruck stammt aus dem Jahre 1874 (Genève, Fick). Der große Erfolg, den Bèze mit seinem *Abraham* errang — bis zum Ende des 16. Jahrhunderts allein erschienen 10 Auflagen [1] —, ist eine Folge der in diesem Stück enthaltenen calvinistischen Tendenz. Außer den Übersetzungen in das Italienische (1572), Englische (1577) und Lateinische (1597) hat es auch eine Umarbeitung und Erweiterung in französischer Sprache erfahren durch Jean Georges, Lehrer des Französischen an St. Julien in Cöln. Der neue Titel lautete: «*Tragique Comedie augmentée, en laquelle l'histoire de deux tres-griefves tentations, desquelles le saint Patriarche Abraham a esté exercé*». Lanson gibt (in L. X. S. 211 und 222) den Beleg dafür an, daß dieses Stück im Jahre 1588 und 1609 in Montbéliard «*sur la place des Halles*» von den Schülern des Dichters aufgeführt wurde. [2]

Schon in der Vorrede zu seiner Tragödie weist Bèze darauf hin, daß er sich mit den Bestrebungen der Neuerer (Ronsard's und seiner Schule) nicht einverstanden erklärt. Das Stück beginnt mit einem Prolog, in dem der Schauplatz er-

---

[1] Da die *Cléopâtre* des Jodelle erst aus dem Jahre 1552 stammt, so bemerkt Lanson (X, S. 185) ganz richtig: «*C'est véritablement Bèze, non Jodelle, qui a inauguré la scène tragique française.*» Wenn er aber weiterführt: «*Mais Lausanne était hors de France et Bèze n'était pas de la coterie de Ronsard: le fait passa inaperçu*», so widerspricht der letzten Behauptung die hohe Anzahl der Auflagen des Bèze'schen Stückes.

[2] Nach «*Mistère du Viel Testament*» ist es auch im Druck erschienen; doch konnte ich es auf den Pariser Bibliotheken nicht ausfindig machen.

klärt und die Handlung des Stückes angedeutet wird. Der
erste Akt spielt sich vor Abrahams Haus ab. Abraham und
Sara danken Gott für die ihnen erwiesenen Gnaden. Satan *en
habit de moyne* faßt nun nach einer Verhöhnung der Mönche
und dem Preis seiner Macht, den Plan, Abraham seinem
Gott abtrünnig zu machen. Darauf erscheint dem Patriarchen
ein Engel mit dem Befehl Gottes, er solle seinen Sohn Isaak
auf dem Berge Moria opfern. Nun tritt Isaak selbst auf in
Gesellschaft von Hirten, die den Chor bilden. Abraham hat
inzwischen seinem Weibe Sara Gottes Befehl mitgeteilt. Nach
einigen Einwendungen dagegen fügt sie sich unter Tränen.
Dann gibt Abraham den Hirten und seinem Sohne die Weisung,
sich marschbereit zu machen und sich mit Lebensmitteln für
sechs Tage zu versehen. Sie brechen auf, nachdem alle von
Sara Abschied genommen haben. Satan ist wütend, daß er
bisher noch nichts erreicht hat. Der zweite, sehr kurze Akt
zeigt uns Abraham und die Seinigen am Berge Moria an-
gekommen, wo er sich mit Isaak von den Hirten trennt, die
über das traurige Wesen ihres Herrn ganz verwundert sind.
Der letzte Akt endlich stellt den Vorgang auf dem Berge
selbst dar. Dazwischen tritt auch Sara einmal in tiefstem
Kummer auf. Es folgt eine wirkungsvolle Szene von Abrahams
seelischem Kampf und Sieg, dann die Erscheinung des Engels
und Verschonung Isaaks. Ein Epilog schließt das Stück und
faßt die gute Lehre desselben zusammen.

Die Nachfolger des Th. de Bèze haben in ihren Stücken
mehr seine religiös-polemische als die künstlerische Tendenz
nachgeahmt.

Dies zeigt sich schon in der Tragödie *La Deconfiture de
Goliath* des Joachim de Coignac, eines calvinistischen
Predigers. Er hatte sie dem König Eduard VI. von England gewidmet, weil dieser, wie einst David, einen Riesen zu
Boden geschlagen habe, indem er sein Land reinigte «*du
monstre grand qui l'apaute se nomme*». Von einer Aufführung
ist uns zwar nichts bekannt, doch dürfen wir annehmen, daß
eine solche in einem calvinistischen Kolleg stattfand. Die
sehr seltene Ausgabe trägt kein Datum, nur den Erscheinungs-
ort Lausanne. Da ebenda im Jahre 1551 von demselben

Verfasser zwei Satiren erschienen sind, so setzt Rothschild das gleiche Jahr auch für die Tragödie an (Mist. d. V. Test. IV. LXIV). Diese gibt in ziemlich unregelmäßiger Form die Herausforderung Goliaths und dessen Besiegung durch David in enger Anlehnung an die Bibel wieder. Den Schluß bildet ein *Cantique de filles d'Israel*, der mit Noten versehen ist.

Ein weiterer Vertreter dieser Richtung ist Antoine de la Croix mit seiner *«Tragicomedie: L'Argument pris du troisième Chapitre de Daniel: avec le Cantique des trois enfans chanté en la fournaise»* aus dem Jahre 1561. Sie ist der Königin Johanna von Navarra, die der Reformation freundlich gesinnt war, gewidmet. Faguet (S. 102) berichtet auf Grund des Journal du théâtre français, daß diese Tragikomödie von den Confrères mit großem Erfolg aufgeführt worden sei. Man muß indes in die Richtigkeit dieser Angabe des Journal starken Zweifel setzen, einmal weil dieses sehr unzuverlässig ist, dann weil nirgends sonst von einer Aufführung berichtet wird und weil es ganz unwahrscheinlich ist, daß die Confrérie ein hugenottisches Tendenzstück zur Aufführung gebracht hätte. Die *Pauses* und *Cantiques* kennzeichnen das Stück als Vertreter der Beza'schen Schule. Die Handlung schildert die Geschichte von den drei Jünglingen, die wegen ihrer Weigerung, Nabuchodonosors Statue anzubeten, in den Feuerofen geworfen wurden, aber durch Gottes Schutz unversehrt blieben.

Nach dem Journal du théâtre français (s. Faguet, S. 104, A. 1) hat A. de la Croix auch ein Drama *Suzanne* verfaßt, das 1561 im Kolleg zu Boucourt aufgeführt worden sein soll, von dem aber nichts weiter bekannt ist.

Etwas abseits der Entwicklungslinie des protestantischen Bibeldramas steht «Aman. *Tragedie saincte tiree du VII. Chapitre d'Esther, lirre de la saincte Bible»* von André de Rivaudeau, gentilhomme du bas Poitou (1538—1580). Sehr früh vertraut mit der lateinischen und griechischen Sprache und Literatur verfaßte er als Student von 23 Jahren seine Tragödie *«à l'art et au modelle des anciens Grecs»*. Auch bekennt er sich in einer Epistel an Remy Belleau als Bewunderer des *«merveilleux Ronsard»*, ohne sich indes ihm ganz

— 9 —

anzuschließen. Er nahm vielmehr seiner religiösen Veranlagung entsprechend den Stoff zu seiner Tragödie aus der Bibel. Als Vorbild dazu mag ihm die lateinische Tragödie „Aman" des Claude Rouillet gedient haben.¹) Die Aufführung des „Aman" des Rivaudeau fand (wahrscheinlich in einem Collège) am 24. Juli 1561 in Poitiers statt. Fünf Jahre darauf erschien er mit anderen Poesien des Dichters im Druck. Erst 1859 wurde dann wieder ein Neudruck veranstaltet. Dem Drama geht eine Zeitsatire, eine Epître an Jeanne de Foix, die Mutter König Heinrichs IV., voraus. In dem folgenden Avantparler setzt er seinem Freund De la Noue-Chavaigne de Bretaigne seine Ansichten über die Dramatik auseinander und schließt mit der Behandlung des geschichtlichen Hintergrunds der Zeit Esthers. In Aman finden wir zum erstenmal eine Einteilung in 5 Akte und deren ausdrückliche Bezeichnung. Die Handlung führt uns in etwas langatmigen Monologen und Gesprächen, die durchweg in Alexandrinern geschrieben sind, Amans Haß und hinterlistige Pläne gegen die Israeliten, besonders Mardochäus, vor. Diese werden jedoch vereitelt durch Esther, die jüdische Gemahlin des Königs Assuerus, der dann seinen früheren Günstling Aman am Galgen aufknüpfen läßt. Indem Rivaudeau dem Assuerus und Aman die griechische Religion beilegt, findet er Gelegenheit, auch die griechische Mythologie in sein Werk einzuflechten.

Den Höhepunkt des protestantischen Bibeldramas bildet die Davidtrilogie, die Tragedies sainctes: *David combattant, David triomphant, David fugitif* des Louis Desmazures (1515—1574). Er war zuerst Sekretär des Kardinals Johann von Lothringen, wurde dann später Protestant und Pastor in Metz und Straßburg. Von ihm stammen auch noch die erste Übersetzung der Äneis des Vergil in französischen Versen, zahlreiche versifizierte Psalmenübersetzungen und eine *Bergerie spirituelle*. Ob eine Aufführung seiner Dramen stattgefunden hat, ist nicht sicher, doch wahrscheinlich. Aus dem 17. Jahrhundert (1627) ist uns eine Aufführung des *David combattant*

¹) Vgl. Böhm, S. 75.

verbürgt (Lanson X. S. 231). Auch vermögen wir nicht mit
Bestimmtheit anzugeben, wann diese Dramen zum erstenmal
im Druck erschienen sind. Die älteste erhaltene Ausgabe ist
die aus dem Jahre 1566, gedruckt in Genf von François
Perrin. In der neuesten Zeit (1907) wurde ein Neudruck
veranstaltet von der Société des textes modernes. Der Trilogie ist eine Widmung an Philipp le Brun vorausgeschickt,
in der Desmazures ihre (der Hugenotten) Lage vergleicht mit
derjenigen der durch Goliath bedrängten Israeliten und hofft,
daß auch unter ihnen ein David entstehen werde. Deshalb
habe er zur Aufmunterung und Erbauung die Geschichte
Davids in Verse gebracht, sei hierbei indes nicht dem Beispiel
der profanen Dichter gefolgt. In dem sich anschließenden
Sonett rühmt er die Vorzüglichkeit des göttlichen Wortes
und verwirft die profane Dramatik. Jedes der drei Stücke
hat einen Prolog und einen Epilog. Die Chöre, geteilt in
*Trouppe* und *Demie Trouppe*, beteiligen sich lebhaft am Dialog.
Das Ganze ist rein äußerlich eingeteilt durch *Pauses*. Satan
hat eine ziemlich umfangreiche Rolle. Das Versmaß ist ein
stark wechselndes. Die Sprache ist fast durchweg edel und
wohlklingend. Der Stoff ist der aus der Bibel bekannte.
*David combattant* schildert die Herausforderung eines Israeliten
zum Zweikampf durch Goliath und die Mutlosigkeit des
Königs Saul und seines Volkes, bis David gegen den immer
übermütiger höhnenden Philister auszieht und ihn besiegt,
worauf Saul den Helden in seine eigene Familie aufnimmt.
*David triomphant* zeigt uns David zuerst auf der Höhe seines
Ruhmes. Ganz Israel jubelt ihm zu. Mit dem Königshaus
soll er durch die Heirat mit der älteren Tochter Sauls eng
verbunden werden. Doch schon erhebt sich, von Satan an-
gefacht, der Neid der Höflinge und sinnt auf Intriguen. Dem
Saul selbst redet Satan ein, David strebe nach der Krone.
Deshalb fällt der Besieger des Goliath in seiner Gnade, ja
der König, immer mehr durch die Höflinge aufgestachelt,
trachtet ihm sogar nach dem Leben. David muß fliehen.
Während dieser Vorgänge spielt sich auch ein von Desmazures
mit großer psychologischer Wahrheit gezeichnetes Motiv ab:
das allmähliche Erwachen der Liebe zu David in dem Herzen

der jüngeren Tochter Sauls. Im *David fugitif* zieht Saul von Doeg falsch beraten, entgegen dem Rat seines Sohnes Jonathan und dem seines Oberbefehlshabers Abner, mit einem Heere aus, um den fliehenden David zu erreichen und zu vernichten. In der Nacht aber versinkt durch göttliche Fügung das ganze Heer Sauls in tiefsten Schlaf, so daß auch Satan es nicht mehr aufzuwecken vermag. So gelingt es David, in das feindliche Lager bis an Sauls Ruhestätte vorzudringen. Saul erwacht und sieht sich in Davids Hand. Doch dieser verschont ihn und nun erkennt Saul dessen Seelengröße und versöhnt sich mit ihm. Ein Epilog schließt das redselige Stück.

Dem Louis Desmazures werden auch noch die beiden Tragödien *Josias, vray miroir des choses advenues de nostre temps* und *Adonias, vray miroir ou tableau et patron de l'estat des choses presentes*, die unter dem Pseudonym Messer Philone herausgegeben wurden, zugeschrieben; ob mit Recht oder Unrecht, ist noch zu wenig aufgeklärt.[1] Das Datum der Aufführung der beiden Stücke läßt sich nicht mit Sicherheit feststellen, ebenso auch nicht für den ersten Druck des *Josias*. Die älteste sichere Ausgabe des *Josias* stammt von 1566 (Genève), eine zweite von 1583. Die Handlung des sehr mittelmäßigen Dramas erstreckt sich über die ganze Regierungszeit des jüdischen Königs Josias, also über 31 Jahre. Doch hat der Dichter im *Argument* die Quellen nicht genau angegeben: «2. *Rois 21, 2. Chron. 23, 2. Rois 22 et 23, 2. Chron. 24 et 25.*» Der eigentliche Stoff ist aber aus Reg. IV. 21 und 22. Paralip. II. 23—25.[2] Im Drama wird uns die Ermordung des früheren Königs, die Salbung und Krönung des Josias geschildert. Daran schließt sich ein Chor von drei jungen Prinzen, welche die Maxime vortragen, die sie dem jungen König mitzuteilen haben. 13 Jahre später wird den Israeliten Gottes Strafgericht wegen ihres Götzendienstes angekündigt. Josias will Jehova versöhnen und läßt den Tempel wieder aufbauen. Dabei findet man das Gesetzesbuch, die

- -

[1] Vgl. über die bisherigen Meinungen: Böhm, S. 45, A. 4 und Picot, tome I, No. 1092.
[2] Böhm, S. 77.

heilige Schrift, aus der sich der König vorlesen läßt. Tief bewegt durch das göttliche Wort läßt er das ganze Land vom Götzendienst säubern. Die Baalspriester entfliehen auf Rache sinnend nach Ägypten. Doch Gottes Zorn schwebt über Israel. In einem Krieg mit Ägypten fällt der König, so daß er, als Lohn für seine Frömmigkeit, die über Israel hereinbrechende Not nicht mehr sehen und mitmachen muß. Jeremias beschließt die Tragödie mit der Klage um des Königs Tod und der Weissagung schlimmer Zeiten.

Der *Adonias* des Messer Philone erschien im Jahre 1586. Er bedeutet weder in der Form noch in der inneren Anlage einen sonderlichen Fortschritt gegenüber dem Josias und ist somit, wie dieser, von geringem literarischen Wert. Die Handlung schildert den Plan von Davids ältestem Sohne Adonias, sich noch zu Lebzeiten seines Vaters mit Beihilfe des Oberpriesters und des Oberbefehlshabers der Armee zum König in Israel aufzuwerfen. David erhält durch seine Gemahlin Bethsabee und den Propheten Nathan davon Kunde und läßt, dem eigenen Plan entsprechend, seinen jüngeren Sohn Salomon sogleich zum König ausrufen. Adonias erfährt es, fürchtet nun für sein Leben und bittet David um Verzeihung, die ihm auch gewährt wird. Kaum aber ist David gestorben, so versucht Adonias abermals, gestützt auf seine beiden Vertrauten, zu seinem Ziel zu gelangen. Er will unter dem Vorwand, des Königs Einwilligung zu seiner Verheiratung erbitten zu wollen, sich Zutritt am königlichen Hofe verschaffen. Doch Salomon durchschaut ihn und läßt ihn töten. Der Oberpriester wird abgesetzt und verbannt. Der Oberbefehlshaber der Armee wird gleichfalls zum Tode verurteilt. Der Chor schließt mit dem Gedanken, daß Gottes Geduld lange währt, schließlich aber doch das Strafgericht über den allzu kühnen Frevler hereinbricht.

Von einer *Tragédie d'Holoferne* der Cathérine de Parthenay ist uns nichts erhalten. La Croix du Maine schreibt darüber (tome 1): «*Cette Dame est beaucoup à priser pour son excellence et grandeur d'esprit. Elle a écrit et composé plusieurs tragédies et comédies françoises et entre autres la tragédie d'Holoferne, laquelle fut représentée en public à la Rochelle l'an 1574 environ: elle n'est encore imprimée.*» *Holoferne* soll geschrieben worden sein, um die in La Rochelle belagerten Hugenotten zur Ausdauer aufzumuntern. So dürfen wir annehmen, daß das Stück, religiös-erbaulichem Zweck entsprechend, in Form und Inhalt den volkstümlichen Charakter seiner Vorgänger trug.

Zu den protestantischen Bibeldramen sind auch die Übersetzungen der beiden biblischen Tragödien des Buchanan zu rechnen, der ja ebenfalls dem calvinistischen Glaubensbekenntnis angehörte, ohne indes seinen Stücken allzu starke tendenziöse Färbung zu geben. Das bedeutendere seiner beiden Werke ist das zeitlich spätere: *Jephtes sive votum*, das etwa 1542 an Buchanan's Kolleg in Bordeaux aufgeführt und 1554 herausgegeben wurde. Der Inhalt desselben ist folgender: Die Israeliten, von den Ammonitern hart bedrängt, ernennen Jephtes, einen Mann aus niederem Stande, zu ihrem Feldherrn. Bevor er in die Schlacht zieht, macht er das Gelübde, falls ihm Gott den Sieg verleihe, wolle er das erste Geschöpf ihm zum Opfer bringen, das er bei seiner Rückkehr zu Hause antreffe. Er siegt und zieht gefeiert heimwärts. Seine Tochter Iphis empfängt ihn voll Freude, während er tiefbekümmert sich seines Gelübdes erinnert. Aber trotz seiner schweren Seelenkämpfe, trotz der inständigen Bitten von Gattin und Tochter und trotzdem ihm der Priester die Unverbindlichkeit eines solchen Gelübdes darlegt, beharrt er auf dessen Erfüllung. Nach dem Abschied von ihrer Mutter schreitet Iphis gefaßt zum Opferaltar. Ein Bote meldet der trostlosen Mutter den Hergang der Opferung.

Diese Tragödie des Buchanan wurde oft in das Französische übertragen. Für das 16. Jahrhundert kommen nur in Betracht die Übersetzung des *Claude de Vesel* (Paris 1566), des *Florent Chrestien* (Orléans 1567), der seinen Vorgänger in sprachlicher und metrischer Hinsicht weit übertrifft, und endlich des *A. Mage, sieur de Fiefmelin* (Poictiers 1601).

Geringer ist Buchanan's frühere Tragödie: *Baptistes sive calomnia*, die gegen 1540 gespielt, aber erst 1578 veröffentlicht wurde. Die erste Übertragung dieser Geschichte des unerschrockenen Johannes des Täufers lieferte Roland Brisset im Jahre 1584.

Da alle diese Übersetzungen das Wesentliche aus ihrem lateinischen Vorbild haben, so können sie bei unserer Untersuchung nur hinsichtlich der Sprache und des Metrums in Betracht kommen.

In das Ende der sechziger Jahre fallen auch noch die Tragödien des Antoine Le Devin *«sieur de la Roche en Anjou, vulgairement appelé l'Esleu de Trouchay»*, die indes alle verloren gegangen sind. La Croix hatte selbst noch drei gesehen: *Judith, Esther* und *Susanne*, und bemerkt (tome I): *«Elles ne sont encore imprimées.»*

Die zweite Gruppe der Bibeldramen des 16. Jahrhunderts hebt mit denen des Jean de la Taille an, der zum erstenmal von keinen anderen als künstlerischen Rücksichten geleitet einen alttestamentlichen Stoff in die Form der klassischen Tragödie zu kleiden sucht und somit ein

## biblisches Renaissancedrama

geschaffen hat. Von diesem Bestreben sind dann, abgesehen von einigen Rückfällen in das protestantische Bibeldrama und der Annäherung an die Mystères, sämtliche Dichter biblischer Dramen in der Folgezeit getragen. Ohne eine bestimmte innere Scheidung kann diese zweite Gruppe rein chronologisch eingeteilt werden in:

### 1. Von Jean de la Taille bis Garnier.

Jean de la Taille de Bondaroy, in den dreißiger Jahren aus altadeliger, aber wenig bemittelter Familie geboren, betrieb seine Studien in Paris unter Muret und widmete sich dann in Orléans der Rechtswissenschaft, die er aber durch Ronsard's und Du Bartas' Werke begeistert der Poesie zuliebe bald wieder aufgab. Seinem Grundsatz *«in utramque paratus»* huldigend war er auch ein begeisterter und tüchtiger Soldat. Welcher Religion er angehörte, läßt sich nicht mit Sicherheit sagen. Er stand sowohl für wie auch gegen die Hugenotten im Felde. Baguenault, ein Nachkomme der Familie de la Taille, sagt in der Biographie unseres Dichters: *«nous pouvons affirmer qu'il ne fit jamais profession publique de* protestantisme» (S. 17). Das Todesjahr des J. de la Taille fällt in die ersten Dezennien des 17. Jahrhunderts. Außer zwei Tragödien stammen von ihm auch zwei Komödien: *Les Corrivaux* und *Le Negromant* (1573). Die erste seiner Tragödien ist *Saül le furieux*. Zwar bezeichnet das Journal du Théâtre français das Jahr 1562 als Datum der Aufführung: doch muß auch diese Angabe sehr vorsichtig aufgenommen werden. Im Druck erschien der *Saül* zum erstenmal im Jahre 1572 [1]) unter dem Titel: «*Saül le furieux, Tragedie prise de la Bible. Faicte selon l'art et à la mode des vieux Autheurs Tragiques. A Paris 1572*». Diese Ausgabe liegt auch dem in jüngster Zeit (1908) erschienenen Neudruck zugrunde, den Werner unternommen und als 40. Band der Münchener Beiträge zur romanischen und englischen Philologie veröffentlicht hat. Eine eingehende, von warmer Begeisterung getragene Würdigung dieser sowie der folgenden Tragödie findet sich bei Faguet (S. 144 ff.), der u. a. (S. 169) schreibt: «*Il a continué Desmazures, mais en l'épurant et en faisant sortir du mystère tragique la tragédie chrétienne qu'il contenait. Il a en le don du théâtre, à un degré beaucoup plus élevé qu'aucun autre tragique du XVIe siècle.*» Während er aber in dramatischer Hinsicht an der Spitze sämtlicher Dichter des 16. Jahrhunderts steht, läßt er leider in sprachlicher und metrischer Hinsicht gar viel zu wünschen übrig. Dem „Saül" geht La Taille's bekannte Abhandlung *De l'art de la Tragédie* voraus, die ihn auch als bedeutenden Theoretiker zeigt. Die Tragödie selbst behandelt Sauls tragisches Ende. Saul, den Gott durch Wahnsinnsanfälle bestraft, weil er gegen dessen ausdrückliches Gebot den Amalekiterkönig Agag verschont hatte, ist lebensmüde geworden, und verzweifelt an Gottes Verzeihung für seinen Ungehorsam. Er beschließt in den Tod zu gehen. Vorher wendet er sich noch einmal in heißem Flehen zum Himmel, der Allmächtige möge ihm seinen Willen kund tun. Doch dieser hört ihn nicht mehr. Und Samuel der Prophet ist schon 20 Jahre tot! In seiner trostlosen Verlassenheit nimmt er seine letzte Zuflucht zur Wahrsagerei. Während die Schlacht tobt, in

---

[1]) Vgl. auch S. 16, A. 1.

der seine Söhne gegen die Philister kämpfen, geht er zur
Hexe von Endor. Diese führt ihm durch ihre Beschwörungen
Samuels Geist vor, der ihm verkündet, daß Gott die Herrschaft ihm nehmen und dem David geben werde. Die Israeliten
werden besiegt werden. Sauls Söhne fallen und auch er werde
umkommen. Ja, sein ganzes Geschlecht werde der Herr ver-
tilgen. Gleich darauf empfängt er auch schon die Nachricht,
daß die Feinde gesiegt hätten und seine Söhne gefallen seien.
Nun erfaßt ihn aufs neue der Gedanke sich das Leben zu
nehmen. Zuerst bittet er seinen Waffenträger, ihn zu töten.
Da dieser sich weigert, stürzt er sich in den Kampf, um hier
den Tod zu suchen. Stürmisch dringt er auf die Feinde ein,
wird verwundet und zurückgedrängt. Da trifft er auf die
Leichname seiner Söhne und sinkt, sich selbst den Todesstoß
gebend, neben diesen nieder. Sein Waffenträger berichtet
das Ende des Königs dem David, auf den jetzt die Krone
übergeht.

Nicht so wirkungsvoll, aber nicht weniger bedeutend ist
La Taille's zweite Tragödie *La Famine ou les Gabaonites*, die
der Marguerite de France, royne de Navarra, gewidmet ist.
Wiederum berichtet nur das Journal du Th. fr. von einer
Aufführung (im Jahre 1571). Rigal jedoch stellt es als eine
offene Frage hin, ob La Famine überhaupt noch für eine
Aufführung geschrieben sei. Im Druck erschien sie im Jahre
1570 in Paris.[1]) Sie schließt sich inhaltlich an die voraus-
gehende an. Eine Hungersnot ist über Israel hereingebrochen.
Um sie abzuwenden, fleht der König David zu Gott und läßt
den Propheten Nathan nach der Ursache der harten Strafe
fragen. Dieser bezeichnet sie als eine Vergeltung eines Eid-
bruches, durch welchen Saul den Gabaonitern gegenüber ge-
sündigt habe. Als Sühne verlange Gott die Auslieferung der
hinterbliebenen Söhne und Enkel Sauls an die Gabaoniter
zur Kreuzigung. David erteilt hierzu den Befehl, der bald

---

[1]) Also vor der oben zitierten ersten Ausgabe des „Saül"; da aber
La Taille in der Vorrede zu Famine auf seinen Saül Bezug nimmt
(s. S. 48), so gewinnt die Angabe Beauchamps', es habe bereits im Jahre
1562 ein erster Druck des Saül existiert, an Glaubwürdigkeit (vgl. dag.
Werner, Münchener Beitr., Bd. 40, S. XVIII).

trotz des Sträubens der Witwe Sauls ausgeführt wird. Der letzte Akt bringt in einem Botenbericht die Schilderung der Hinrichtung.

Trotz des glänzenden Vorbildes, das La Taille gegeben hat, finden wir in der unmittelbar folgenden Zeit wenig Erfreuliches. Es ist die unfruchtbarste und unbedeutendste Periode des Bibeldramas, während in der profanen Renaissancetragödie Garnier schon seine Triumphe zu feiern begann. Bedauerlich ist, daß von der *Tragicomédie de Job* des Scévole de Ste-Marthe und Tiraqueau nur mehr wenige Fragmente erhalten sind: der Prolog, ein *Discours sur le même sujet* und ein *Cantique de Job*. Die Namen Ste-Marthe und Tiraqueau hatten in dem Dichterkreis in Poitiers, dem sie angehörten, einen guten Klang und die wenigen noch vorhandenen Proben zeigen, daß sie diesen wenigstens in sprachlicher Hinsicht gerechtfertigt haben. *Job* wurde nach Lanson X, 202 am 28. und 29. Juli 1572 in Poitiers aufgeführt. Zwar wird hier das Stück als Histoire bezeichnet, allein Ste-Marthe hat es in seinen *Œuvres poétiques* selbst als Tragicomédie bezeichnet.

Aus demselben Kreise in Poitiers stammt ein weiteres Fragment: das einer *Tragicomédie de Tobie*. Léris täuscht sich, wenn er (S. 325) eine vollständige *Tragicomédie de Thobie* einem Guersens zuteilt. In Poitiers befand sich nämlich in jener Zeit ein Salon, in dem wie später im Hôtel de Rambouillet in Paris sich alle hervorragenden Persönlichkeiten, besonders Dichter, angezogen von dem lebhaften Geist und auch der Schönheit der Dames des Roches, zusammenfanden. Hier verkehrte u. a. Baïf, de la Borderie, Vauquelin de la Fresnaye, Scaliger, die bereits erwähnten Ste-Marthe und Tiraqueau und auch Guersens. Dieser verliebte sich bald in die jüngere der beiden Damen, und, um ihre Gunst zu gewinnen, gestattete er ihr, seine Tragödie *Panthée* unter ihrem Namen herauszugeben (1571). So kam man dann auf die Idee, auch die Autorschaft der Dames des Roches hinsichtlich des *Tobie* anzuzweifeln. In „Théâtre de Madame des Roches" trägt *Panthée* den Vermerk: «*mise en ordre par l'âge Jules de Guersens*», was sich aber nicht findet bei *l'u Acte de la Tragi-*

*comedie de Tobie, ou sont representees les Amours et les Noces du Jeune Tobie et de Sarra, Fille de Raguel.»* Möglicherweise hätte Guersens die übrigen Akte hinzudichten sollen. Später hat dann Ouyn diesen Akt seiner Tragicomédie einverleibt.

Eine weitere Bearbeitung der Geschichte des Tobias ist die *Tragédie de Tobie* von Guillaume le Breton, Seigneur de Lafon (auch Breton de la Fond), die, wie Mouhy bemerkt, 1570 aufgeführt wurde. Auch Léris (S. 325) erwähnt sie. Doch ist sie wahrscheinlich nie im Druck erschienen. Auch das Manuskript ist verloren gegangen. Wenn indes diese Tragödie literarisch nicht bedeutender ist als die andere des Breton de la Fond, der *Adonis* (1579), so ist ihr Verlust wenig zu bedauern.

François Chantelouve, der bekannt ist durch seine hugenottenfeindliche Tragödie *Gaspar de Colligny* (1572), in der er die Bartholomäusnacht zu rechtfertigen sucht, hat auch ein biblisches Drama verfaßt: *Tragedie de Pharaon*. Er behandelt das Leben des Moses von seiner Aussetzung als Kind bis zum Untergang Pharaos und der Ägypter im roten Meer. In der Widmung an den *tresmagnanime et Catholique Prince Charles de Lorraine* spricht er von der *«rudesse du langage mal agencé et sentant les traits d'un Gentilhomme Gascon mal aisément s'adonant à la polissure du François»*. Die Tragödie wurde im Jahre 1576 durch Frère Vigerius, minenr au couvent de Libourne, herausgegeben, wie aus einem Brief dieses Mönches an Chantelouve ersichtlich ist, der vom 30. September 1576 datiert und der Ausgabe vorangedruckt ist. Trotz seines modernen Gewandes klingt dieses Stück doch stark an die mittelalterliche Manier an.

Eine gewisse Berühmtheit hat die *Tragedie representant l'odieus et sanglant meurtre commis par le maudit Caïn à l'encontre de son frère Abel* (1580) des normannischen Geistlichen Lecoq erlangt und zwar durch die Literaturgeschichten, in denen dieses Drama immer angeführt wird zum Beweis, daß neben der üppig blühenden Renaissancedramatik auch noch die Mystères fortlebten. Weiteres Interesse kann allerdings dieses ganz mittelalterliche Stück nicht beanspruchen.

In demselben Jahre (1580) erschien auch *Holoferne,
Tragedie sacree extraite de l'Histoire de Judith* von Adrien
d'Amboise. Dieser war zuerst Arzt der Könige Karl IX.
und Heinrich III. und wurde dann von Heinrich IV. zum
grand-maitre des Kollegs von Navarra ernannt. Später trat
er in den geistlichen Stand über und starb 1616 als Bischof
von Tréguier. Wie er in der Widmung seines *Holoferne* an
Madame de Broon sagt, war sein Bestreben «*de rendre presque
mot à mot le texte de l'escriture sainte*». So ist auch das Stück,
das wohl kaum eine Aufführung erlebt hat, ohne dramatisches
Interesse. In 5 Akten spielt sich die bekannte Errettung
Betuliens durch Judith ab, die dem feindlichen Feldherrn
Holofernes in der Nacht das Haupt abschlägt und so die
Feinde zum Rückzug zwingt. Hinsichtlich des Stiles sagt
Faguet «*imaginez du mauvais Garnier, du pittoresque mesquin et
de la pompe vide*» (313).

Eine *Tragédie de Susanne par Oriet*, die Léris (S. 312
u. 496) zitiert, hat niemals existiert. Es ist eine Verwechslung
mit dem Epos «*La Susanne de Didier Oriet Escuier Lorrain,
Portuois*», das der Dichter seiner Schwester Susanne Oriet
gewidmet und 1581 herausgegeben hat.

## 2. Von Garnier bis Montchrestien.

Bezeichnet J. de la Taille den Höhepunkt der Tragödie
im 16. Jahrhundert in dramatischer Hinsicht, so ist Garnier
als Vertreter der formellen Vollendung anzusehen. Es ist
bemerkenswert, daß gerade seine biblische Tragödie „*Les
Juifves*" nicht bloß von ihm selbst — im Vorwort dazu sagt
er: «*La prerogative que la verité prend sur la mensonge, l'histoire
sur la fable, un sujet et discours sacre sur un profane, m'induit
à croire que ce Traitte pourra preceller les autres*» — sondern
auch von der Mit- und Nachwelt als sein bedeutendstes Drama
bezeichnet wird.

Robert Garnier ist in La Ferté-Bernard im Maine
geboren. Das Datum seines Geburts- wie seines Todesjahres
steht nicht ganz sicher. Man nimmt etwa die Jahre 1534—
1590 als seine Lebenszeit an. Er studierte zuerst in Toulouse

die Rechte, wurde später Advokat in Paris und dann zu hohen gerichtlichen Ämtern ebendaselbst und hernach in seiner Heimat berufen. Außer lyrischen Gedichten stammen von ihm acht dramatische Werke: Eine Tragikomödie (*Bradamante*) und sieben Tragödien, von denen drei der römischen Geschichte (*Porcie* 1568, *Cornelie* 1574, *M. Antoine* 1578), drei der griechischen Sage (*Hippolyte* 1573, *La Troade* 1579, *Antigone* 1580) und eine (*Les Juifves* 1583) dem Alten Testament entnommen sind. Während er aber bei den sechs ersten Tragödien seine Muster in denen der alten Klassiker fand und bei ihrer Ausarbeitung das System der Kontamination anwandte, war er bei den „Jüdinnen" auf sich selbst angewiesen und hat so ein wirkliches Originaldrama geschaffen. Daß seine Tragödien nicht aufgeführt wurden, steht ziemlich fest. Die von Garnier in der oben angeführten Stelle verwendete Bezeichnung *Traitté* läßt vermuten, daß er selbst keinen Gedanken an eine Aufführung derselben gehabt hat. «*Les Juifves*» erschienen zum erstenmal 1583 in einer Einzelausgabe und dann immer mit den übrigen Dramen zusammen in Sammelausgaben, im 16. Jahrhundert allein 15 mal. Im Jahre 1883 erschienen sie in der Sammlung französischer Neudrucke (von K. Vollmöller), herausgegeben von Wendelin Förster. Die Wirkung der eleganten, kraftvollen Sprache in den „Jüdinnen" wird noch erhöht durch die korrekten, leicht dahinfließenden Verse, deren Form besonders in den Chorgesängen mit viel Glück und Geschick gewählt ist. Hinsichtlich des Inhalts der Tragödie kann auf die sehr ausführliche Darstellung desselben bei Ebert (S. 161) verwiesen werden, weshalb hier eine kurze Erwähnung desselben genügen mag: Weil die Israeliten selbstgefertigte Götzen angebetet hatten, bestrafte sie Gott, indem er sie und ihre ganze Königsfamilie in die Hand des assyrischen Königs Nebukadnezar gab, der sich entgegen den Bitten seiner Gemahlin und der jüdischen Königsfamilie an dieser und damit am ganzen ihm verhaßten Judenvolke grausam rächt.

Nach Garnier treten wir in jene Epoche der französischen Dramatik im 16. Jahrhundert ein, die Rigal als die «*période d'anarchie*» bezeichnet. Jetzt tauchen neben meist ungeschickten Nachahmungen Garnier's auch in Tragödienform zugestutzte

Mystères und Moralités auf teils von Anhängern der Liga, teils von Calvinisten verfaßt.

Von den unmittelbaren Nachfolgern Garnier's ist der zeitlich nächste der bekannteste: Pierre Matthieu. Er stammt aus der Franche-Comté, wo er 1563 geboren wurde und war zuerst Vorstand des Kollegs in Vercelli in Piemont. Später wurde er Advokat in Lyon und schließlich Historiograph des Königs Heinrich IV. Er starb unter Ludwig XIII. in Toulouse im Jahre 1621. Sein Fanatismus für die Liga kommt besonders in seiner Tragödie « La Guisade » zum Ausdruck. Als Dichter stand er übrigens in hohem Ansehen unter seinen Zeitgenossen. Als Zeugnis hierfür dienen die zahlreichen Oden und Sonette an ihm, die seinen Tragödien vorangedruckt sind. In einem derselben wird er sogar mit Euripides verglichen. Außer der « Guisade » und einer « Clytemnestre » haben wir von ihm drei biblische Tragödien, in denen er seiner Neigung zum Moralisieren unter Anspielung auf die Zeitverhältnisse in endlosen Reden freien Lauf läßt, weshalb sie Chasles auch « pièces barbares » nennt. Die erste Tragödie ist *Esther* betitelt. Wo und wann diese aufgeführt wurde, lehrt uns das Distichon numerale, das die Frères Parfait zitieren:

LVXII VerCeLLIs Esther regIna theatro
InsIgnI tragICa CarMIna VoCe beans.

Daraus ergibt sich das Datum 1583 und nicht wie die Frères Parfait angeben 1578, da sie ein V übersehen haben. Im Druck erschien sie zum erstenmal 1585 in Lyon.

Einige Jahre nach dieser Tragödie, als Matthieu in Lyon war, erschienen zwei weitere biblische Dramen von ihm: *Vasthi*, *première tragedie* und *Aman*, *seconde tragedie*. Sie gleichen aber in Form und Inhalt so sehr der ersten, daß sie sich deutlich als eine Zerlegung derselben verraten, wenngleich Matthieu erklärt, sie seien schon 7 oder 8 Jahre (also vor dem Erscheinen der *Esther*) verfaßt worden. « Il en a voulu faire onblier son ancienne Esther » bemerken die Frères Parfait. Von einer Aufführung derselben wissen wir nichts. Im Druck erschienen sie 1589 in Lyon. Die Handlung der « Vasthi » ist sehr dürftig: Der König Assuerus preist bei einem Gelage die Schönheit

und den Gehorsam seiner Gemahlin Vasthi, und läßt sie, um
es zu beweisen, herbeirufen. Diese aber weigert sich zu erscheinen, worauf der erzürnte König sie als Gattin zurück-
weist und Esther, die Jüdin, heiratet. Die Nachricht hiervon
erfährt Vasthi durch einen Boten.

Ebenso schwach ist «*Aman*»: Dieser will im Bewußtsein
seiner Macht die ihm verhaßten Juden, besonders Mardochäus,
vernichten. Schon hat er vom König den Befehl hierzu er-
wirkt, da wirft sich Esther dem Assnerus zu Füßen mit der
Bitte um Schonung ihrer Landsleute und schildert zugleich
Aman's Intrignen. Der König, gegen Aman aufgebracht, erfüllt Esther's Bitte. Ja er läßt Aman sogar an dem Galgen
aufhängen, den dieser für Mardochäus bestimmt hatte.

In die achtziger Jahre fällt auch eine Tragödie *David
combattant Goliath* von Jean des Caurres, die aber nicht
erhalten ist. Sie wurde überhaupt nie gedruckt. Eine Aufführung derselben am Collège in Amiens ist wahrscheinlich,
da Caurres daselbst Vorsteher war. Du Verdier bezeichnet
übrigens diesen Dichter (beim Artikel Pierre Breslay) als
einen «*grand Plagiaire*».

Ferner ist uns nichts erhalten von der Tragödie *Jephte*
von François Perrin, chanoine d'Autun, die wahrscheinlich nur eine freie Übersetzung derjenigen des Buchanan war.
Dagegen wird demselben Dichter eine *Tragedie de Sichem
Rarisseur* zugeschrieben. Indessen vermutet man auch
Jacques Du Hamel als Urheber derselben. Letztere Annahme
wird unterstützt durch die Unterschrift J. D. H. eines dem
Stück vorausgehenden Quatrains. Zum erstenmal gedruckt
im Jahre 1589 in Paris, erschien *Sichem Rarisseur* dann 1606
in der Sammlung Diverses Tragédies Sainctes de Plusieurs
Autheurs de ce temps de Petit Val. Auch diese Tragödie
kann trotz des krampfhaften Bemühens des Dichters, seine
Renaissancebildung zu zeigen, füglich noch als ein modern
zugestutztes Mystère bezeichnet werden.[1] Sie behandelt die

---

[1] Als Probe seines Stiles mag folgende Stelle genügen:
Sobal: «*Où estes-vous, Sichem?*»    Sichem: *Hors de ma patience,*
      «*Où estes-vous, Sichem?*»           «*Je suis tout hors de moy.*»

Schändung Dina's durch den Königssohn Sichem und dessen
Ermordung durch Dina's Brüder.

Wenn auch außerhalb des eigentlichen Rahmens dieser
Arbeit liegend, so mögen doch einige in dieser Zeit in den
Niederlanden entstandene biblische Dramen hier kurze Er-
wähnung finden. Es sind dies:

1. *Comedie du Patriarche Abraham et sa serrante Agar* von
Gérard de Vivre oder Duvivier, natif de Gant, maistre
d'escole de Cologne. Das Stück, das 1577 schon verfaßt und
1589 in Rotterdam im Druck erschienen war, behandelt in
Prosa die Vertreibung Hagar's und Ismael's aus dem Hause
Abraham's und deren Schicksale in der Wüste. Eigentümlich
ist, daß dieses Drama mit Vortragszeichen versehen ist; zum
Beispiel *cr* = parler bas.

2. *Les Comedies et Tragedies Du Laurier.*

$$\left.\begin{array}{l} \textit{Jokebed} \\ \textit{La Susanne} \\ \textit{Judith} \end{array}\right\} \textit{Miroir des} \left\{\begin{array}{l} \textit{Mères} \\ \textit{Mesnagères} \\ \textit{Vefves} \end{array}\right.$$

von Pierre Heyns, dem Vorstand eines Mädchenpensionates
in Harlem. *Jokebed, Miroir des vrayes Mères, Tragicomedie de l'enfance de Moyse* wurde von Heyns' Schülerinnen
1580 in Anvers aufgeführt und erschien 1597 in Harlem im
Druck. Die *Comedie de Susanne* behandelt keinen biblischen
Stoff. Die Heldin ist ein deutsches Bürgermädchen. *Le Miroir
des Vefves, tragedie sacree d'Holoferne et Judith* ging 1582 in
Anvers in Szene und wurde 1596 gedruckt. *Jokebed* und *Judith*
sind in Prosa geschrieben und in ganz plattem, moralisieren-
dem Tone gehalten. Es treten in ihnen eine Reihe allegorischer
Personen auf; z. B. in *Jokebed*: Sagesse-humaine, concubine
de Pharaon; Compassion, fille d'honneur; in *Judith*: Supériorité
accompagnée de Experience, Prudence, Autorité, Religion,
Police, Justice. Schon hieraus ergibt sich, wie diese Stücke
zu bewerten sind.

Wie schon früher erwähnt wurde, hat Jacques Ouyn
eine *Tragicomedie de Tobie* verfaßt, in die er die Fragmente
der Mlle Des Roches aufnahm und zwar als IV. Akt und in
den V. Akt noch «*Congé qui prennent Tobie et Sarra de Raguel
et de sa femme*» und «*Les Plaintes du vieux Tobie et de sa femme*

*sur l'absence de son fils*». Von einer Aufführung wird uns nichts berichtet. Die Druckerlaubnis stammt aus dem Jahre 1597. die erste Ausgabe indes erst von 1606 (Rouen). Es ist ein langweiliges Stück, das in seinem freien Aufbau und seiner preziösen Sprache uns nur wenig zu fesseln vermag. Das Beste darin sind die Entlehnungen von M^{lle} Des Roches. Parfait (III. 534) zitiert aus Ouyn gerade eine Stelle der Des Roches. Den Inhalt der Tragikomödie bildet die Begrabung eines Aussätzigen. die Erblindung des alten Tobias, die Reise des jungen. das Erwachen der Liebe in Tobias und Sara. Rückkehr nach Hause und Heilung der Blindheit des Vaters.

Schon bei der Tragikomödie des Ouyn macht sich die Nähe des drame libre bemerkbar. Noch mehr aber ist dies der Fall bei *Esaü ou le Chasseur, En Forme de Tragodie* des Jesuiten **Jean Behourt**. Vorstand des Kollegs der Bons Enfants in Rouen. Ebenda fand auch am 2. August 1598 die Aufführung des Stückes statt. das dann im folgenden Jahre in Rouen im Druck erschien. Von Behourt stammen auch noch die *Tragicomédie La Polixene* (1597) und die *Tragédie Hypsicrate* (1604). In *Esaü* hören wir im I. Akt die Erzählung der Geschichte Abraham's und seiner Familie. Der II. und III. Akt zeigt uns den leidenschaftlichen Jäger, der sich von der Jagd auf einen Zehnender berichten läßt. «*Molière s'est rappelé certainement, dans la comédie des ,,Fâcheux"., ce récit qui a de la couleur et du mouvement*» meint Jakob im Catalogue de la Bibl. Dram. de M. Soleinne. Im IV. Akt verschachert Jakob sein Erstgeburtsrecht an Esaü, der ihn im V. auch noch um den väterlichen Segen bringt. Die Sprache von Behourt zeigt ein Streben nach Schwung und klassischem Aufputz «*relevée de ces petites élégances qui sentent le bon écolier*». Diesen Worten Faguet's (S. 323) möchte ich auch noch seine Schlußbemerkung über Behourt beifügen: «*Behourt était un asse: bon écrivain en vers et son seul tort a été de se croire un tragique, travers qui serait pardonnable, s'il n'était terriblement contagieux chez nous. au XVI^e siècle, et suivants.*»

## 3. Montchrestien und seine Zeitgenossen.

Mit Montchrestien sind wir an der Schwelle des neuen
Jahrhunderts angelangt. Doch sei noch ein kurzer orien-
tierender Blick in das erste Dezennium des 17. Jahrhunderts
gestattet; denn die in dieser Epoche erschienenen Bibeldramen
tragen noch den Stempel des vorausgehenden Jahrhunderts,
dem ja auch noch der größere Teil des Lebens ihrer Verfasser angehört.

*David ou l'Adultère* und *Aman ou la Vanité* sind die beiden
Bibeldramen des Antoine Montchrestien. Der eigentliche
Name des Dichters lautete Mauchrestien, den er aber selbst
in Montchrestien umgeändert hat. Er ist etwa 1575 als Sohn
eines Apothekers in Falaise (Normandie) geboren. Schon von
Jugend auf ist sein Leben voll der mannigfaltigsten Abenteuer.
Um 1604 mußte er sogar Frankreich verlassen, weil er einen
Edelmann im Duell getötet hatte. Er flüchtete sich nach
England, konnte jedoch später wieder zurückkehren. Sein
unruhiger Geist drängte ihn bald wieder in die politischen
und religiösen Bewegungen. Als er in der Normandie für
die Sache der Calvinisten focht, wurde er überfallen und getötet. Sein Leichnam wurde nach Domfort gebracht, dort
verbrannt und seine Asche in die Winde gestreut im Jahre
1621. Trotz seines bewegten Lebens war Montchrestien ein
fruchtbarer Schriftsteller. Außer einem berühmt gewordenen
*Traité d'économie politique* (1615) stammen von ihm sechs Tragödien; neben den oben genannten noch «*Sophonisbe*», «*L'Es-
cossaise*», «*Les Lacènes*» und «*Hector*». Ob seine biblischen
Tragödien eine Aufführung erlebten, steht nicht fest, obgleich
das Journ. d. Th. fr. auch hierfür Daten weiß. Nach ihm
soll *David* 1595 auf dem Theater der Confrérie und *Aman*
1599 im Hôtel d'Argent im Marais aufgeführt worden sein.
Die erste Ausgabe seiner Tragödien, die 1600 erschien und
dem damals 13jährigen Prinzen Condé gewidmet war, arbeitete
er vollständig um und ließ sie dann wieder 1604 erscheinen.
Diese zweite Ausgabe stellt den definitiven Text dar. Er
liegt auch in dem 1891 von Petit de Julleville veranstalteten

Neudruck vor. In Montchrestien haben wir den bedeutendsten
Vertreter der Schüler Garnier's. Er ist in Sprache und
Versbau seinem Vorbild sehr nahe gekommen. Hinsichtlich
der Handlung führt er die Fehler desselben in erhöhtem
Maße weiter. Da ihm Faguet (331) eine eingehende Studie
gewidmet hat, so kann hier eine genauere Inhaltsangabe seiner
biblischen Tragödien unterbleiben. Es genügt zu erwähnen,
daß *David* die Beseitigung Urias, des Gemahls der Bethsabe
und Gottes Strafankündigung hierfür zum Gegenstand hat
und in *Aman* das bekannte Thema vom Hochmut und Fall
dieses Mannes behandelt wird. Aus letzterer Tragödie hat
auch Racine einige Stellen in seine „*Esther*" übernommen.

Um dieselbe Zeit wie Montchrestien's Tragödien erschienen
auch die des Jean de Virey, sieur du Gravier, Gentilhomme Normand. Als Kommandant der Stadt und des
Schlosses Cherbourg verfaßte er in seinen Mußestunden *La
Machabée Tragedie du martyre des sept frères et de Solomone leur
mère.* Obwohl in Alexandrinern geschrieben, nähert sich dieses
schwache Stück doch ziemlich stark dem mittelalterlichen
Schauspiel. Es weist keine Einteilung in Akte oder Szenen
noch auch einen Chor auf. Die Sprache grenzt bisweilen an
das Triviale.[1] Von einer Aufführung ist nichts bekannt.
Der erste Druck rührt aus dem Jahre 1599 (Rouen) her, an
den sich 1603 ein zweiter anschloß. Der Inhalt ergibt sich
aus dem Titel. Während Solomone auf ihrem Schloß ihre
sieben Söhne zum Festhalten am Glauben auffordert, erscheint
ein Abgesandter des Königs Antiochus, um sie an den Hof
desselben zu bringen. Dort dringt der König in die Mutter,
dann in die Söhne, sie sollten den Göttern opfern. Da sich
diese alle weigern, läßt er sie nacheinander zu Tode martern.
Dieses Martyrium füllt fast die Hälfte des Stückes aus. Am
Schluß fährt ein Blitz vom Himmel und legt einen Teil des
königlichen Palastes in Asche. Mit den Gotteslästerungen
des Königs schließt das Stück.

---

[1] Nachdem z. B. die Soldaten einen Sohn der Solomone lange
genug gemartert haben, sagt einer aus ihnen: «*Nous l'avons tant batu
qu'il en est idiot.*»

Ebenfalls aus der Geschichte der Makkabäer stammt das zweite Drama: *La Divine et Heureuse Victoire des Macabees sur le roi Antiocus. Anecques la Repurgation du Temple de Hierusalem. Rouen 1611.* Es ist nicht besser als das vorhergehende Stück. Seinen Inhalt bilden die Kämpfe des Matatias und seines Sohnes Makkabäus gegen den König Antiochus, der in zwei Schlachten unterliegt, worauf der Tempel wiederhergestellt und ein Opfer dargebracht wird.

Noch geringer als die eben genannten Dramen ist *Joseph le Chaste. Comedie par le sieur du Mont-sacré, Gentilhomme du Maine.* Der Name (Ollenix) du Mont-sacré ist ein anagrammatisches Pseudonym für Nicolaus de Montreux (1560—1610), einen sehr fruchtbaren Dichter, der besonders dadurch bekannt ist, daß er die Gattung des Pastorale aus Italien entlehnte und in Frankreich einführte. Außer dem schon genannten biblischen Drama werden ihm noch drei Komödien (*La Joyeuse, La Deceraute* und *Fleur de lys*) und sieben Tragödien (*Isabelle, Cléopâtre, Sophonisbe, Le jeune Cyrus, Annibal, Camma, Paris et Oenone*) zugeschrieben. *Joseph le Chaste*, in drei Akten mit Prolog und in zehnsilbigen Versen geschrieben, erschien 1601 in Rouen. In seiner Anlage und seinem derben Ton nähert sich dieses Stück sehr stark dem Mystère und hat auch mit der Komödie manches gemein. Deshalb meint Faguet (317): «*Cet auteur me semble avoir été assez incertain dans ses inclinations littéraires.*» In „*Isabelle*" und „*Cléopâtre*" berechtigt er zu den schönsten Hoffnungen, in „*Joseph le Chaste*" macht er alle wieder zunichte. (Vgl. Ste-Beuve, S. 236.) Den Inhalt bildet die Geschichte des alttestamentlichen Hippolyt, des Joseph von Ägypten, von seinem Aufenthalt im Hause Putiphar's, dessen Frau ihn zu verführen sucht, bis zu seiner Erhöhung durch den Pharao.

Schwach und unbedeutend sind auch die anderen noch hierher gehörigen Dramen. So erschien 1601 in Paris «*Achab, Tragédie, composée par Rolland de Marcé, lieutenant général en la Seneschaussée.*» Achab, ein gottloser König auf dem jüdischen Throne, erhält durch den Propheten die Strafandrohung Gottes. Seine Reuegedanken aber werden von seiner Gemahlin Jezabel verscheucht, so daß er sich sogar

zu einem Beutezug entschließt. Den Propheten, der ihm abrät,
läßt er töten. Kaum hat die Schlacht begonnen, erhält die
Königin die Nachricht von der Verwundung des Königs. Bis
er zu Jezabel gebracht wird, ist er schon tot. Die Königin
wird ohnmächtig. Wieder zu sich gekommen, entsagt sie
allem Schmuck und aller Freude, um nur mehr ihren Kindern
zu leben. Wie Lanson (X. 219) erwähnt, wurde vor 1604 in Usson
vor der Königin Marguerite «*Jacob, histoire sacrée en forme
de tragicomédie par Antoine de la Puiade*» aufgeführt. Das
Stück war mir indes nicht zugänglich, weshalb ich mich auf
eine bloße Erwähnung desselben beschränken muß.

Auch die folgenden drei *Tragédies sacrées* können keinen
Anspruch auf literarische Bedeutung machen: *Dina ou le Ra-
vissement, Josue ou le Sac de Jericho, Debora ou la Delivrance*
von Pierre Nancel. Sie wurden für das Amphitheater in
Doué verfaßt und daselbst im Jahre 1607 aufgeführt. Im
selben Jahre erschienen sie auch im Druck. Dina behandelt
den schon durch Perrin's Tragödie bekannten Stoff. Josue
hat die Eroberung Jerichos zum Gegenstand, bei der dann
Achan gegen Gottes Befehl Gold entwendet und deshalb ge-
steinigt wird. Debora ist eine Prophetin, die dem durch den
König Jabin von Chanaan hart bedrängten israelitischen Volke
den Barach als Feldherrn vorschlägt, der dann das Heer zum
Siege führt. Der feindliche General, der in einer Hütte
Schutz sucht, wird von der darin wohnenden Frau erstochen.

Den Charakter der Renaissancetragödie sehen wir noch
einmal ausgeprägt in den Tragödien der beiden letzten Dichter
dieses Dezenniums.

Unter den *Tragédies de Nic. Chrestien* (Rouen 1608)
finden wir neben *Les Portugaix infortunez* und *Alboin* auch eine
biblische Tragödie *Amnon et Thamar*. Formell ist sie weit
besser als die vorausgehenden, allein der Inhalt ist abstoßend.
Es handelt sich um die Schändung Thamar's durch ihren
Bruder Amnon und dessen Ermordung durch Absalon.

Endlich ist noch Claude Billard, seigneur de Courgenay zu erwähnen, der seine Tragödienstoffe bald aus dem
Altertum (*Polyxène* und *Panthée*), bald aus dem Mittelalter

(*Mérovée*), bald aus der neuen und zeitgenössischen Geschichte
(*Gaston de Foix* und *Mort d'Henri IV*) und auch aus der Bibel
(*Saül*) genommen hat. Sie sind (außer *Mort d'Henri IV*) vereinigt in *Tragedies Françoises de Claude Billard, Paris 1610*. In
seinem „*Saül*" behandelt er denselben Stoff wie J. de la Taille
in *Saül le furieux*, indes mit viel weniger Geschick. Und doch
galt er in seiner Zeit als bedeutender Dichter, wenn wir auch
die Schmeichelei Habert's

> «*A Sophocle, Euripide et Seneque il fait honte,*
> *Jodele, la Peruse et Garnier il surmonte*»

für nicht ganz aufrichtig gemeint halten dürfen. «*Peu d'invention, une composition exacte et monotone, avec un peu de mouvement parfois au dénouement; beaucoup de déclamation et quelquefois un peu d'éloquence*», so lautet die Charakteristik, die Faguet
von den etwas verspäteten Tragödien des Claude Billard
entwirft.

Bevor wir zum zweiten Teil der Abhandlung übergehen,
mögen hier einige Bemerkungen über die

## Stellung der damaligen Dichter zu den Stoffen aus der Bibel

Platz finden. Daß die calvinistischen Dichter überhaupt nur
diesen die dramatische Behandlung zugestanden (abgesehen
natürlich von der Moralité) und sie in Gegensatz zu den
«*fureurs poétiques à l'antique*» stellten, ist ohne weiteres zu verstehen. Mit welcher Intention sie aber ihre Dramen verfaßten,
zeigt Bèze's Vorrede zu seinem Abraham, in der er schreibt:
«*il m'est pris un desir de m'exercer à escrire en vers tels argumens,
non seulement pour les mieux considérer et retenir, mais aussi pour
louer Dieu en toutes sortes à moi possibles*». Damit spricht er
unter stillschweigender Voraussetzung der religiös-polemischen
Tendenz das Programm des protestantischen Bibeldramas aus,
das auf seine Nachfolger übergegangen ist. Nur Rivaudeau
nimmt hierbei insofern eine Sonderstellung ein, als er neben
seiner hohen Verehrung des „göttlichen Wortes" sich doch
teilweise der Renaissancebewegung anschließt.

Von den Renaissancedichtern selbst hören wir zuerst
Grévin zu den Bibelstoffen Stellung nehmen. Er eifert in
der Vorrede zu seiner Tragödie «*Mort de César*» (1560) gegen
die Darstellung biblischer Stoffe auf der Bühne:

> «*Car il n'est pas nostre intention*
> *De mesler la religion*
> *Dans le subiect des choses feinctes*
> *Aussi jamais les lettres sainctes*
> *Ne furent donnees de Dieu*
> *Pour en faire apres quelque jeu.*»

Erst Jean de la Taille hat durch seine beiden Tragödien
den biblischen Stoffen das Heimatsrecht in der Renaissancedramatik erworben. Er spricht mit Geringschätzung von den
profanen Stoffen und rühmt die biblischen Vorlagen «*que la
verité mesme a dictees et qui portent assez sur le front leur sauf-
conduit partout*». Als feinfühliger Dichter aber warnt er mit
einem Seitenblick auf das protestantische Bibeldrama «*qu'il
n'y ait point un tas de discours de Theologie, comme choses qui
derogent au vray subiect et qui seroient mieux seantes à un Presche.*»
(Vgl. auch die S. 64 zitierte Stelle.) Während dieses nun
von jetzt ab immer seltener wird, beginnt von seiten der Re-
naissancedichter eine reiche Produktion biblischer Dramen.
Es setzt eine „Reaktion gegen die schroffe Ablehnung geistlicher Stoffe durch die Jodelle'sche Schule" ein. So ruft
Scévole de Ste-Marthe im Prolog zu Hiob aus:

> «*Or les poetes vieux et ceux dont la pensee*
> *De payennes erreurs est encore insensee*
> *Ont rendu jusqu'ici les theâtres tout pleins*
> *De miseres de Troie et de malheurs thebains.*
> *Mais nous qui du vrai Dieu connaissons mieux la gloire*
> *Avons voulu changer les fables à l'histoire,*
> *Afin de contenter le chrestien auditeur*
> *D'un poeme chrestien et non pas d'un menteur.*»

Ebenso hält es Rolland de Marcé für die Pflicht eines
Christen «*d'employer ses honnestes loisirs à traicter de la saincte
Escripture, plustost que s'amuser et perdre le temps à representer*

- 31

*des fables et histoires profanes».* Auch Garnier stellt einen biblischen Stoff über einen profanen (s. die Stelle S. 19).
Unter den Theoretikern ist es vor allem Vauquelin de Fresnaye, der in seiner *Art poétique* wünscht:

«*du vieux testament
Voir une tragédie extraite proprement».*

Wie lebhaft sich diese Neigung bis zum Schluß des Jahrhunderts erhalten hat, zeigen Garnier's *„Juifves"* und Montchrestien's *„David"* und *„Aman".* Wie berechtigt sie ist, hat im folgenden Jahrhundert Racine mit seiner *„Athalie"* gezeigt.

## Kapitel II.

## Das biblische Drama des 16. Jahrhunderts in seiner Entwicklung unter dem Einfluss der literarischen Renaissancebewegung.

Am deutlichsten ist dieser in **formeller** Hinsicht zu erkennen, weshalb wir dieser Seite zuerst unsere Aufmerksamkeit schenken.

Klar liegt die Anlehnung an die Renaissanceliteratur vor in der **Bezeichnung** dieser dramatischen Erzeugnisse. Bei den Dichtern des protestantischen Bibeldramas begegnen wir einigem Schwanken. Schon Th. de Bèze hatte das richtige Gefühl, daß für sein Stück der Name Tragédie nicht ganz zutreffend sei und rechtfertigt sich damit, daß er nur zwischen den beiden Titeln Tragédie und Comédie die Wahl habe und *«pource qu'il tient plus de l'un que de l'autre, j'ay mieux aimé de l'appeler Tragédie».* Zu solcher Bezeichnung mag er um so mehr Grund gehabt haben, als sein Stück ja das gleiche Motiv behandelt wie die Tragödie *Iphigenie in Aulis* des Euripides. Ebenso kann er durch die Jephtestragödie seines Glaubensgenossen Buchanan beeinflußt gewesen sein. Interessant ist, daß das Stück des Georges aus dem Jahre 1588, das nur ein *remaniement* des Bèze'schen ist, den Titel Tragicomedie trägt. Diese Bezeichnung für einen biblischen

Stoff hat zum erstenmal A. de la Croix verwendet. Schon
seit Ende des 15. Jahrhunderts war sie sowohl in der
italienischen wie in der spanischen Dramatik üblich für einen
tragischen Entwurf mit glücklichem Ausgang, ist dann auch
in dieser Bedeutung in die französische Dramatik übergegangen und findet Anwendung, wenn sich auch kein de-
finitives System hierin im 16. Jahrhundert nachweisen läßt,
im allgemeinen wenigstens auf die dramatischen Produkte,
deren „verwickelte bunte und gemischte Welt mit ihrem
Wechsel von Drangsal und Freude" im Gegensatz steht zu
der „einförmigen, freudlosen Welt" der Tragödie. Deshalb
nennt auch Faguet die Tragikomödie einmal «*la tragédie déridée
et souriante*» (212). Besonders liebten es die protestantischen
Dichter ihre biblischen Dramen mit tragicomédie zu bezeichnen
(La Croix, Ste-Marthe, Heyns etc.). So wäre diese Benennung
auch angebracht bei den Davidtragödien des Desmazures,
allein dieser hat sie absichtlich tragédies genannt «*pour enseigne
aux passans rencontrée*», sucht jedoch sein Vorgehen damit zu
rechtfertigen, daß, wie in den Stücken der profanen Dichter,
«*les Personnes des Rois, des Princes, des faux dieux*» auftreten
und zeigt auch durch das Beiwort «*saincte*» an, daß wir es
mit einer besonderen Spezies von Tragödien zu tun haben.
Die Bezeichnung tragédie sainte, die vor ihm schon Rivaudeau
gebraucht hatte, findet sich im Laufe des Jahrhunderts neben
tragédie sacrée oder prise de la Bible sehr oft für die Gattung
der biblischen Dramen. Doch kommt auch der einfache Ausdruck tragédie ebenso häufig dafür vor. Ebert's Bemerkung
(S. 130 u. 132), tragédie sainte (oder sacrée) sei die Benennung für Dramen, die „religiöse Zwecke" verfolgen und
tragédie prise de la Bible diejenige für Dramen, welche „im
bloßen modernen Kunstinteresse" geschrieben sind, trifft wohl
für die erste Gattung zu; die Bezeichnung prise de la Bible
führen dagegen nur La Taille's Tragödien, woraus aber noch
keine Regel abstrahiert werden kann. Manchmal verbergen
sich unter den Titeln tragédie und tragicomédie Produkte,
die man eher als Mystères oder Moralités bezeichnen möchte;
z. B. Josias, Adonias, Pharaon, Caïn, Jokebed, Machabée.
Deshalb hat sich schon Jean de la Taille in seinem Prolog

zu Les Corrivaux darüber aufgehalten, daß die schönen Titel
Comédie und Tragédie «sont mal assortis à telles sottises, lesquelles ne retiennent rien de la façon ni du style des anciens».
Der Grund hierfür liegt besonders auch in dem Bestreben
des Dichters, seinem Stück die Aufführung zu ermöglichen,
wie weiter unten noch näher dargelegt werden soll.
Gegen Ende des Jahrhunderts finden wir für einige
geistliche Dramen auch die Bezeichnung Comédie (z. B. bei
Joseph le Chaste). Es liegt hier die Einwirkung der lateinischen Schuldramatik vor, deren geistliche Dramen vielfach
den Titel Comoedia sacra führten. Besonders üblich war dies
in den Niederlanden, weshalb auch Duvivier's Abraham et
Agar, das ja in Rotterdam erschienen ist, Comédie genannt
ist. Comédie war übrigens auch, wie Lanson (X. 414) bemerkt, der Gattungsname für jedes dramatische Produkt.
Daß bei unseren biblischen Komödien nicht an das eigentliche Lustspiel gedacht werden darf, zeigt außerdem ihr Inhalt,
der sich wesentlich von dem durch Ronsard für die Komödie
vorgeschriebenen unterscheidet: «la licence effrenée de la jeunesse,
les ruses des courtisanes, avarice des vieillards, tromperie de valets»
(11. 7).

Außer comoedia sacra sind die lateinischen Dramen auch
mit historia bezeichnet, was wir ebenfalls bei einigen späteren
französischen Bibeldramen antreffen können: z. b. bei der
Tragicomédie de Job von Ste-Marthe (in Lanson X. S. 202.
A. 6) und Jacob von A. de la Puiade. Matthieu bezeichnet
Esther als histoire tragique. Es wäre also verfehlt bei der
Bezeichnung histoire ohne weiteres an ein Mystère zu denken.

Auch die äußere Einteilung der biblischen Dramen
läßt deutlich die Einwirkung der Renaissanceliteratur erkennen.
Bei einigen Dramen protestantischer Dichter (Bèze, La Croix,
Desmazures, Ste-Marthe, Heyns) und bei dem mystèreartigen
Pharaon des Chantelouve und Caïn des Lecoq finden sich
Prolog und Epilog, die sich durch Anlehnung an die
Komödien oder auch durch Übernahme aus dem Mystère, das
sie allerdings auch seinerseits von den Komödien hat (s. Ebert,
S. 85), erklären lassen. Ihre Funktion ist genau die gleiche
wie bei den Komödien: Begrüßung der Zuschauer, Erklärung

des Schauplatzes. (bisweilen) Andeutung der Handlung. Bitte um Stillschweigen ist der Inhalt des Prologs. während der Epilog die gute Lehre des Stückes zusammenfaßt. In *Jokebed* und *Judith* von P. Heyns sind Prolog und Epilog in Gespräche zweier allegorischer Personen aufgelöst, ein Verfahren. das sich besonders häufig in den italienischen Komödien findet. In ähnlicher Weise belebt Montreux seinen Prolog durch Einführung eines Echos. Wenn aber auch einigen strengeren biblischen Renaissancedramen ein Prolog vorangeht, wie z. B. der *Esther* des P. Matthieu. so hängt dieser doch im Gegensatz zu den eben erwähnten in keiner Weise mit dem Stück selbst zusammen und ist lediglich eine Art «*Récit pour l'Entrée des Jeux*» wie bei P. Nancel.

Ferner hat man einen Einfluß der Renaissance in der Dreiteilung der Davidtragödien des Desmazures sehen wollen, indem man die antike Trilogie als Vorbild hierfür annahm. Nach dem ganzen Aufbau dieser Dramen und der literarischen Neigung Desmazures' aber scheint diese Möglichkeit fast ganz ausgeschlossen. Viel näher liegt hier die Annahme einer Beeinflussung durch die Einteilung der Mystères in journées.

Klar zeigt sich aber der Renaissanceeinfluß wieder in der Einteilung in Akte. Th. de Bèze gibt in seiner Vorrede selbst an. daß er sein Drama durch «*Pauses*» geteilt habe «*à la façon des actes des Comédies*». also in 3 Akte. Diese Dreiteilung finden wir aber bei keinem seiner Nachfolger mehr. sondern nur später noch einmal in der *Comédie Joseph le Chaste* von Montreux. Als Norm für die Akteinteilung galt indes Seneca's Beispiel [1]) und die Horazische Vorschrift der Fünfzahl. die zuerst die Humanisten befolgt haben. Ihrem Vorbild folgte dann die französische Renaissancedramatik. Von den biblischen Dramen sind nur *La Déconfiture de Goliath*, *Les Enfants en la fournaise*, die Davidtragödien des Desmazures

---

[1]) „Die unter Seneca's Namen uns überlieferten Tragödien weisen sämtlich die Einteilung in 5 numerierte Akte auf (ausgenommen sind nur die unvollständig erhaltenen Phœnissae). Bei den Griechen war aber die Zahl der zwischen Prolog und Exodus befindlichen Epeisodien nicht auf 3 beschränkt. während bei den Römern für Tragödie und Komödie die Fünfzahl der Akte üblich war" (Böhm).

und die beiden *Machabées* des Virey ohne jede Unterscheidung
der Akte. Zwar finden sich in den Stücken von Coignac und
Desmazures gewisse Einschnitte, die nach dem Muster ihres
Vorbildes durch «*Pause*» angezeigt sind, aber diese kehren
zu oft und zu unregelmäßig wieder, um eine organische Einteilung zuzulassen. In der Tragikomödie des La Croix aber
läßt sie sich durchführen durch die vier Einschnitte, welche
die Chorgesänge in die Handlung machen.

Bei den übrigen biblischen Dramen ist die Einteilung
durchgeführt durch die ausdrückliche Bezeichnung der 5 Akte,
die meist durch einen Chor getrennt werden, wie wir es zum
erstenmal im *Aman* des Rivaudeau antreffen und wie es von
La Taille ab (außer bei den schon erwähnten Dramen des
Virey und Montreux) durchweg der Fall ist.

Viel seltener dagegen ist die Andeutung der S z e n e n.
Da auch die Renaissancetragödie diese erst später aufweist,
so ist sie in der früheren Zeit als direkter Einfluß der
Komödie zu betrachten. Im protestantischen Bibeldrama
treffen wir die Andeutung der Szenen nur in den beiden
Tragödien des Messer Philone. Im *Josias* ist der Szenenwechsel durch «*Pause*» angezeigt, während im *Adonias* einer
neuen Szene in der Regel das Bibelzitat vorangeht, das ihr
den Inhalt geliefert hat. Von La Taille ab ist der Szenenwechsel, sofern er überhaupt bezeichnet wird, dadurch angedeutet, daß die Namen der Personen, die im folgenden
miteinander sprechen, der betreffenden Szene vorangedruckt
sind, also genau wie in der profanen Renaissancetragödie.
Matthieu schickt außerdem auch für jede neue Szene ein
Argument voraus. Ein beliebtes, allerdings primitives Mittel,
den Szenenwechsel anzudeuten, haben die Dichter biblischer
Stoffe aus der Renaissancedramatik übernommen, indem sie auf
eine neue Person aufmerksam machen durch Wendungen wie:

> »*Voicy anec le Roy* . . .
> *La Dame Phitonisse*» oder
> «*Mais roi-ie pas Joab?*» (J. de La Taille)
> «*C'est sans doute Nadab*
> *Je ray parler a luy*» (Montchr.) etc.

Die ausdrückliche Bezeichnung der Szenen findet sich nur in *Pharaon*, *Jokebed* und *Joseph le Chaste*. Auch M<sup>lle</sup> Des Roches hatte den Akt des *Tobie*, den sie geschrieben, in 7 Szenen eingeteilt. Aber Ouyn hat ihn ohne die Szenenbezeichnung in seine *Tragicomedie de Tobie* aufgenommen.

Ein weiteres Beispiel des klassischen Einflusses ist der Chor. Hierbei macht sich schon im Humanistendrama die Vorliebe für Seneca geltend, weil seine Chöre einen einfacheren Strophenbau aufweisen als die *immodica illa carminum rarietas* der griechischen. Vom lateinischen Schuldrama ging der Chor in die französische Dramatik über. Wir müssen uns nun zuerst klar machen, welche Auffassung die Renaissanceliteratur von ihm hatte. Am deutlichsten gibt sie Scaliger wieder, der ihn in seiner *Ars poëtica* vor allem als *pars inter actum et actum* bezeichnet, dann aber auch noch besonders hervorhebt „*ut Chori materia semper ducatur ex idea argumenti vel totius fabulae vel presentis fortunae, loci, personae et eiusmodi . . . Interdum consolatur, aliquando luget simul; reprehendit, praesagit, admiratur, indicat, admonet, discit ut doceat, eligit, sperat, dubitat.* (Vgl. Horaz, *ars poët.* 196—501.) *Denique Chori omnino est ἠϑοποιία καὶ πάϑος.*" Damit sind die Funktionen des Chors in der französischen Renaissancedramatik im wesentlichen gekennzeichnet. Das biblische Drama hat sich ihr darin allmählich angeschlossen. In den calvinistischen Stücken kann man von einem eigentlichen Chor überhaupt noch nicht sprechen. Seine Stellung nimmt hier die «*Troupe*» ein. Th. de Bèze lehnt, wie Morf bemerkt, „die schwere, gelehrte Redeweise der Chöre ab, aber behandelt die Hirten als dramatischen Chor und eliminiert ihre Spiele und Tänze, mit denen das Mysterium die Zuschauer ergötzte". Er läßt aber auch manchmal die *Troupe* an Vorausgegangenes anknüpfen und Betrachtungen anstellen. Dabei zerfällt sie, wenn die Hirten miteinander sprechen, in zwei *Demies troupes*, während sie sonst ein geschlossenes Ganzes bildet. Diese Zweiteilung läßt sich, wenn man nicht schon hier einen Einfluß Seneca's sehen will, durch das Bestreben des Dichters erklären, seinem Stück dadurch mehr dramatisches Leben zu verleihen. Deshalb nimmt auch die *Troupe* lebhaft am Dialog teil.

Sein unmittelbarer Nachfolger Coignac führt in seiner Tragödie eine Gruppe *«Filles d'Israel»* auf, ohne sie troupe oder chœur zu nennen und läßt sie nur am Schluß einen Cantique singen, dem zugleich die Noten beigegeben sind, wie es auch in der ersten Ausgabe der Davidtragödien des Desmazures der Fall gewesen sein soll. In *David combattant* finden wir zwei selbständige *«Trouppes»*, deren jede noch eine *Demie Trouppe* zur Seite hat. Auch hier tragen die *Trouppes* mehr dramatischen Charakter, indem sie sogar Intriguen gegeneinander ausspinnen. Eine ähnliche Teilung weisen noch die *«chores»* der beiden Tragödien des Messer Philone auf. In *Josias* fehlen am Schluß der ersten 4 Akte die Chorgesänge, während sie innerhalb dieser Akte Verwendung finden. Die sonstige Behandlung des Chores beschränkt sich bei Desmazures und Philone darauf, eine im vorausgehenden angedeutete Stimmung weiterklingen zu lassen. Allerdings erfüllt doch mancher Chorgesang nicht einmal diese Aufgabe, sondern ist lediglich eine Psalmenübersetzung, die ohne jeden Zusammenhang dasteht und vielfach noch irgend eine calvinistische Ansicht illustrieren soll. Bemerkenswert ist auch der *«Chore de trois Princes»* im *Josias*, der in unzählig vielen Strophen die Pflichten eines Herrschers darlegt, also rein didaktisch ist.

A. de Rivaudeau geht auch hier seine eigenen Wege. Zwar führt sein Chor noch die Bezeichnung troupe, aber der Dichter schließt sich schon viel enger an die Renaissancetragödie an, indem er jeden Akt mit einem *«chant de la troupe»* beendigt. Außerdem greift der Chor nicht mehr in die Handlung ein, sondern trägt ausschließlich kontemplativen Charakter. Besonders auffallend ist seine Chorbehandlung am Schluß der ersten zwei Akte. Er läßt jedesmal einen zweiten Chorteil von einer „Anderen aus der Troupe" singen. Den Grund hierfür scheint mir folgende Erwägung zu geben. Gerade diese beiden Schlußgesänge sind bedeutend länger als die übrigen. Deshalb hat er, um eine Monotonie zu vermeiden, einen zweiten Teil mit verändertem Versbau einer zweiten Sängerin in den Mund gelegt. Im allgemeinen zeigt sich also hinsichtlich des Chores in der Entwicklung des calvinistischen

Dramas wenig Verständnis für seine eigentliche Aufgabe und nur eine langsame und schwerfällige Annäherung an die Renaissancetragödie, deren Boden wir mit Jean de la Taille betreten. Dieser spricht sich in seiner *Art de la Tragédie* folgendermaßen über den Chor aus: «*Il fault qu'il y ait un Chœur, c'est à dire une assemblee d'hommes ou de femmes, qui à la fin de l'acte discourent sur ce qui aura esté dit devant: et surtout d'observer cette manière de taire et de supplèer* (vgl. Horaz „*tegat commissa deosque precetur*") *ce que facilement sans exprimer se pourrait entendre avoir esté fait en derrière :*».[1] Er wiederholt also nur die Ansicht der Renaissancedramatik über den Chor als „ασθετιξ άπρακτος".

In der Folgezeit haben fast alle Dichter biblischer Stoffe ihren Dramen Chöre beigegeben, die im allgemeinen eben auch die Aufgabe der Chöre der profanen Renaissancetragik inne hatten. In den meisten Dramen treten mehrere Chöre auf. Am weitesten geht hier P. Matthieu; er gibt in

[1] Er fährt dann fort: «*et de ne commencer à deduire sa Tragedie par le commencement de l'histoire ou du subiect, ains vers le milieu ou la fin ... à la mode des meilleurs Poëtes vieux ... Mais je serois trop long à deduire par le menu ce propos que ce grand Aristote en ses Poëtiques, et après luy Horace ... ont continué plus amplement et mieux que moy.*» — Klein (S. 21) interpretiert diese Stelle „daß er (der Chor) das jeweilige materielle Interesse wach erhalte, indem er nicht zu lange bei dem Anfang verweile, sondern auf den raschen Verlauf der Handlung hinarbeite. Dies im einzelnen auszuführen, würde ihn zu weit ablenken, er verweise nur noch auf Horaz und besonders Aristoteles, der seine Gedanken mit großer Feinheit dargelegt habe". und fügt dann bei: „Dort allerdings suchen wir vergebens nach solchen Rezepten; würde es doch dem Wesen des Chores als des Vertreters des lyrischen Prinzips in der Tragödie zuwiderlaufen, wenn er tätlich in die Handlung eingreifen wollte, und anders läßt sich doch das «*deduire la Tragedie vers le milieu ou la fin*» des J. de la Taille nicht auffassen." Es läßt sich aber, glaube ich, doch anders auffassen. Liegt es nicht viel näher, nach dem Strichpunkt (nach *derrière:*) einen neuen Gedanken anzunehmen, der sich nicht mehr auf den Chor, sondern den Aufbau der Tragödie bezieht? Nämlich: „du sollst die Handlung der Tragödie nicht ab ovo beginnen, sondern medias in res gehen; das haben ja schon Horaz und Aristoteles mit großer Feinheit dargelegt." In dem Werner'schen Neudruck heißt es übrigens *deduire sa Tragedie.* Dadurch aber gewinnt die eben vorgebrachte Ansicht.

seiner *Esther* jeder Hauptfigur einen Chor bei und läßt dann
außerdem noch einen weiteren Chor auftreten:

> *Assuere — Chœur des Princes;*
> *Esther — Chœur des Princesses;*
> *Mardochée — Chœur des Juifres;*
> *Chœur.*

Eine Teilung des Chores ist wohl auf Seneca zurückzuführen, in dessen Tragödien sie einigemal vorkommt, während
die griechische Dramatik nur in der *Lysistrate* des Aristophanes
und im *Aias* des Sophocles einen doppelten Chor aufweist.

Daß auch die spätere Zeit noch die eigentliche Be-
stimmung des Chores verkannte, geht aus der Vorrede Garnier's
zu seiner *Bradamante* hervor, wo er sagt: «*Et parce qu'il n'y a
point de chœurs, comme aux tragedies precedentes pour la dis-
tinction des actes*» etc. Also noch kein Fortschritt in
der Auffassung seit Scaliger!

Von Perrin ab begegnen wir in den Dramen, die sich
mehr dem Mysterienstil nähern, also volkstümlicher sein wollen,
dem Bestreben, den Chor als ein die Handlung aufhaltendes
Element mehr und mehr zu unterdrücken. Perrin selbst hat
dem ersten und zweiten Akt seines *Sichem* keinen Chor beigegeben. Ouyn hat den Chor nur mehr im 4. Akt des *Tobie*,
den M^lle Des Roches gedichtet hatte, beibehalten. Heyns
und Virey haben ihn in ihren Dramen überhaupt nicht
mehr. Die Dichter dagegen, die starr in den Bahnen der
Renaissancetragödie weiterwandelten, wie Montchrestien und
Billard, mußten auch den Chor mitführen. Inzwischen
feierte schon Hardy seine Triumphe, der der altersschwachen
Renaissancetragödie und damit auch dem Chor den Todesstoß
gegeben hat.

Der Betrachtung des Einflusses der Renaissancebewegung
auf die Sprache der Bibeldramen mag zuerst eine kurze Bemerkung über die Orthographie vorangehen. Im 16. Jahrhundert begegnen wir zwei Richtungen: die eine will die
französischen Worte in der Schreibweise dem betreffenden
lateinischen Grundwort anpassen (z. B. nopces — nuptiae),
wodurch eine große Anzahl parasitischer und auch falscher

Buchstaben in die Wörter eindrang; die andere strebt nach möglichstem Ausgleich zwischen Aussprache und Schriftbild eines Wortes (z. B. aferes = affaires). Die erste, in ihrem etymologischen Prinzip der Renaissancebewegung mehr entsprechend, war die weitaus stärkere und wurde auch von den Dichtern der biblischen Stoffe angenommen, während die andere, mehr revolutionäre, bei ihnen überhaupt keine Aufnahme fand. Schon Th. de Bèze weist sie im Vorwort zu seinem *Abraham* ab mit dem Bemerken, daß es, wollte man schreiben wie man spreche, ebensoviele Orthographien als Gegenden, ja als Personen überhaupt, geben würde.

Die Sprache der Bibeldramen ist im allgemeinen diejenige des 16. Jahrhunderts überhaupt.

In der ersten Hälfte desselben drückt ihr die Schule Marot's ihren Stempel auf, während in der zweiten Hälfte der Einfluß der Plejade, also besonders Ronsard's, sich in ihr geltend macht. Doch zeigt sich daneben auch die von Ronsard bekämpfte Tendenz, sie mit Worten, die dem Griechischen, Lateinischen und Italienischen (gegen Ende des Jahrhunderts auch dem Spanischen) entnommen sind, zu durchsetzen. Die Sprache der zweiten Hälfte des Jahrhunderts steht also unter dem Einfluß der Vollrenaissance. In den biblischen Dramen tritt dieser vor allem im Vokabular und im Stil zutage. Es ist jedoch unmöglich, im Rahmen dieser Arbeit eine erschöpfende Darstellung dieses Einflusses zu geben. Es mögen, um ihn zu kennzeichnen, die wichtigsten Gesichtspunkte genügen.

Das Bestreben der Plejade, eine von der Prosa unterschiedene poetische Sprache zu schaffen, hat eine Bereicherung des V o k a b u l a r s herbeigeführt, das dann auch unsere Dichter teilweise übernommen haben. Freilich haben die calvinistischen Dichter hiergegen Front gemacht und die *termes nouveaux* bekämpft; allein sie hatten dabei mehr die Entlehnungen aus anderen Sprachen im Auge.

Diese Bereicherung erreichten die Plejadendichter einmal durch die vermehrte Bildung von Deminutiven, die wir dann auch in den Bibeldramen zahlreich vertreten finden. Adjektive und Substantive auf et wie seulet, povrette (Desmazures), enfantet (Garnier), montaignette (La Croix), desgleichen auf elet

wie mignolet (Coignac), grandelet (Chantelouve), Dieutelet
(Matthieu), Roitelet (Nancel) finden sich fast in allen Dramen;
ferner Verba auf etter und otter, z. B. furetter (Chrestien),
vivoter (Nancel). Ein deutliches Beispiel für die beliebte Verwendung solcher Deminutivformen bieten uns die Tragödien
des P. Matthieu, dessen *Vasthi* folgende Stelle beispielshalber
entnommen ist:

> «*Je roy un petit ruisselet*
> *Qui gargouilloit son eau sur le bord verdelet*
> *Sortant d'un roc moussu esmaillé de fleurettes*
> *Où toujours voletoyent les gentiles auettes.*»

Eine weitere Bereicherung des Wortschatzes hat die
Ronsard'sche Schule durch die Homer nachgebildeten zusammengesetzten schmückenden Beiwörter erzielt. Die ganze
Renaissancetragik hat sich ihrer bedient und nach deren Vorbild auch die biblischen Dramen. So begegnen wir überall
Ausdrücken wie les champs porte-pastures (Fl. Chrestien),
les cheveux souffle-feu de Phœbus (d'Amboise), etc. Den
stärksten Gebrauch davon hat auch hier P. Matthieu gemacht.
Jede Seite bietet uns Beispiele wie nerfs tu-geant, Dieu lance-
tonnerre, le donne-lumière astre.

Andere Einflüsse sind nur vereinzelt zu konstatieren
und es begegnen italianisierte, durch den Hof der Medicis im-
portierte Formen wie justissime (Josias) oder einfältige Spiele-
reien wie flo-floter, le hastif bat-bat du cœur (Matthieu) glück-
licherweise nur selten.

Intensiver als das Vokabular ist der **Stil** der biblischen
Dramen durch die Renaissancebewegung, speziell die Renaissancetragödie beeinflußt. Zwar sind hierbei die ersten
calvinistischen Tragödien auszunehmen; denn in ihnen treffen
wir noch den einfachen naiven bisweilen auch preziösen Stil
der Marot'schen Schule an. Th. de Bèze verwirft die Bestrebungen der neueren Dichter und meint in seinem Glaubens-
eifer für den Calvinismus: «*A la verité, il leur seroit mieux
seant de chanter un cantique à Dieu que de Petrarquiser un Son-
net ... ou de contrefaire ces fureurs poëtiques à l'antique pour
destiller la gloire de ce monde et immortaliser cestuy-ci ou ceste-*

*la . . . Je n'ay roulu user de termes ni de manières de parler
trop esloignees du commun, encore que je sache telle avoir este la
façon des Grecs et des Latins principalement en leur Chorus.»*
Während Rivaudeau dann in seiner Sprache den Renaissancepoeten verrät, hat sich Desmazures an Bèze angeschlossen:

*«laissant la marche à part
Du brodequin tragique et des termes le fard».*

Allein er hat sich in seinem Stil schon nicht mehr ganz
dem Renaisanceeinfluß entziehen können, der unter den folgenden Dichtern sich immer stärker geltend macht. J. de
la Taille's Dramen tragen schon, wenn auch noch in schwer-
fälliger und ungeschickter Weise, ganz das sprachliche Gewand
der Renaissancetragödie, in das sich auch die biblischen Dramen
der Folgezeit (abgesehen von denen des Lecoq, Duvivier,
Heyns, Virey und Montreux) kleiden. Rhetorischer Schwulst
und pathetische Deklamationen, eine Folge der Nachahmung
Seneca's, tritt uns in diesen Tragödien entgegen. Auch
Garnier und Montchrestien sind von diesem Vorwurf nicht
zu reinigen.

Gehen wir nun zu den einzelnen Erscheinungen über, in
denen der Einfluß der Renaissanceliteratur auf den Stil der
biblischen Dramen zu konstatieren ist.

Die Epitheta ornantia, eine Einwirkung Ronsard's, haben
bereits Erwähnung gefunden. Es seien nur noch einfache
hinzugefügt wie l'oblieuse nuict, les Aquilons mugissans, les
laineuses brebis etc., die ebenso zahlreich wie die früher erwähnten zusammengesetzten auftreten und dem Substantiv
mehr Farbe und Leben verleihen.

Schon Jodelle und nach ihm alle Dichter der Renaissancetragödien haben, wenn sie mit besonderem Nachdruck sprechen
oder das Pathos erhöhen wollten, zur Wiederholung des
wichtigsten Satzteiles gegriffen. Dafür haben wir auch in
unseren Bibeldramen zahlreiche Beispiele, von denen nur zwei
zur Illustration angeführt seien: Saul, der nach seinem Wut-
anfall allmählich wieder zu sich kommt, stößt aus seinem
verzweifelnden Herzen die Worte hervor:

«*Ha, ha, je sens, je sens au plus creux de moy mesme*
*Ramper le sourenir de mes cuisans ennuis*» (La Taille).

Den Tod als Erlöser herbeiwünschend, beginnt er:

«*Mort, fin de mes langueurs, mort cent fois desirée,*
*Mort, le dernier refuge ...*» (Billard).

Ebenso oft begegnet die Wiederholung derselben Worte
am Anfang mehrerer Verse nacheinander, die Anaphora:
Zornig über den Ungehorsam Vasthi's ruft der König Assuerus aus:

«*Une humble et non Vasthi sera joincte auec moy,*
*Une humble et non Vasthi brizera mon esmoy,*
*Une humble et non Vasthi rejouira ma face,*
*Une humble et non Vasthi jouyra de ma grâce*» (Vasthi).

Erinnert diese Anaphora nicht sogleich an die viermalige
Wiederholung des *La Parque et non César* im 4. Akt der
*Cléopâtre* des Jodelle?

Die Beispiele für dieses der Renaissancetragödie sehr
geläufigen Mittels ließen sich noch vermehren. Manche solcher
Wiederholungen wirken zwar, statt das Pathos zu erhöhen,
nur lächerlich und oft scheinen sie überhaupt bloß ein Mittel
zu sein, den Vers zu füllen.

Ein weiteres neues Moment in der Ausdrucksweise, das
den antiken Schriftstellern nachgeahmt oder von der profanen
Renaissancetragödie in die biblischen Dramen übergegangen
ist, sind die Umschreibungen. So spricht Esau vom Greisen-
alter als vom *l'hirer des ans*, das Meer ist *les flots de Neptune*,
die rauschenden Wogen: *Du fier Neptun la murmurante bouche*,
der Mond *la seur du Soleil* (Vasthi), die Sonne *la torche dorée*,
die Augen *les beaux Soleils d'amour, deux logis d'amour, douces
prisons de belles demoiselles* etc. Besonders häufig und charakteristisch treten die Umschreibungen für die Tageszeiten auf:
z. B. für den Morgen:

«*Le jour chasse la nuit coye*
*Sorti du Levant*» (David triomph.)

oder «*Devant que l'Aurore pourpree*
*Quittast du vieil Tithon la couche diapree*» (Esaü);

für den Mittag:

«*Car il estoit le temps qu'au milieu de la plaine*
*De l'Olympe estoilé se pourmenoit Phœbus*» (*Esaü*):

für den Abend:

*Avant que de Febus la lampe iaunissante*
*Se plonge en l'Ocean*» (*Holoferne*).

Daneben finden sich auch noch andere Umschreibungen.
Um auszudrücken, daß ein Jahr verflossen ist, heißt es in
den *Juifves*:

*»Desia le grand flambeau qui court perpetuel,*
*Auoit fait dessus nous un voyage annuel.*»

Um den Tod des Jonathan anzudeuten, läßt Billard seinen
Helden sagen:

«*Jonathan qui maintenant se lave*
*Au Cocyte flotant.*»

Osten und Westen sind in *Aman* (Montchr.) umschrieben
mit den Worten:

«*Au bord où le soleil vient sa torche allumer*
*A celui qui le void esteindre dans la mer.*»

Die angeführten Beispiele zeigen uns auch noch großen-
teils einen weiteren Einfluß, indem sich die Renaissancepoesie
auf unsere biblischen Dramen geltend macht: die Verwendung
antiker Mythologie, «*une mosaïque d'allusions à de vieilles his-*
*toires fabuleuses, de souvenirs mythologiques*» (Du Meril, S. 27).
Das ganze mythologische Arsenal der Alten wird auch von
unseren Dichtern geplündert. Allerdings haben sich die calvinistischen Dichter von dieser Sucht ziemlich freigehalten,
ja sie bekennen sich als offene Gegner dieser Manie wie Fiefmelin, der im Vorwort seines *Jephte* (noch 1601!) erklärt:

«*Je ne suis point de ceux qui partout subtilisent*
*Et les textes sacrez, doctes, mythologisent.*»

Auch enthalten sich die mehr mittelalterlicher Manier
sich nähernden Dramen ebenfalls des dem Volke unverständ-
lichen mythologischen Apparats, aber in den eigentlichen biblischen Renaissancedramen begegnen wir antiken Göttern und

Heroen: Jupin, Mars, Apollon, Venus, Cupidon, Hercule,
Phœbus, sie alle treffen wir neben Jehova und seinen Engeln.
Durch Reminiszenzen an antike Sagengeschichte suchen die
Dichter ihren Vergleichen Schwung zu geben:

> « *Comme les Geants entassants monts sur monts*» etc.
>
> (*Saül* d. La Taille.)

Christliche und heidnische Vorstellung mischt sich in
der Stelle:

> «*et vous Anges encore*
> *Que l'arrogance fit aueeque Lucifer*
> *Culbuter de l'Olympe au parfond de l'enfer*» (Ibid.).

Ferner ist noch einer Erscheinung zu gedenken, die in
der italienischen Renaissanceliteratur in Petrarca ihren Haupt-
vertreter gefunden hat und durch diesen auch in der französischen Literatur in hohe Blüte gekommen ist (besonders
bei Ronsard). Es ist die Personifikation der Natur, die in
echt antiker Weise wieder zu leben beginnt. Alle Freuden
und Leiden werden ihr geklagt und sie wird dann zur Anteil-
nahme aufgefordert:

> «*O beau Soleil luisant qui redores le monde*
>
> . . . . . . . . . . . .
>
> *Rayonnante lumière, œil de tout l'univers*
>
> . . . . . . . . . . . .
>
> *Tu sois le bien renu.*»          (Garnier.)

> «*Astres qui sur nos chefs eternels flamboyez*
> *Regardez mes tourmens, mes angoisses voyez*» (Ibid.).

In bewegten Worten nehmen die Helden von der *douce
clarté*, von der ganzen Natur Abschied:

> *Adieu terre plantoureuse*
> *N'aguere si populeuse*
>
> . . . . . . . . . .
>
> *Adieu Siloé, fonteine*
>
> . . . . . . . . . .
>
> *Adieu cousteaux et valees*
> *Adieu rives desolées*

*Adieu verdureux Hebron*
*Vieil territoire d'Efron»* etc. (Garnier).

Ebenfalls Petrarkismus ist die Anrede einer geliebten Person mit *mon seul souci, mon âme, mon amour* etc. «*Soleil, l'œil de mes yeux et le cœur de mon cœur*» wird Dina von Sichem angesprochen.

«*Qu'as-tu, ma chère amour, mon petit œil, mon âme*»? fragt Assuerus seine geliebte Esther (Montchr.).

Endlich ist bei der Behandlung des Renaissanceeinflusses auf die Sprache auch noch jener Erscheinung zu gedenken, die der ganzen dramatischen Poesie der zweiten Hälfte des 16. Jahrhunderts ein charakteristisches Gepräge verliehen hat: die moralisierende Tendenz, die ihren klarsten Ausdruck in dem Reichtum an Sentenzen findet. In dieser Hinsicht hat vor allem Seneca dem Geschmack der damaligen Dichter entsprochen. Schon Scaliger empfiehlt den ausgedehnten Gebrauch der Sentenzen. Du Bellay preist ebenfalls die Vorzüglichkeit der *graves sentences*; Ronsard gibt den Rat: «*Tu dois illustrer ton œuvre par excellentes, et toutefois rares sentences*» und stellt den moralisierenden Charakter der Tragödien in den Vordergrund: «*lesquelles sont du tout didascaliques et enseignantes et il faut qu'en peu de paroles elles enseignent beaucoup comme mirouers de la vie humaine*» (III, 19). Deshalb tritt der Sentenzenreichtum schon in Jodelle's Tragödien auf, besonders in den Chören. Was nun die Bibeldramen betrifft, so ist auch hier bei den calvinistischen Dichtern eine starke Zurückhaltung zu bemerken, obwohl ihre Dramen, der Absicht ihrer Verfasser entsprechend, ja ausgesprochene moralisierende Tendenz zeigen. Auch die späteren volkstümlichen Erzeugnisse, wie die Dramen des D'Amboise, Chantelouve und Ouyn lassen eine Beeinflussung in dieser Hinsicht nicht erkennen. Die übrigen Dramen dagegen halten hierin mehr oder weniger gleichen Schritt mit der profanen Renaissancetragödie und heben meist auch wie diese die Sentenzen durch den Druck oder durch «*guillemets*» hervor. Darin liegt noch ein Erbstück des lateinischen Schuldramas, in dem durch diese Mittel auf die loci nobiles aufmerksam gemacht wurde.

Damit ist im allgemeinen der Einfluß gekennzeichnet, den die literarische Renaissancebewegung auf unsere biblischen Dramen in sprachlicher Hinsicht ausgeübt hat.

Bei der Betrachtung des Versbaues derselben zeigt sich ein solcher vor allem in der immer häufigeren Anwendung des Alexandriners. Zwar war dieser schon lange bekannt, aber in der der Renaissance vorausgehenden Zeit sehr vernachlässigt worden. Ronsard, der sich in der ersten Vorrede zu seiner *Franciade* hinsichtlich des Alexandriners rühmt «*lesquels vers j'ay remis le premier en honneur*» (III, 11), will ihn zwar in erster Linie als *vers héroïque* im Epos angewendet wissen, doch beweist die bald darauf folgende Stelle, daß er ihn auch als Vers der Tragödie (und der Übersetzungen) wünscht und begründet es in der zweiten Vorrede der *Franciade*: «*encore qu'ils respondent plus aux senaires des tragiques*» (III, 15). Jodelle hat in seiner *Cléopâtre* neben dem Zehnsilbler auch den Alexandriner häufig gebraucht und *Didon* ist schon durchweg in Alexandrinern verfaßt. Ebenso finden wir ihn bei Grévin und Garnier ausschließlich verwendet (abgesehen selbstverständlich von den Chorgesängen — der Chor ist bisweilen, wenn er am Dialog teilnimmt, in Alexandrinern geschrieben). Wie haben sich nun die Bibeldramen dazu gestellt?

In *Abraham sacrifiant* findet sich noch gar kein Alexandriner. Er hat das Versmaß der Mystères. Dagegen taucht schon bei Coignac neben den übrigen Versarten auch der Alexandriner auf. Desgleichen bei La Croix, der auch noch Prolog und Epilog in Alexandrinern geschrieben hat wie Desmazures. Dieser gebraucht aber in seinen Dramen selbst nur mehr Zehnsilbler und Alexandriner, während Philone wieder zu der Manier des Bèze zurückgreift. Bei Rivaudeau und den Übersetzungen der Tragödien des Buchanan zeigt sich entschiedene Vorliebe für den Alexandriner gegenüber dem Zehnsilbler. J. de la Taille verwendet zwar neben dem Alexandriner auch noch den Zehnsilbler. Aber von da ab sind sämtliche dramatischen Produkte mit biblischem Stoff bis Claude Billard's *Saül* in Alexandrinern geschrieben. Ausgenommen sind nur: *Caïn*, der in der Verwendung sämtlicher

Versarten (außer Alexandriner) sich auch hierin als Mystère kennzeichnet. *Joseph le Chaste*, der in Zehnsilblern abgefaßt ist, und die noch später zu erwähnenden Dramen von Duvivier und Heyns. Wie sehr der Alexandriner festen Fuß gefaßt hatte, zeigt uns der Umstand, daß er selbst in den Tragödien des Virey, die ja den schwächsten Renaissanceeinfluß aufweisen, der alleinige Vers ist und daß er bei Montchrestien auch in einige Chorgesänge eingedrungen ist (*David* Schlußchor des I. und II. Aktes, während er am Schluß des IV. Aktes im Wechsel mit Sechssilblern vorkommt, ein Verfahren, das schon Garnier in *Troades III* mit Glück angewendet hat).

Die Verse sind durch den Reim verbunden. Hierbei stellt Ronsard als Vorschrift auf: «*A l'imitation de quelqu'un de ce temps tu feras les vers masculins et feminins tant qu'il te sera possible*» (VII, 320). Obwohl indes dieser Gebrauch den französischen Dichtern nicht fremd war, läßt uns eine Stelle aus Du Bellay's *Deffence* immerhin vermuten, daß er etwas in Vergessenheit geraten war und seine Wiederaufnahme damals als ein Kennzeichen der neuen Poesie zu betrachten war (s. Deff. et Illustr. II. Cap. IX). Die Dichter des protestantischen Bibeldramas haben diese Regel vernachlässigt. J. de la Taille hat sie zwar im *Saül* beobachtet, aber in der Vorrede zu *Famine* bemerkt er: *Je n'ay voulu, amy Lecteur, obseruer ici les vers masculins ni feminius (ainsi qu'en mon Saül), car outre qu'on ne chante queres les Tragedies ny Comedies, sinon les Chœurs, où i'ay gardé ceste rigoureuse loy, il suffit que les vers au reste soient bien faicts, bien coulans et representent bien nos affections humaines et toute autre chose.* Somit ist er in *Famine* auf das Vorbild der *Cléopâtre* des Jodelle zurückgegangen, in der ja auch der strenge Wechsel männlicher und weiblicher Reimpaare nur im Chor durchgeführt ist. Jodelle's Nachfolger haben in ihren Tragödien diesen Wechsel auch in den dialogischen Partien beobachtet, so La Péruse in seiner *Médée* (1555) und Grévin in seinem *Mort de César* (1558). Ebenso unterziehen sich alle Bibeldramen nach La Taille dieser «*rigoureuse loy*» der Renaissancepoesie.

Eine bemerkenswerte Ausnahme bildet der *Josias* des Messer Philone als das einzige Drama, das vers blancs,

reimlose Verse, aufweist. Der Gebrauch dieser geht, wie aus
Du Bellay's *Deffence* II, Cap. VII hervorgeht (wo sie noch
vers libres genannt sind), auf die italienischen Renaissance-
dichter zurück. Als Vorbilder sind Petrarca und der an dem
Hof der Catherina de Medicis lebende Dichter Luigi Alamanni
( Loys Aleman•) angeführt. Es liegt jedoch näher, auf dra-
matischem Gebiet an den Einfluß der *Sofonisba* des Trissino
(1515) zu denken, die ja auch in reimlosen Endecasillabi
verfaßt ist, und an die späteren Komödien Ariost's, die reimlose sdruccioli aufweisen. Die Plejade hat vers blancs nur
sehr wenig gebraucht: z. B. Ronsard nur in einer Ode *Sur
la naissance de François II* (II. 212). Auch die Dichter der
Folgezeit haben diese Versuche nur vereinzelt weitergeführt
und immer mit wenig Erfolg.

Die Chorgesänge mit ihren abwechslungsreichen Rhythmen,
deren immer neue zu erfinden allmählich der Ehrgeiz der
damaligen Dichter wurde, lassen nur schwer einen direkten
Einfluß der Renaissanceliteratur erkennen. Er tritt offen
entgegen nur in den wenigen Fällen, in denen einige Dichter
biblischer Stoffe Strophengebilde unmittelbar aus der Re-
naissancelyrik entlehnten und in der Chorpoesie verwen-
deten. Bevor wir diese namhaft machen, sei hier auch
der wenngleich nicht in Chorversen vorkommenden terza
rima im *Jephte* des Fl. Chrestien Erwähnung getan. Da
Faguet aber diese Strophe, die schon durch den Namen
ihren italienischen Ursprung verrät und von Melin de St-
Gelais in die französische Poesie eingeführt wurde, in seinem
*Essai* (S. 133 34) ausführlich besprochen hat, so genügt hier
die Registrierung dieses Renaissanceeinflusses unter Hinweis
auf Faguet.

Deutliche Anlehnung an die griechische Chorpoesie haben
wir in der Einteilung der Chorgesänge in Strophe, Anti-
strophe und Epode, die der *Aman* des Rivaudeau und
die *Esther* des P. Matthieu aufweisen und die in der profanen
Dramatik sich schon in der *Cléopâtre* des Jodelle findet. Bèze
dagegen hat dieses Verfahren im Vorwort zum *Abraham* ausdrücklich abgelehnt als Dinge «*qui ne servent que d'espouanter
les simples gens*».

In den Chorgesängen des *Sichem* von Perrin begegnen wir O d e n und haben damit eine weitere Dichtungsform, deren Ursprung auf antike Muster zurückgeht. Wenn in derselben Tragödie auch noch eine Odelette erscheint, so liegt hier die Nachahmung Ronsard's vor, der diese Bezeichnung ins Leben gerufen hat. Endlich sind auch noch die S o n e t t e anzuführen, die Behourt in seinen Chören verwendet. Damit ist ein Produkt der italienischen Renaissancepoesie in das Bibeldrama gekommen. Es ist über Lyon nach Frankreich gedrungen. Cl. Marot und St-Gelais sind die ersten, die sich im Sonett versucht haben. Aber es wurde erst durch die Dichter der ·Plejade besonders Du Bellay und Ronsard in der französischen Literatur heimisch. Behourt hat sich bei seiner Verwendung des bei den Dichtern des 16. Jahrhunderts beliebtesten Sonettenschemas bedient:

abba baab ccd ccd.

Damit können wir die Betrachtung über den Einfluß der Renaissancebewegung auf den Vers schließen und haben nur noch kurz diejenigen Bibeldramen anzuführen, die in P r o s a geschrieben sind, nämlich die *Comedie du Patriarche Abraham et sa servante Agar* des Gérard de Vivre und die Dramen seines Freundes P. Heyns, *Jokebed* und *Judith*. Es liegt auf der Hand, daß wir hier vor allem an den Einfluß der Komödie denken müssen. Immerhin mögen auch die beiden Vorbilder in der profanen Dramatik mit eingewirkt haben: die Übersetzung der *Sofonisba* des Trissino durch Melin de St-Gelais (1559), die auch, wohl irrtümlicherweise, als eine Originaltragödie dem Fr. Habert zugewiesen wird, und die *Lucelle, tragicomidie en prose française* (1576) des Louis le Jars, eines Freundes von Larivey. Doch läßt sich von den biblischen Dramen mit ihrer jeglichen Schwunges baren, trivialen Sprache nicht dasselbe sagen [1]), was Faguet mit Rücksicht auf die

---

[1]) Als Beispiel diene die Beschimpfung der Magd Judith's durch die Courtisane des Holoferne: «*Je parle à toy, belle dame, orde maquerelle que tu es. Ne sçavois-tu trouver autre foire pour vendre une si gente courtisane? ... Hei! s'il estoit en mon pouvoir, je la traineroy du lict par ses vilaines tresses!»* etc.

beiden eben genannten profanen Prosadramen schreibt: «*Elle (la tragédie en prose) eût insensiblement habitué les esprits à baisser un peu le ton, trop uniformément élevé chez nous, de la tragédie*» (S. 128).

Die Frage nach der A u f f ü h r u n g der Bibeldramen ist infolge des Mangels an hinreichend zuverlässigen Quellen nur ungenügend zu beantworten. Vergegenwärtigen wir uns zuerst das Resultat, zu dem Rigal nach seinen gründlichen Untersuchungen hinsichtlich der Renaissancetragödie des 16. Jahrhunderts kommt: «*Les tragédies du XVI^e siècle n'ont point paru sur un théâtre public et voici sans doute comment on peut résumer leur histoire. Les premières furent généralement composées pour être représentées, mais devant un public spécial, disposé d'avance à acclamer tout ce qui venait de la nouvelle école. Bientôt ces représentations perdirent l'attrait de la nouveauté et devinrent de plus en plus rares, et les poètes finirent par se persuader qu'il valait mieux publier leurs œuvres sans s'inquiéter de les faire jouer. Les représentations des tragiques ne cessèrent pourtant pas d'une façon absolue; mais elles devinrent l'exception et ce fut l'impression qui devint la règle*» (Alex. Hardy, S. 94).

Gilt dieses Urteil auch für die Bibeldramen?

Die Beantwortung und Erläuterung dieser Frage mag die folgende Zusammenstellung der Aufführungen der Bibeldramen erleichtern. Es sind aber dabei die Angaben des Journal du théâtre français, die schon den historischen Teil von Faguet's *Essai* fast unbrauchbar gemacht haben, zwar teilweise in Klammern beigefügt, aber sonst nicht weiter herangezogen worden. Desgleichen ist die *Histoire* der Frères Parfait, die in dieselbe nur solche Stücke aufgenommen haben, die auf den Theatern in Paris von einheimischen Schauspielern aufgeführt wurden (II préf. X), nur mit Vorsicht zu gebrauchen.

| | |
|---|---|
| *Abraham sacrifiant* | Kolleg in Lausanne |
| *Déconfiture de Goliath* | Kolleg im Genfer Gebiet? |
| *Enfants en la fornaise* | [Confrérie s. Faguet 102] |
| [*Susanne v. La Croix*] | [Kolleg v. Boucourt s. Fag. 104] |
| *Aman* (Rivaudeau) | Kolleg in Poitiers [1]) |

[1]) Lanson X, 200.

4*

| | |
|---|---|
| *Davidtrilogie* | ⎫ |
| *Josias, Adonias* | ⎬ Vielleicht im Genfer Gebiet |
| *Holoferne* (v. Cath. de | ⎭ |
| Parth.) | en public à la Rochelle [1]) |
| *Saül, Famine* | [Hôtel de Reims, s. Fag. 177 u. 179] |
| *Abraham et Agar* | wahrscheinlich im Kolleg in Cöln |
| *Job* | place publique in Poitiers [2]) |
| *Tobie* (v. Le Breton) | ? |
| *Pharaon* | [Hôtel de Reims, gespielt von Confrères, s. Fag. 310] |
| *Caïn* | au carrefour de la Croix de Marchioux de Parthenay [2]) |
| *Holoferne* v. D'Amboise) | [Basochiens s. Fag. 312] |
| *Juifves* | |
| *Esther* | Kolleg in Vercelli [3]) |
| *Vasthi, Aman* | [Hôtel de Reims, gesp. v. Confrères] s. Fag. 311. |
| *Abraham* (v. Georges) | place des Halles in Montbéliard [4]) |
| *David combattant Goliath* | Wahrscheinlich Kolleg in Amiens |
| *Jokebed, Judith* | Kolleg in Anvers [5]) |
| *Sichem* | |
| *Tobie* (Ouyn | [Confrérie, s. Fag. 323] |
| *Esaü* | Kolleg in Rouen [6]) |
| *David* | [Confrérie, s. Fag. 338] |
| *Aman* | [Hôtel d'Argent, s. Fag. 338 |
| *Machabée I* | [Hôtel de Reims, s. Fag. 361] |
| *Machabée II* | |
| *Joseph le Chaste* | théâtre en plein air [7]) |
| *Achab* | |
| *Jacob* | in Usson vor der Königin Marguerite [8]) |
| *Dina, Josue, Debora* | Amphitheater in Doué [7]) |
| *Ammon et Thamar* | |
| *Saül* [9]) | |

Daß die calvinistischen Tendenzdramen in den Kollegien
oder wie im Genfer Gebiet und anderen rein calvinistischen
Gegenden auf öffentlichen Plätzen „zur Erbauung" aufgeführt
wurden, darf ohne weiteres angenommen werden, wenigstens bis
zu dem Zeitpunkt, als J. de la Taille auf die Richtung der

---

[1]) La Croix du Maine. [2]) Lanson X, 202. [3]) nach dem Dist.
num. in Parfait III. 436 (s. S. 21). [4]) Lanson X, 211. [5]) gemäß
der Vorrede. [6]) im Stück angegeben. [7]) nach der Vorrede.
[8]) Lanson X, 219. [9]) *Saül* des Billard wurde sicher nicht aufgeführt;
denn er schreibt in seiner Vorrede, er wolle Tragödien aufführen «*en
papier*».

Dramen mit biblischem Stoff bestimmend einwirkte. Dann scheint auch der Ehrgeiz der humanistisch gebildeten dieser Dichter sich geregt zu haben: denn Fiefmelin übersetzt die Jephtestragödie des Buchanan nicht mehr *«pour la remonter sur un eschaffaut mondain et la faire jouer et serrir là de risée au vulgaire ignorant et profane»*. Da außerdem, wie schon früher erwähnt, calvinistische Eiferer den Theateraufführungen als frivolen Unterhaltungen abhold waren, so zog sich das calvinistische Drama wieder in das Kolleg zurück, dessen Vorstände meist seine Verfasser waren, und in dem es ja auch entstanden war.

Die anderen Dichter, die ihren Dramen keine oder fast unfühlbare Tendenz beigaben, konnten öffentliche Aufführungen derselben meist nur in den Provinzen erhoffen. In Paris verfocht die Confrérie ihr Spielmonopol mit großer Hartnäckigkeit, ja sie suchte sogar die Erlaubnis zu erlangen, wieder geistliche Mystères zu spielen. Diese bekam sie indes nicht mehr und so nahm sie in ihr Repertoire Stücke auf, die in ihrer Anlage mit den Mystères große Ähnlichkeit hatten, aber den neuzeitlichen und trügerischen Titel tragédie oder tragicomédie trugen. So mag wohl das Journal du th. fr. mit der Angabe, die Stücke des Chantelouve und Onyn seien über die Bühne der Confrérie gegangen, recht haben. Daß die Renaissancetragödien, also auch die biblischen, im Hôtel de Bourgogne n i c h t aufgeführt wurden, können wir mit Rigal ziemlich sicher annehmen. Nur aus den Provinzen kommt noch die Kunde von Aufführungen biblischer Dramen. Die Verfasser sind aber meist unbedeutende Dichter, deren Namen nicht genannt werden. So hören wir um 1583 von Aufführungen biblischer Komödien in Metz, Straßburg, Frankfurt (s. Rigal, Alex. Hardy, S. 97, A. 1). Dazu bemerkt Lanson: *«Ce ne sont peut-être pas tout à fait des comédies ou tragédies du nouveau goût: ce ne sont pas pourtant des mystères. On peut songer à quelque chose dans le genre du Joseph de Nic. de Montreux ou du Tobie de Onyn. Mais le nom s'appliquerait aussi bien aux trois David classiques de Desmasures.»* [1]) Ferner hat von 1593 ab Valleran Lecomte in Rouen. Straßburg. Langres etc. neben den Stücken Jodelle's auch *drames bibliques*» zur Aufführung gebracht. Einen weiteren Beleg für Aufführungen biblischer Dramen finden wir in einer Angabe von Lanson (X, 210): Die Chambre rhétorique von Lille «*s'adonne journellement aux théâtres d'exhiber au peuple des histoires de la Bible*». So wollte sie auch 1585 am Fest des heiligen Michael «*une tragédie tirée des premiers chapitres du premier livre des Rois*» aufführen. (Ein königliches Edikt jedoch verbot es mit der Begründung «*par où se donne origine à plusieurs de se pourvoir de Bibles, les interprétans par après plus à leur sensualité que salut*».) Auch bei diesem Versuch, die Tragödie beim Volke einzubürgern, konnten offenbar vorerst nur solche Stücke in Betracht kommen, die in ihrer Anlage und auch teilweise im Stil den Zusammenhang mit dem mittelalterlichen Schauspiel verrieten.

Daneben finden selbstverständlich auch wie bei den calvinistischen Dramen Aufführungen in den Kollegien statt. Waren ja doch die Dichter biblischer Dramen zum großen Teil Vorstände von Kollegien und was ist natürlicher, als daß sie ihr Stück durch ihre Schule aufführen ließen. Daß sich aber diese gewissermaßen aufgenötigten Vorstellungen besonderer Gunst bei den Darstellern, den Schülern, erfreut hätten, ist unwahrscheinlich; denn die handlungsarmen Dramen mit ihren moralisierenden Diskursen konnten bei diesen jungen Leuten schwerlich große Beliebtheit erlangen und da ihnen so die Begeisterung fehlte, so werden sie auch wohl kaum mit solcher Hingabe gespielt haben wie bei einer Farce oder lebhaften Moralité. Dementsprechend muß dann auch die Wirkung auf die Zuschauer gewesen sein. Wenn trotzdem so manche Vorstellung in überschwenglichen Versen gepriesen wird, so braucht das nicht immer aufrichtig gemeint zu sein. Ein feinfühliger Poet wird aber nach einem derartigen „Achtungserfolg" kaum eine zweite Aufführung gewünscht haben. Sollte aber ein Drama auch in das Volk dringen, so mußten eben dem Geschmack desselben auch Zugeständnisse gemacht werden.

Somit bleibt nur noch die Frage: Wurden die biblischen Renaissancedramen überhaupt öffentlich aufgeführt? Hier

möge mir gestattet sein, nochmals Rigal zu zitieren, der in
Petit de Julleville's *Histoire* (III, 268) also urteilt: «*Jean de
la Taille répondrait sans doute qu'en écrivant Saül il espérait le
faire représenter, tout au moins sur une scène de collège, mais que
cet espoir ayant été déçu, il avait composé les Gabéonites en poète
écrivant des Scènes historiques ou un Spectacle dans un fauteuil,
non en dramaturge voyant d'avance vivre et agir sur la scène ses
personnages. Cette histoire de J. de la Taille est l'histoire même de
la tragédie, du théâtre tout entier de la Renaissance.*»

Wohl mögen auch die ungenügenden Theaterverhältnisse
der damaligen Zeit eine Aufführung solcher Tragödien erschwert haben, denn La Taille wünscht auch in seiner *Art de
la tragédie:* «*Pleust à Dieu que les Roys et les grands sceussent le
plaisir que c'est de voir reciter, et représenter au vif une vraye
Tragedie ou Comedie en un théâtre tel que je le sçaurois bien
deviser et qui iadis estoit en si grande estime pour le passetemps
des Grecs et des Romains.*» Im Anschluß daran wünscht er
auch einen eigenen, für die neue Dramatik ausgebildeten
Schauspielerstand.

Während also die biblischen Dramen, die hinsichtlich des
Inhalts ja die Weiterführung des mittelalterlichen Theaters
bedeuten, unter dem Repertoire der neuen Dramatik noch
am ehesten Aussicht auf Aufführung hatten, schwand diese
immer mehr, je näher sie dem Charakter der eigentlichen
Renaissancetragödie kamen, so daß die biblischen Tragödien
eines La Taille, Garnier, Montchrestien und Cl. Billard das
zu Anfang erwähnte Schicksal der zeitgenössischen Stücke
der profanen Renaissancedramatik teilen und Buchdramen
bleiben.

Wenn auch der Einfluß der literarischen Renaissancebewegung auf die Bibeldramen ihrem Charakter entsprechend
am stärksten hinsichtlich der Form zutage tritt, so läßt er
sich doch auch in gewissen Erscheinungen der inneren Anlage derselben nachweisen.

Bei der Betrachtung der den Dramen zugrunde liegenden
Stoffe kann ein deutlicher Parallelismus mit denen der
profanen Renaissancedramen festgestellt werden. Schon Scaliger betonte in der Forderung der fürstlichen Stellung der

Hauptpersonen den aristokratischen Charakter der Tragödie: *„In tragoedia Reges, Principes"*. Diese Regel findet sich in der Renaissancedramatik strikt durchgeführt. So definiert Lazare Baïf die Tragödie als *«une moralité composée des grandes calamitez, meurtres et adversitez survenues aux nobles et excellents personnages»*. Cleopatra, Dido, Medea, Agamemnon, Caesar und Alexander sind die Träger der Handlungen der jungen Renaissancetragödie. Porcia, Marcus-Antonius, Antigone, Clytemnestra, Maria Stuart und Heinrich IV. sind Gestalten, auf denen die Handlungen der späteren Renaissancetragödien ruhen. Ebenso betreffen auch die aus der Bibel entnommenen Stoffe meist hochgestellte weltliche oder geistliche Personen wie David, Saul, Adonias, Josias, Sedekias, Achab, Esther, Aman und Pharaon. Auch die Patriarchen Abraham und Jakob sind hierher zu rechnen; denn ihre Stellung entspricht etwa der eines antiken Heros. La Taille verlangt daher auch ausdrücklich, daß der Tragödie *«cray subiect ne traicte que de piteuses ruines des grands seigneurs»*, wiederholt auch die bereits von Scaliger (*„tota facies anxia, metus, minae, exilia, mortes"*) aufgestellte Forderung der Atrocitas [1]: *«bannissements, guerres, pestes, famines … et bref larmes et miseres extremes»* und verurteilt die Darstellung von alltäglichen Begebenheiten, die ja kein tragisches Mitleid zu erregen vermöchten. [2] Daß sich das Bibeldrama dieser Forderung bereits vor La Taille angepaßt hatte, zeigt uns die Stelle im Prolog zu *David triomphant* des Desmazures:

> *«Le Tragique au théâtre induit derant les yeux*
> *Les Personnes des Rois, des Princes, des faux dieux»*

und überhaupt die Stücke der calvinistischen Dichter selbst. Es scheint bei diesen eine Vorliebe für die Stoffe aus der Geschichte der ersten jüdischen Könige (Saul, David, Adonias, Josias) geherrscht zu haben, die eine auffallende Analogie aufweist zu der an grauenvollen Ereignissen reichen Sagen-

---

[1] Daß die Atrocitas ein hervorragendes Merkmal der Tragödie war, beweist auch die Vorrede Behourt's zu seinem Esaü: *«Le sujet de ceste Tragœdie, que j'appelle ainsi, encore qu'elle ne soit sanglante…»*

[2] Art de la Tragédie, S. 10.

geschichte der griechischen Herrschergeschlechter. Der
*Abraham* des Bèze ist ein christliches Gegenstück zu der
*Iphigenie in Aulis*, insofern beide die Opferung des eigenen
Kindes auf Geheiß der Gottheit zum Gegenstand haben. Die
Dichter schließen sich hierbei oft in augenscheinlicher Nachahmung an die Vorbilder der antiken Dichter, besonders Seneca's, an. So behandelt La Taille seinen *Saül le furieux*
unter dem Einfluß des Seneca'schen *Hercules furens*, der seinerseits zurückgeht auf den *Rasenden Herakles* des Euripides, und
seine *Famine* unter dem der *Troades* des Seneca, die ihr Vorbild schon in *Hekabe* und den *Trojanerinnen* des Euripides
haben. In *Famine* zeigt die Szene, in der Joab von Recèfe
die Auslieferung ihrer Kinder verlangt, teilweise eine wörtliche Kopie derjenigen zwischen Ulysses und Andromache in
den *Troades*. Ja selbst die originalste biblische Tragödie in
unserem Zeitraum, die *Juifves* des Garnier, verrät Anlehnung
an ein klassisches Muster, an den *Thyestes* des Seneca. Schon
in den Hauptpersonen zeigt sich eine Parallele: Nabuchodonosor : Atreus; Sedekias : Thyestes.

Daneben flechten die meisten Dichter auch andere Reminiszenzen an die Werke der alten Klassiker in
ihre Dramen ein. Besonders häufig sind hierbei die Stellen
aus Horaz. Schon im *Abraham* erinnert der Ausspruch:

«*Un vaisseau neuf tient l'odeur longuement
Dont abbreuvé il est premièrement*»,

den auch Behourt später wiederholt, an Horazische Weisheit.
In *Adonias* ergeht sich der Chor (Akt I) in Betrachtungen
über die Kühnheit der Menschen und ruft aus:

«*Gens si vains, si ambitieux
Voudroyent monter jusques aux Cieux*.»

Der Gedanke ist Horaz (Od. I. 3) entnommen:

„*Caelum ipsum petimus stultitia.*"

Wenn wir den Saul des La Taille sich trösten hören mit
den Worten:

«*Helas, tousiours le vent la grande mer n'esmeut*,

*Tousiours l'hyver ne dure, et l'air tousiours ne pleut,*
*Tout prend fin»* (II. 291 ff.)

und in *Famine* Merobe zu ihrer Mutter sagt:

„*Veu que tousiours l'Ocean n'est depit,*
*Mais a parfois des Aquilons repit;*
*Veu qu'à la fin les torrens se tarissent»* etc.

so erscheinen uns alle diese Bilder als Bekannte aus Horaz
(Od. II. 9):

„*Non semper imbres nubibus hispidos*
*Manant in agros, aut mare Caspium*
*Vexant inaequales procellae*
*Usque; nec Armeniis in oris,*

*Amice Valgi, stat glacies iners*
*Menses per omnes: aut Aquilonibus*
*Quercela Gargani laborant"* etc.

Der Chorgesang des IV. Aktes in Montchrestien's *David*
erinnert stark an Horaz Od. J. 1 (*Maecenas atavis*).

Die wenigen Beispiele aus Horaz, die zu vermehren es
ein leichtes wäre, mögen hinreichen. Ebenso mag der Hinweis
genügen, daß sich auch Vergil, Ovid und besonders Seneca
selbst und daneben noch andere (aus der italienischen Renaissancepoesie z. B. Ariosto's *Orlando*) als Vorbilder für
Schilderungen, Vergleiche und Sentenzen finden. Nur noch
zwei Ausdrücke seien erwähnt, die wir ganz auffällig oft in
den Bibeldramen antreffen können: der eine ist «*o trois et
quatre fois bienheureux*», also die Übersetzung des Vergil'schen
*terque quaterque beatus* (Aneis I. 93) und der andere «*jusqu'à
quand*» (die *Juiffes* z. B. beginnen gleich so), das *quousque
tandem* des Cicero.

In dieser intensiven Nachahmung der Werke antiker
Schriftsteller sind unsere Dichter ganz äußerlich verfahren.
In seltenen Fällen haben sie es verstanden, den übernommenen
Stellen ihren heidnischen Charakter zu nehmen und sie in
eine entsprechende christliche Form umzugießen. Mit der
antiken Mythologie rezipieren manche Dichter ganz gedankenlos

auch die antike Weltanschauung aus ihren Vorbildern, so daß
ihre Helden zwar biblische Namen tragen, aber in ihrem
Empfinden eher Griechen oder Römer sind. Es sei nur erinnert an die grundverschiedene Anschauung des Altertums
und des Mittelalters betreffs des Todes. Für jenes war er
das Ende eines frohen Daseins, das Hinabsteigen in den
freudelosen Tartarus: für dieses ist er die Erlösung von einem
mühseligen, sündhaften Leben und die Aufnahme in die „ewige
Glückseligkeit". Wenn wir nun aber die Helden mancher
biblischer Dramen mit Klagen Abschied nehmen hören von
der *douce clarté* und sie erschauern sehen vor dem *rive
noire*, an das sie gelangen und vor den *ténébreux enfers*,
die sie aufnehmen werden, so sind dies spezifisch antike Anschauungen. Nur in den calvinistischen und überhaupt
allen Dramen, in denen der Hauptzweck in der Erbauung
der Zuschauer oder Leser besteht, ist dieser antike Geist
stark oder ganz zurückgedrängt; allein wir dürfen diese Erscheinung nicht als Verdienst des Dichters ansehen, sondern
sie ist lediglich eine Folge seines engen Anschlusses an die
Bibel. Außerdem sind diese Dramen auch reicher an Handlung, wodurch breiten, philosophischen Darlegungen der Boden
entzogen wird.

Ähnlich verhält es sich mit der Z e i c h n u n g  d e r
C h a r a k t e r e. Wenn diese einem Dichter gelungen ist, so
dürfen wir in der Regel nur die Bibel aufschlagen, um dort
den Helden in diesem Gewand schon anzutreffen. Der Dichter
hatte also nur bereits vorhandene Charakterschilderungen in
sein Werk herüberzunehmen. Hierdurch war das Bibeldrama
der Renaissancetragödie gegenüber in wesentlichem Vorteil,
bei der auch von der Kunst einer psychologischen Charakter-
zeichnung nicht viel zu finden ist. Ansätze, die durch die
Bibel gegebene Charakteristik durch eine vertiefte psycho-
logische Analyse zu erweitern, sind wohl vorhanden; ich er-
innere nur an die glückliche Darstellung des Seelenkampfes
in *Abraham* (Bèze), an die feine Schilderung des Erwachens
der Liebe zu David in Michol (Desmazures), an den *Saül* des
La Taille und die Figuren des Nabuchodonosor und Amital
in Garnier's *Juifves*. Aber den nächsten Schritt, die Handlung

aus dem Charakter der Personen entstehen zu lassen, haben
die Dichter nicht gemacht; hier scheiterte ihre Kraft.

Doch hat das Bibeldrama unter dem Einfluß der Renaissancedramatik zwei Erbstücke aus dem mittelalterlichen
Schauspiel allmählich abgestreift: das Auftreten der über-
sinnlichen Welt, wie wir es so oft in den Mystères antreffen,
und der allegorischen Figuren, welche die Moralité
in reichem Maße verwendet. Schon im *Abraham* des Bèze
tritt Jehova nicht mehr persönlich auf. Himmel und Hölle
finden sich nicht mehr auf der Bühne. Satan hat aber noch
eine ausgedehnte Rolle und ebenso erscheint noch ein Engel.
Aber in den Stücken seiner Nachfolger tritt keine dieser
Figuren mehr auf. Nur Desmazures läßt an allen drei David-
dramen den Satan wieder teilnehmen. Doch verfolgt hier der
Dichter, wie teilweise schon Bèze, einen wesentlich anderen
Zweck als die Mystères. Dem Satan ist hier nicht eine
eigentliche Rolle zugedacht, sondern er tritt stets nur als
Nebenfigur auf und erzählt die Versuchungen, die durch ihn
erweckt und genährt in der Brust des Helden toben, oder die
er den Gegnern David's eingeben will. Es mag dem Dichter
an Geschick gefehlt haben, diese inneren Vorgänge durch
Worte und Handlungen der Betreffenden selbst uns darzustellen. Deshalb hat er als Verkörperung der im Menschen
wirkenden bösen Triebe die Rolle des Satan in seine Dramen
eingeführt. Wenn dann später auch La Taille in *Saül* den
*esprit de Samuel* auftreten läßt, so ist hier der Grund in der
Anlehnung an die Bibel zu suchen, von der er sich, um die
Wahrscheinlichkeit nicht zu verletzen, nicht allzusehr ent-
fernen wollte. Von La Taille ab ist aber die übersinnliche
Welt aus den Tragödien strenger Observanz ausgeschlossen.
Nur in den unbedeutenden, volkstümlichen Stücken (*Caïn, Abraham et Agar, Machabée* und *Achab*) erscheinen noch Engel und
böse Geister. In *Abraham et Agar* tritt sogar Gott persönlich auf.

Die aus der Moralité entlehnten allegorischen Figuren hat die Tragödie von Anfang an nicht. Trotzdem
aber findet es La Taille angebracht, in seiner *Art de la Tragedie* ausdrücklich davor zu warnen («*se garder d'y faire parler*

*des Personnes, qu'on appelle Fainctes . . . comme la Mort, la Verité,
l'Auarice, le Monde, et d'autres ainsi».* Nur in drei Dramen
in der ganzen Epoche kommen allegorische Figuren vor: in
*Caïn (sang d'Abel* etc.) und in den beiden Stücken des P. Heyns,
in denen fast bloß allegorische Figuren auftreten und die so
ganz den Charakter einer Moralité tragen.

Einer der markantesten Unterschiede zwischen dem mittelalterlichen Schauspiel und der Renaissancetragödie besteht in
der K o m p o s i t i o n. Während jenes eine Fülle von Handlungen an unserem Auge vorbeiziehen läßt, strebt dieses nach
möglichster Beschränkung derselben. Was die Bibeldramen
anlangt, so müssen wir hier eine Scheidung vornehmen. Ein
Teil von ihnen neigt mehr der mittelalterlichen Manier zu
und reiht mit der Anschaulichkeit der Mysterienbühne Handlung
an Handlung. Hierher gehören vor allem die calvinistischen
Stücke (außer *Aman*) und sämtliche Tragikomödien. Desgleichen noch einige Tragödien, deren bunte Handlung ebenfalls auf die Wirkung beim Volke berechnet ist: *Caïn, Judith,*
die *2 Machabées* und die Dramen des Nancel. Wie nah diese
den Mystères stehen, lehren uns schon die in ihnen vorkommenden Bühnenanweisungen wie: *On dresse les tourmens,
ils luy couppent la langue, ils l'escorchent (Machabée)* oder *ley
Achan est lapidé par ses soldats arec ses petits enfans (Josue)* oder
*ley la bataille se donne (Debora)* etc.

Die übrigen Tragödien haben, je mehr sie sich dem Vorbild der Renaissancetragödie nähern, desto weniger Handlung.
In ihnen treffen wir nichts mehr von der chaotischen Ord-
nungslosigkeit der Mystères, sondern eine einfache, kahle, bisweilen monotone Handlung. Wie in den Senecatragödien wird
„die Drama-Fabel auf die letzte Phase der Stoff-Fabel beschränkt" (Böhm, S. 79). Um mit dieser Handlung 5 Akte
ausfüllen zu können, lassen die Dichter ihre Helden weit-
schweifige Monologe und endlose Dialoge halten. Matthieu
bringt z. B. in seiner *Vasthi* eine breit ausgesponnene «*Assuero-
pædie ou institutions des rois*». Ihre Neigung zum geistreichen
Plaudern und zum Moralisieren hat sie oft die Handlung so
sehr beschränken lassen, daß sie schließlich nur mehr als Mittel
zum Zweck erscheint. Schon im ersten Akt wissen wir, wie

sich die Verwicklung lösen wird. Nur eine Reihe von Erzählungen, philosophischen Disputationen und moralischen Weisheiten trennen uns von der Katastrophe. Dabei wird uns auch diese bisweilen nicht durch die Tat, sondern nur durch das Wort vorgeführt. Diese zweifelhafte Erbschaft aus der Renaissancetragödie wird uns am klarsten beim *David* des Montchrestien vor Augen geführt. Statt das allmähliche Erwachen der Leidenschaft in David's Herz zu Bethsabee zu schildern, ihr Liebesverhältnis und ihre Verführung in der Tragödie selbst vor sich gehen zu lassen, ist dies alles dem Stück vorangehend gedacht, dessen Handlung nur mehr in dem Verbergen des Fehlers jener und der Beseitigung Urias besteht. Hätte so David in dem einen Fall eine wirklich tragische Person geben können, ist er in Montchrestien's Drama nur ein feiger Intrigant.

Eine Folge einer derartigen Beschränkung der Handlung ist die geringe Anzahl der auftretenden Personen. Das antike Drama hatte nur eine sehr geringe Zahl von handelnden Personen. In dieser Hinsicht merkt man schon im calvinistischen Drama eine Disziplinierung. Im Vergleich zu den Mystères (in dem des Simon Gréban sind es 480 Personen), tritt eine sehr bescheidene Anzahl von Personen auf. Wenn *Abraham* allerdings nur drei Personen aufweist, so liegt es in der Natur des Stoffes; auch das 1529 gespielte Abrahammystère hatte nur acht Personen.

Von La Taille ab wird die Rollenzahl noch geringer. Der Durchschnitt beträgt etwa 10. Am wenigsten haben Matthieu (6) und Montchrestien (5). Dabei folgen einige Dichter der horazischen Vorschrift, daß nie mehr als drei Personen zugleich handelnd auftreten sollen; z. B. Matthieu, in dessen Dramen meist sogar nur zwei Personen redend auftreten.

Sehen wir dann diese „Entreparleurs" etwas näher an, so können wir das allmähliche Eindringen der Rollen des Boten (courrier, messager, der sich zuerst fragen läßt, darauf eine kurze Antwort gibt und dann erst in längerer Rede seinen Bericht erstattet), des Vertrauten und der Amme verfolgen, die ja in der Renaissancetragödie in Nachahmung Seneca's zu stereotypen Figuren geworden waren.

Auf Seneca zurück geht auch die bequeme Art der Ex-
position, die sich in der Renaissancetragödie und dann auch
in unseren Bibeldramen findet. Ein Monolog des Helden oder
eine Traumerzählung gibt uns Aufschluß über alles, was für
das Folgende vorauszusetzen ist. So in *Pharaon, Holoferne,
Juifves, Esther, Vasthi, Aman, Sichem, David, Aman* (Montchr.),
*Amnon et Thamar, Saül* (Billard). Ebenso ist der Botenbericht
am Schluß, der die Erzählung der Katastrophe enthält, eine
Nachbildung Seneca's. Was den weiteren Aufbau der Handlung betrifft, so kann davon schon durch die oben erwähnte
Beschränkung der Handlung keine Rede sein weder in der
Renaissancetragödie noch im biblischen Drama. Von der
Verbindung der Szenen und Akte hatte allerdings La Taille
— und dies zeigt uns wieder den feinfühligen Dramatiker —
schon verlangt *«faire de sorte que la scene estant euide de Joueurs
un Acte soit finy et le sens aucunement parfait».* Es soll also
von den Personen der einen Szene immer eine auch an der
folgenden teilnehmen, wie er selbst in seinen Tragödien das
Beispiel gegeben hat.

Ebenso vertritt La Taille die Forderung der italienischen
Dramatik, die sich auf Horaz' ars poetica 185 stützend verlangte, daß der Tod des Helden nicht auf der Bühne vor
sich gehen dürfe. Hierin liegt wiederum ein Unterscheidungs-
merkmal der biblischen Renaissancetragödie von den Fort-
setzungen der ehemaligen geistlichen Schauspiele, in denen
noch Folterszenen, Steinigungen usw. auf der Bühne vor
sich gehen. Übrigens war es auch nicht ein unbedingtes Er-
fordernis der Tragödie, daß sie einen unglücklichen Ausgang
habe.[1]) Doch finden wir wie unter den profanen Renaissancetragödien so auch unter den biblischen nur wenige, die keinen
exitus infelix aufweisen.

Von den eigentlichen Regeln einer dramatischen Kunst,
von einer geschickt eingeleiteten Verwicklung, die dann in der

---

[1]) Vgl. Vauquelin (I, 87):
    *«Car on peut bien encore, par un succes heureux
    Finir la Tragedie en ebats amoureux;
    Telle estoit d'Euripide et l'Ion et l'Oreste,
    L'Iphigenie, Helene et la fidelle Alceste.»*

Katastrophe ihre Lösung [1] findet, vom wahren sittlichen
Konflikt und dem daraus resultierenden tragischen Mitleid,
davon weiß das 16. Jahrhundert überhaupt noch wenig. In
der Praxis zeigt sich fast kein originaler derartiger Ansatz.
Von dem größten Teil der Bibeldramen gilt auch, was Morf
(S. 215) von den Renaissancetragödien sagt: „Sie können
fluchen und klagen, aber kein Leben, kein Werden darstellen."
Nur die Theoretiker haben sich ab und zu damit beschäftigt. La Taille verlangt, daß die Helden weder ganz
schlecht seien, denn sonst verdienen sie ja Strafe, noch
auch ganz gut. « *Voila pourquoi tous subiects n'estants tels seront
tousiours froids et indignes du nom de Tragedie, comme celuy du
sacrifice d'Abraham, où ceste fainte de faire sacrifier Isaac, par
laquelle Dieu esprouue Abraham, n'apporte rien de malheur à la
fin; et d'un autre, où Goliath ennemy d'Israel et de nostre religion
est tué par David son hayneux, laquelle chose tant s'en fand qu'elle
nous cause quelque compassion, que ce sera plustost un aise et con-
tentement qu'elle nous baillera.*» J. de la Taille ist es auch am
besten von allen Dichtern biblischer (und profaner) Stoffe gelungen, die dramatischen Momente in den Vordergrund zu
drängen und eine tragische Wirkung einigermaßen zu erzielen.

Besonders von *Saül le furieux* ab tritt auch eine Eigenart
des neuen durch die Renaissance heraufgeführten Zeitgeistes
zutage: die Freiheit des Individuums. Dem Mittelalter ist
dieser Zug fremd. „Die Menschen des Mittelalters ermangeln
unter der Vormundschaft des Gottesstaates der freien, aus-
geprägten Individualität" (Morf). So sind auch die Helden
der dramatischen Produkte nur Werkzeuge in der Hand
Gottes: nicht sie sind die Träger der Handlung, sondern das
Walten Gottes. Das mittelalterliche Schauspiel gleicht einem
Marionettentheater, dessen Figuren von unsichtbarer Hand
gelenkt werden.

Das Vordringen der Renaissancebewegung schafft hier durch-
greifenden Wandel. In der durch die Kirche geknechteten

---

[1] Eine Art deus ex machina, wie es ja noch Ronsard empfiehlt,
während es schon Rivaudeau als Zeichen der «*poetes mal fournis d'in-
uention ou d'art*» verurteilt, findet sich in *Abraham* und *David* (Montchr.).

Menschheit erwacht das Bewußtsein der individuellen Freiheit
und eigenen Verantwortlichkeit. Die erste Folge dieser Bewegung ist die Reformation, für die „der religiöse Glaube
ein innerer Prozeß sein muß" (Ebert) und nicht mehr ein
gewohnheitsmäßig umgehängtes Mäntelchen. Dieser Umwand-
lungsprozeß in der neuen Zeit zeigt sich auch in der Dichtkunst. Der dramatische Dichtergeist beginnt freier zu werden
und, um gleich zu unseren Dichtern überzugehen, schafft eine
glückliche Verbindung von Bibelvorlage und individueller
Phantasie. Er schließt sich nicht mehr so ängstlich und
sklavisch an die Bibel an, deren Vorlage er ergänzt durch
Excerpte aus antiken Schriftstellern. Die Helden der Dramen,
deren Verfasser nun im Gegensatz zu der Mehrzahl der
Mystères mit Namen bekannt sind, bekommen jetzt einen
Willen und Leidenschaften, die sie oft in Gegensatz treten
lassen zu dem Willen Gottes (vgl. *Saül le furieux*). Allerdings hat die Kraft und Befähigung der meisten Dichter nicht
ausgereicht zur Schilderung und Darstellung eines solchen
sittlichen Konfliktes.

Endlich hat sich das Bibeldrama in seiner Entwicklung
auch allmählich unter dem Einfluß der Renaissancedramatik
in die Fesseln des Gesetzes von den drei dramatischen
Einheiten gezwängt. Bekanntlich stammt das Gesetz von
der Einheit der Handlung von Aristoteles: das der Zeit wird
ebenfalls auf eine Andeutung desselben zurückgeführt, während
für das des Ortes sich kein Beleg bei ihm findet, aber wohl
aus der Anlage der griechischen Bühne und Tragödie als
vorhanden angenommen werden kann. Italien war das Land,
in dem dieser literarische Aberglaube von den drei Einheiten
zuerst auftauchte. Trissino stellt sie in seiner *Poetica* (1529)
zum erstenmal auf. Von der italienischen Dramatik sind sie
dann in die französische übergegangen.

Zwar finden wir keine entschiedene Formulierung der
Einheit der Handlung, aber diejenige der Zeit begegnet uns
in französischer Fassung zum erstenmal bei Ronsard (II. 19):
*‹Elles (les tragédies) sont bornées et limitées d'espace, c'est à dire,
d'un jour entier.›* Da er aber jedenfalls selbst schon den Zwang
dieser Regel gefühlt hat, so fügt er bei, auf welche Art und

Weise sie einigermaßen umgangen und mehr Zeit gewonnen
werden könne: *Les plus excellents maistres de ce mestier les
commencent d'une minuict à l'autre et non du poinct du jour au
soleil couchant pour avoir plus d'estendue et de longueur de temps.»*
Von den Dichtern, die biblische Stoffe behandeln, spricht sich
zuerst Rivaudeau über die Zeiteinheit aus: *«Maintenant je n'en
ay rien à dire, fors que ceux qui font des tragedies ou comedies
de plus d'un jour ou d'un tour de soleil (comme parle Aristote* [1])
*faillent lourdement . . . il est monstreux d'y mettre beaucoup de mois
ou d'ans comme font quelques-uns. Mais ces tragedies sont bien
bonnes et artificielles, qui ne traitent rien plus que ce qui peut être
advenu en autant de temps que les spectateurs considèrent l'esbat.»*
Also soll die Dauer der Dramahandlung dieselbe Zeit umfassen wie die der Aufführung.

Von der Ortseinheit hören wir nichts bis La Taille, der
sie neben derjenigen der Zeit zum erstenmal fordert: *«Il faut
tousiours representer l'histoire ou le ieu en un mesme jour, en un
mesme temps et en un mesme lieu.»* Von nun ab schleppt sich
die „jämmerlich berühmte Bulle der drei Einheiten" durch
das ganze Jahrhundert fort. Die Theoretiker halten starr
fest an diesen „aristotelischen Gesetzen". Doch erheben sich
gegen das Ende unserer Epoche einige Stimmen, die zuerst
gegen das Gesetz der Zeiteinheit protestieren. Der erste ist
Pierre de Laudun d'Aigalier (1598), der es unter Aufzählung
von gewichtigen Gründen verurteilt. [2] An ihn schließt sich
ein Dichter biblischer Dramen, P. de Nancel, der im Vorwort
zu seinem *Théâtre sacré* (1607) sich gegen diese Schranke auf-
lehnt: *Je franchis fort facilement chascune des Tragedies, en si
peu de temps qu'il n'est quasi pas vray-semblable, bien qu'il soit
tresveritable: la plus longue et la plus forte n'ayant point passé
dix et sept jours.»*

Wie hat sich nun die Praxis unserer Dichter zu diesen
Gesetzen von den drei Einheiten gestellt?

Wenn Faguet (S. 93) von dem Vorhandensein der *rigoureuse unité* in den calvinistischen Dramen spricht, so kann

---

[1] ὅτι μάλιστα ὑπὸ μίαν περίοδον ἡλίου εἶναι.
[2] S. Rucktäschel, S. 30.

ich ihm hierin nicht beistimmen. Weder Coignac's noch
La Croix's Dramen, noch die Tragödien des Desmazures und
Philone weisen eine streng durchgeführte einheitliche Handlung
auf. Bald ist es die Reichhaltigkeit an willkürlich neben-
einandergereihten Episoden, die Wesentliches und Unwesent-
liches gleich stark hervortreten lassen, bald stört das einseitige
Betonen einer Nebenfigur die Einheit der Handlung. Nur
im *Abraham* des Bèze und im *Aman* des Rivaudeau läßt sich
das Vorhandensein derselben annehmen. Bei dem ersteren
ergibt sich aus der biblischen Vorlage die Einheit der Handlung fast von selbst, während wir im *Aman* an ein beabsichtigtes
Streben danach in Anlehnung an die Renaissancetragödie
denken müssen.

Die Einheit der Zeit ist in den calvinistischen Dramen,
wie übrigens auch in der profanen Dramatik, am meisten betont und beobachtet worden. Dagegen gefehlt haben eigentlich
nur *Abraham*, dessen Handlung sich über drei Tage erstreckt,
*Josias* und *Adonias*, in denen Jahre die einzelnen Akte von-
einander trennen.

Ganz anders verhält es sich mit der Ortseinheit. Die
Anlehnung an die Mystères und die damaligen Bühnenverhält-
nisse haben die Beobachtung dieser Regel, die überhaupt
damals noch nicht f r a n z ö s i s c h formuliert war, in den calvinistischen Dramen nicht bloß erschwert, sondern geradezu
unmöglich gemacht.

Eigentümlich ist, daß La Taille die Einheiten, obwohl er
sie in seiner *Art de la tragédie* so stark hervorgehoben hat, in
seinen beiden Tragödien außer derjenigen der Handlung nicht
zur Anwendung bringt. Die Einheit der Zeit läßt sich zwar
noch unter Annahme einiger Unwahrscheinlichkeiten rechtfertigen.

Übersehen wir die dramatischen Erzeugnisse mit biblischem
Stoff, die auf La Taille's Tragödien folgen, so sehen wir diejenigen, in denen die Einheiten zum Teil vorhanden sind, nur
schwach vertreten. Die Tragikomödie und die schon oft als
volkstümliche Produkte bezeichneten Tragödien, weisen höchstens
eine gewisse Einheit der Handlung auf: diejenige von Ort

und Zeit ist indes selten gewahrt. Aber auch bei den besseren
Tragödien, zu denen außer den *Juifves* vor allem die des
Matthieu, Montchrestien und Billard zu rechnen sind, ist die
Durchführung des Gesetzes der drei Einheiten recht diskutabel.
Die *Juifves* des Garnier sind das einzige biblische Drama des
16. Jahrhunderts, in dem die drei Einheiten einwandfrei
durchgeführt sind. Der Ort, an dem sich die Handlung ab-
spielt, läßt sich zwanglos in die Nähe des Palastes von Nebukadnezar legen. Die Dauer der wenigen äußeren Vorgänge
überschreitet einen Tag nicht. Die Zeiteinheit ist es auch,
der zuliebe Garnier die ganze Fabel auf die Katastrophe re-
duziert, so daß auch die Einheit der Handlung sich ohne
weiteres einstellt.

In der *Esther* des Matthieu kann, da diese Tragödie ja
sowohl die Geschichte Vasthi's und diejenige Aman's in sich
schließt, von einheitlicher Handlung keine Rede sein, ebensowenig von der Zeit- und Ortseinheit. Dagegen zeigen
*Vasthi* und *Aman* für sich Einheit der Handlung, während
diejenigen von Zeit und Ort sich nur erzwungen nachweisen
lassen.

In Montchrestien's *David* wird die Einheit der Handlung
durch das allzustarke Hervortreten Urias gestört; die Vorgänge spielen sich alle im Palast ab, also Ortseinheit. Die
Zeiteinheit fehlt, denn Uria befindet sich zwei Tage am Hofe
des Königs, so daß zwischen dem 1. und 4. Akt bereits zwei
Tage verflossen sind. Ebenso vermissen wir in *Aman* die
Einheit der Handlung; denn im ersten Teil ist Aman, im
zweiten Esther Träger der Handlung. Die Ortseinheit ist
verletzt, während die Zeiteinheit vorhanden ist. Auch dem
*Saül* des Billard mangelt eine einheitliche Handlung; die Ortseinheit ist ebensowenig gewahrt; nur die Einheit der Zeit ist
durchgeführt.

Immerhin muß ein starkes Anlehnen der Bibeldramen
an die Renaissancedramatik konstatiert werden, wenn wir an
das mittelalterliche Schauspiel denken, in dem als Ort bald
Palästina, bald Rom, bald die Hölle und das Paradies in
demselben Stück abwechselnd vorkommen, in dem die Handlung oft einen Zeitraum von hundert Jahren überspringt, in

dem bisweilen zwei Handlungen nebeneinander hergehen.
Doch ist in den biblischen Dramen das Gesetz der Einheiten,
trotzdem es von den Theoretikern als rigorose Regel ge-
stempelt wurde, nur äußerst selten in der strengen Weise,
wie es die Renaissancedramatik verlangte, durchgeführt worden.
Es hat eben auch die Praxis der Dichter biblischer Dramen
die Unbrauchbarkeit dieser Theorie, so wie es die neue Dramatik auffaßte, klar erwiesen.

Lippert & Co. (G. Pätz'sche Buchdr.) G. m. b. H., Naumburg a. S.

# MÜNCHENER BEITRÄGE

ZUR

# ROMANISCHEN und ENGLISCHEN PHILOLOGIE.

HERAUSGEGEBEN

VON

H. BREYMANN und J. SCHICK.

LIII.

## DER WORTSCHATZ DES ALTFRIESISCHEN.

LEIPZIG.

A. DEICHERT'SCHE VERLAGSBUCHHANDLUNG NACHF.

1911.

# DER
# WORTSCHATZ DES ALTFRIESISCHEN.

—

EINE WORTGEOGRAPHISCHE UNTERSUCHUNG

VON

GEORG WALTER.

LEIPZIG.
A. DEICHERT'SCHE VERLAGSBUCHHANDLUNG NACHF.
1911.

Meinen Eltern.

# Verzeichnis der ständig benutzten werke.

Berneker: Slavisches etymologisches wörterbuch. Lieferung 1—6. Heidelberg 1908 ff.

Böhtlingk, O.: Sanskrit-wörterbuch in kürzerer fassung. 7 teile. Petersburg 1879 1889.

Bosworth, Jos.: A Dictionary of the Anglo-Saxon Language. London 1838.

and Toller: An Anglo-Saxon Dictionary. Oxford 1882 —98; Suppl. Part. I 1908.

Braune, Wilh.: Althochdeutsche grammatik. 2. auflage. Halle 1891.

— —: Gotische grammatik. 6. auflage. Halle 1905.

Bremer, Otto: Jahresbericht über die erscheinungen auf dem gebiet der germ. philologie. 1890 ff.

Bülbring, Karl: Altenglisches elementarbuch. 1. teil: lautlehre. Heidelberg 1902.

Cleasby, Rich. and Vigfússon, G.: An Icelandic-English Dictionary. Oxford 1874.

Cosijn, Kern: Verdam en Verwijs. Taalkundige Bijdragen. 2 bde. Harlem 1877 79.

Cummins, A. H.: A Grammar of the Old Frisian Language. 2. auflage. London 1887.

Curtius: Grundzüge der griechischen etymologie. 5. auflage. Leipzig 1879.

Falk Hjalmar og Alf Torp: Etymologisk ordbog over det Norske og det Danske Sprog. 2 bde. Kristiania 1903—1906.

— —: Norwegisch-dänisches etym. wörterbuch. Deutsche bearbeitung von H. Davidsen. Heidelberg 1907—1911.

Feist, Sigmund: Etymologisches wörterbuch der gotischen sprache. Halle 1909.

Fick, Aug.: Vergleichendes wörterbuch der indogermanischen sprache. 4. auflage. Göttingen. I. Teil von Fick 1891, II. Teil von Whitley Stokes und Bezzenberger 1894, III. Teil von Torp und Falk 1909.

Franck, Joh.: Etymologisch woordenboek der Nederlandsche taal. 's-Gravenhage 1892.

— —: Mittelniederländische grammatik. 2. auflage. Leipzig 1910.

Fritzner, Joh.: Ordbog over det gamle Norske sprog. 3 bde. Kristiania 1886—1896.

Gallée, J. H.: Altsächsische sprachdenkmäler. Leiden 1894.

— —: Bruchstücke einer altfriesischen psalmenübersetzung. ZfdA. 32. 417 ff.

—: Vorstudien zu einem altniederdeutschen wörterbuch. Halle 1903.

— —: Altsächsische grammatik. 2. auflage. Halle 1910.

Graff. E. G.: Althochdeutscher sprachschatz. 6 bde. Berlin 1834—1842. Index von Maßmann 1846.

Grimm, Jakob und Wilhelm: Deutsches wörterbuch. Leipzig 1854 ff.

Günther, Curt: Die verba im altostfriesischen. Diss. Leipzig 1880.

Halbertsma, J.: Lexicon Frisicum (A—Fer), ed. Tiallingius Halbertsma. Hagae Comitis ('s-Gravenhage) 1874.

Heck, Phil.: Die altfriesische gerichtsverfassung. Weimar 1894.

Hehn, V.: Kulturpflanzen und haustiere. 6. aufl. herausg. von O. Schrader. Berlin 1894.

Helten, W. van: Zur lexicologie und grammatik des altostfriesischen. PBB 14 (1889) p. 232—288.

— — : Middelnederlandsche spraakkunst. Groningen 1887.

— —: Altostfriesische grammatik. Leeuwarden 1890.

— — : Zur lexicologie des altwestfriesischen. Verhandelingen der k. Akademie van Wetenschapen. Afd. Letterkunde. Nieuwe Reeks. Deel I No. 5. Amsterdam 1896. Vgl. dazu Siebs recension im Lit.-blatt 18 (1897) p. 219 ff.

[Helten. W. van]: Zur altwestfriesischen lexicologie. PBB 23 (1898). 232—36.

— —: Zur altfriesischen lexicologie. ZfdW. 7 (1905). 270-290.

— —: Zum altfriesischen vokalismus. IF 19 (1906). 171—201.

— —: Zur lexicologie des altostfriesischen. Verhandelingen der k. Akademie van Wetenschapen. Afd. Letterkunde. Nieuwe Reeks. Deel IX. Amsterdam 1907.

— —: Nachträge zur vokalbalance und -harmonie im altfriesischen. PBB 32 (1907). 517—532.

Hettema. F. Buitenrust: Bijdragen tot het Oudfriesch woordenboek. Proefschrift. Leiden 1888.

— —: Altfriesische worterklärungen. PBB 14 (1889) 153 ff.

— —: Der alte druck der Westerlauwerschen rechte. Germania 35 (23). 1890 p. 1 ff.

Hettema. Montanus de Haan: Het Emsiger Landregt van 1312. Leeuwarden 1830.

— —: Oude Friesche Wetten. 2 deelen. Leeuwarden 1846—1851.

— —: Idioticon Frisicum. Friesch-Latijnsch-Nederlandsch woordenboek. Leeuwarden 1874.

Heuser. Wilh.: Altfriesisches lesebuch. Heidelberg 1903.

Heyne. Moritz: Kleinere altniederdeutsche denkmäler. 2. auflage. Paderborn 1877.

— —: Heliand. mit ausführlichem glossar. 3. aufl. Paderborn 1883.

Holthausen. F.: Altsächsisches elementarbuch. Heidelberg 1900.

Hoops. Joh.: Waldbäume und kulturpflanzen im germanischen altertum. Straßburg 1905.

Jessen. E.: Dansk Etymologisk Ordbog. 2 bde. Kjobenhavn 1892—1893.

Jordan, Rich.: Die altenglischen säugetiernamen. Diss. Heidelberg 1902.

— —: Eigentümlichkeiten des anglischen wortschatzes. Heidelberg 1906.

Kilian. Dufflaeus Cornelius: Etymologicum Teutonicae linguae. Ultraiecti (Utrecht) 1632.

Kluge. Fr.: Etymologisches wörterbuch der deutschen sprache. 7. aufl. Straßburg 1910.

— —: Nominale stammbildungslehre der altgermanischen dialekte. 2. aufl. Halle 1899.

— and F. Lutz: English Etymology. Straßburg 1898.

Kock: Vokalbalance im altfriesischen. PBB 29 (1904). 175 —193.

Lexer. Math.: Mittelhochdeutsches handwörterbuch. 3 bde. Leipzig 1869—1876.

Mayhew. A. L.: Synopsis of Old English Phonology. Oxford 1891.

Meyer. Leo: Handbuch der griechischen Etymologie. 4 bde. Leipzig 1901—1902.

Müller und Zarncke: Mittelhochdeutsches wörterbuch. 3 bde. Leipzig 1854—1866.

Murray: A New English Dictionary on Historical Principles. Oxford 1888 ff.

Napier: Contributions to Old English Lexicography. Transactions of the Philological Society. London 1906.

Noreen. Adolf: Abriß der urgermanischen lautlehre. Straßburg 1894.

— —: Altisländische und altnorwegische grammatik. 3. aufl. Halle 1903.

— —: Altschwedische grammatik. Halle 1904.

Oudemans. A. E.: Bijdrage tot een middel- en oudnederlandsch woordenbock. Arnheim 1869.

Outzen, N.: Glossarium der friesischen sprache. Kopenhagen 1837.

Palander. Hugo: Die althochdeutschen tiernamen. Teil 1: Säugetiere. Darmstadt 1899.

Paul, Hermann: Grundriß der germanischen philologie. 2. auflage. Straßburg 1897—1909.

— —: Deutsches wörterbuch. 2. auflage. Halle 1908.

Prellwitz: Etymologisches wörterbuch der griechischen sprache. 2. auflage. Göttingen 1905.

Richthofen, Karl Freiherr von: Friesische rechts-
quellen. Berlin 1840.

— —: Altfriesisches wörterbuch. Göttingen 1840.

— —: Untersuchungen über friesische rechtsgeschichte. 3 bde.
Berlin 1880—1886.

Rietz, J. E.: Ordbok öfver Svenska allmogemålen. Lund
1867.

Schade, Oscar: Altdeutsches wörterbuch. 2 bde. 2. aufl.
Halle 1872--1882.

Schiller und Lübben: Mittelniederdeutsches wörterbuch.
6 bde. Bremen 1872—1880.

Schmeller, J. Andr.: Glossarium Saxonicum. Stuttgart
1840.

Siebs, Theodor: Der vokalismus der stammsilben in der
altfriesischen sprache. PBB 11 (1886), 205 ff.

— —: Die assibilierung der friesischen palatalen. Tübingen
1887.

— —: Zur geschichte der englisch-friesischen sprache. Ha-
bilitationsschrift. Halle 1888, vervollständigt 1889.

— —: Westfriesische studien. Abhandlungen der k. akademie
der wissenschaften Berlin. 1895, II 1—61.

Sievers, Ed.: Angelsächsische grammatik. 3. aufl. Halle
1898.

Skeat: An Etymological Dictionary of the English Language.
2. aufl. Oxford 1910.

Söderwall: Ordbok öfver Svenska medeltidsspråket. (A--L).
Lund 1884.

Steinmeyer und Sievers: Die althochdeutschen glossen.
4 bde. Berlin 1879—1898.

Stratmann, F. H.: A Middle-English Dictionary. A New
Edition by H. Bradley. Oxford 1891.

Streitberg, W.: Urgermanische grammatik. Heidelberg
1896.

Sweet, H.: The Student's Dictionary of Anglo-Saxon. Oxford 1897.

Tamm, Fr.: Etymologisk Svensk Ordbok. 1—7. häftet
(A—Hässja). Stockholm 1890—1904.

**Tiling:** Versuch eines bremisch-niedersächsischen wörterbuchs. 5 bde. Bremen 1767—1771. Nachtrag Bremen 1869.

**Uhlenbeck. C. C.:** Kurzgefaßtes etymologisches wörterbuch der gotischen sprache. 2. aufl. Amsterdam 1900.

— —: Kurzgefaßtes etymologisches wörterbuch der altindischen sprache. Amsterdam 1898—1899.

**Vercoullie. J.:** Beknopt etymologisch woordenboek der Nederlandsche taal. 2. uitgave. Gent-'s-Gravenhage 1898.

**Verwijs en Verdam:** Middelnederlandsch woordenboek. 's-Gravenhage 1885 ff.

**Vries. M. de:** Middelnederlandsch woordenboek (A—afdinken). 's-Gravenhage 1864.

— en L. A. te Winkel: Woordenboek der Nederlandsche taal. 's-Gravenhage 1882 ff.

**Wadstein. E.:** Kleinere altsächsische sprachdenkmäler. Norden und Leipzig 1899.

**Walde. A.:** Lateinisches etymologisches wörterbuch. Heidelberg 1906; 2. aufl. 1910.

**Wright:** The English Dialect Dictionary. Oxford 1898 ff.

**Zupitza:** Die germanischen gutturale. Berlin 1896.

# Die wichtigsten abkürzungen.

ae. altenglisch
afrs. = altfriesisch
ahd. = althochdeutsch
air. = altirisch
an. = altnordisch
as. = altsächsisch
aschw. = altschwedisch
asl. = altslavisch
dän. = dänisch
dial. = dialektisch
frs. = friesisch
frz. = französisch
germ. = germanisch
got. = gotisch
gr. = griechisch
hd. = hochdeutsch
idg. = indogermanisch
it. = italienisch
lang. = langobardisch
lat. = lateinisch
m. = masculinum
md. = mitteldeutsch
me. = mittelenglisch

mhd. = mittelhochdeutsch
mnd. = mittelniederdeutsch
mnl. = mittelniederländisch
nd. = niederdeutsch
ne. = neuenglisch
nhd. = neuhochdeutsch
nnd. = neuniederdeutsch
nnl. = neuniederländisch
norw. = norwegisch
norw. folk = norwegische fol-
   kesprog
schw. = schwedisch
sf. = schwaches femininum
skr. = sanskrit
sm. = schwaches masculinum
sn. = schwaches neutrum
stf. = starkes femininum
stm. = starkes masculinum
stn. = starkes neutrum
stv. = starkes verbum
sv. = schwaches verbum
urgerm. = urgermanisch
wgerm. = westgermanisch

Das friesische ist mit recht als „das stiefkind der germanischen philologie" bezeichnet worden; erst die neueste zeit hat angefangen, des aschenbrödels sich anzunehmen. Die landläufige meinung ist von jeher gewohnt, die sprache der Friesen als einen dialekt des plattdeutschen oder holländischen zu betrachten. Der erste gelehrte, der sich über die stellung des friesischen innerhalb der germanischen sprachen äußerte, war Franciscus Junius, der selbst zwei jahre (1652–54) im lande weilte, um die sprache kennen zu lernen. Nach seiner ansicht steht kein germanischer dialekt dem englischen so nahe wie gerade das friesische. — er huldigte also im prinzip bereits der englisch-friesischen einheitstheorie. Nach Junius blieb das friesische in der gelehrtenwelt so ziemlich vergessen, bis Grimm in seiner „Deutschen Grammatik" (erster teil 1819) die aufmerksamkeit der germanisten wieder darauf lenkte. Freilich standen ihm nur wenige texte, und diese in schlechten ausgaben, zur verfügung; der daraus entstehenden schwierigkeiten war er sich selbst wohl bewußt, wenn er sagt: „die untersuchung der friesischen buchstaben scheint mehr als einer bedenklichkeit ausgesetzt". Über die verwandtschaftsverhältnisse dieses dialektes war er der ansicht, daß „die friesische mundart gerade den übergang zwischen der sächsischen (as. und ae.) und nordischen ausweist". 1825 erschien Rask's Frisisk Sproglære; doch ebenso wie Grimm's darstellung übte auch sie keinen befruchtenden einfluß aus; das friesische blieb in Deutschland auf lange jahre hinaus ein fast unbebautes feld und erst spät mußte von England her die anregung zu weiterer forschung erfolgen; eine rühmliche ausnahme macht das erst in unseren tagen voll geschätzte Friesische Archiv von

Minssen und Ehrentraut und Richthofen's ausgabe der afrs. gesetze.

In England war es J. H. Halbertsma, der in der vorrede zu Bosworth's Dictionary of the Anglo-Saxon Language (1838) zuerst sich über die stellung des friesischen äußerte. Durch sprachliche und ethnische gründe sucht er die nahe verwandtschaft des friesischen, seiner muttersprache, mit dem englischen zu beweisen; interessant ist dabei für uns die einteilung, die er von den germanischen sprachen entwirft:

1. angelsächsisch und friesisch;
2. gotisch, nordisch, niederdeutsch, niederländisch;
3. deutsch (theotisc) oder alemannisch mit hochdeutsch.

Zwischen diesen drei gruppen nimmt Halbertsma übergänge an; so leitet von der ersten zur zweiten gruppe das friesische hinüber, das dem nordischen näher steht als das englische.

Einen schritt weiter geht Montanus de Haan Hettema, auch ein geborener Friese, in seinem aufsatz: Hints on the thesis "the Old Friesic above all others, the fons et origo of the Old English", erschienen 1856 in den Transactions of the Philological Society of London. Wie der titel bereits sagt, will Hettema das englische hauptsächlich aus dem friesischen direkt herleiten. Diese ansicht blieb in England jahrzehntelang maßgebend; selbst W. Skeat konnte noch 1896 dem großen publikum von einer friesischen kolonisierung des „midland district" erzählen (The Frisian Origin of the Mercian Dialect. Academy XLIX). Nur der merkwürdigkeit halber erwähne ich hier ein buch, das einen rückschritt um fast hundert jahre bedeutet: Th. W. Shore, Origin of the Anglo-Saxon Race, London 1906. Shore, der weder irgendeinen altgermanischen dialekt versteht noch auch von deutscher wissenschaft je gehört hat, berichtet nicht nur von der einwanderung der Angeln und Sachsen, sondern auch der Friesen, Dänen und Goten (die er mit den Jüten identifiziert); ja er spricht sogar von einer kolonisation der Wenden (= Vandalen!), Wilzen, Obotriten, Finnen und anderer ihm bekannter völkerschaften.

Von der größten bedeutung für die beurteilung der
stellung des friesischen wurde ein aufsatz von Henry Sweet:
Dialects and Prehistoric Forms of English (1875 76): zum
erstenmal wurde darin versucht, durch sprachgeschichtliche
gründe die einheit des englischen und friesischen gegenüber
dem deutschen zu erweisen. In Deutschland fand seine theorie
großen beifall. Der eifrigste verfechter der „englisch-friesischen sprache" erstand hier in Theodor Siebs, dessen schriften
es zum größten teil zu verdanken ist, daß die bedeutendsten
germanisten unserer zeit anhänger dieser einheitstheorie sind.
Nur wenige stimmen erhoben sich gegen Sweet und Siebs.
Der versuch von H. Jellinghaus (Herrig's Archiv 78 (1887),
p. 271 ff.), die herkunft der Angelsachsen aus dem gebiete
südlich der Zuidersee und aus Friesland auf grund einer
vergleichung der heutigen englischen, friesischen, niederdeutschen und niederländischen mundarten nachzuweisen, darf
als mißglückt erachtet werden. Auch Morsbach (Anglia
VII, 323 ff.) leugnet die englisch-friesische einheit und sucht das
englische vielmehr dem deutschen näher zu bringen, indem
er ae. und as. niman dem afrs. nema entgegenstellt; mit recht
konnte ihm Siebs entgegenhalten, daß eine einzige derartige
übereinstimmung des ae. und as. nichts bedeute gegen das
gewicht der engl.-frs. eigentümlichkeiten und daß überdies
nima auch für das frs. erwiesen sei.

Die gründe für und wider die englisch-friesische spracheinheit wurden bisher hauptsächlich aus lautlichen erscheinungen entnommen. In dieser beziehung ist kaum mehr etwas
neues zu sagen. Doch bietet sich eine weitere möglichkeit,
einige aufklärung in das problem der verwandtschaftlichen
verhältnisse des friesischen zu bringen. — die wortgeographie.
Dieses gebiet ist innerhalb der germ. sprachwissenschaft noch
wenig berücksichtigt worden, wenn wir von gelegentlichen
bemerkungen und von arbeiten wie von Hoops, Palander,
Jordan absehen, die nur bestimmte kulturkreise behandeln.

Im folgenden habe ich versucht, durch systematischen
vergleich des gesamten altfriesischen wortschatzes mit dem der
übrigen germ. dialekte neue anhaltspunkte zu gewinnen. Dabei
verhehle ich mir nicht, daß die beschränkung auf das afrs.

1*

bedeutende nachteile mit sich bringt. Aber jeder kenner der
neufriesischen dialekte wird zugeben. daß die meisten der
modernen mundarten in ganz ungenügender weise aufgezeichnet
sind und daß es kaum verläßliche vorarbeiten gibt. auf denen
ich hätte fußen können: nur wenige dialekte, wie das wange-
roogische. bilden eine erfreuliche ausnahme. Doch habe ich
auch auf diese verzichtet. da die behandlung von zwei oder
drei der außerordentlich zahlreichen mundarten nur wenig
gewinn brächte. Jede derselben bedarf einer gesonderten
untersuchung: die zusammenstellung der einzelnen ergebnisse
ist dann ein leichtes.

## Zur methode.

Die wortgeographie fragt nicht so sehr nach der etymologie und lautlichen erklärung eines wortes. sie forscht
vielmehr nach seinem verbreitungsgebiete. Während die ver-
gleichende laut- und formenlehre am liebsten solche erscheinungen ins auge faßt. die in allen dialekten einer sprachgruppe
wiederkehren. läßt die wortgeographie solche formen ganz
außer acht. Sie befaßt sich nur mit jenen wörtern. die allein
in zwei oder drei dialekten oder in den verschiedenen dialekten
in verschiedener gestalt sich finden. So z. b. kommen wörter
wie afrs. fethe „base", bedschma „bett", lessa „weniger" nicht
in betracht: denn da sie sowohl im engl. (ae. faðu? sealma, selma,
lessa) als auch im deutschen (mnd. vade, as. selmo, as. les
adv.) zu finden sind. kann aus ihnen keinerlei folgerung ge-
gezogen werden. ob das frs. näher zum engl. oder zum niederdeutschen zu stellen sei.

Doch erheben sich von vornherein schwere bedenken
gegen die unbedingte verläßlichkeit der wortgeographischen
ergebnisse. Der wortschatz der altgerm. dialekte ist nur lücken-
haft. zum teil sogar nur in geringen bruchstücken überliefert.
Im afrs. bedingt die art der texte selbst einen verhältnismäßig
beschränkten wortvorrat: zudem weisen sie gerade im vergleich
zum englischen ein wesentlich geringeres alter auf. Die
späteren epochen der verschiedenen dialekte. z. b. me., mnd.,
mhd. sowie die heutigen schriftsprachen und mundarten (wie

des friesischen) geben uns zwar oft die möglichkeit zu wertvollen rückschlüssen auf den wortschatz der älteren sprachstadien; aber trotz alledem ist unsere kenntnis der germ. dialekte weit entfernt, vollständig zu sein, zumal manche seit jahrhunderten untergegangen sind. Mehr als eines der wörter, die wir z. b. als speziell deutsch ansehen, mag im engl. oder nordischen ebensogut bestanden haben; nur ist es durch einen zufall nicht belegt oder es ist bereits ausgestorben, ehe die schriftliche überlieferung einsetzt. Zwei oder drei wörter, die z. b. das frs. und engl. allein besitzen, können daher nichts für die nähere verwandtschaft dieser dialekte beweisen; nur die masse der belege kann andere argumente ergänzen und stützen.

Da die wortgeographie dort zu operieren beginnt, wo die einzelnen dialekte auseinandergehen, ist es klar, daß die ergebnisse um so größer sein werden, je weiter der moment der sprachlichen trennung zurückliegt. So würde ein vergleich des wortschatzes der germanischen sprachen mit den keltischen oder slawischen unschätzbare ergebnisse liefern und tiefe kulturhistorische einblicke gewähren. Die germanischen dialekte jedoch — und vor allem die westgermanischen, um die es sich hier doch hauptsächlich handelt — sind sich so gleichartig, daß wir von anfang an keine zu große ausbeute erwarten dürfen. Dazu ist die größte vorsicht in unseren schlüssen geboten, und wir sind gezwungen, alles unsichere beiseite zu lassen. Entlehnungen des afrs. aus dem deutschen sind auszuschalten; ebenso muß von fremdwörtern aus dem lateinischen abgesehen werden. Für den gesamtgerm. kulturkreis mögen sie zu manchen interessanten folgerungen berechtigen; aber die römische kultur wurde den Friesen durch die Niederdeutschen übermittelt, so daß auch die lat. lehnwörter des frs. durch das deutsche gegangen sein müssen.

Häufig findet sich ein wort nur in einigen dialekten, während in anderen bloß ableitungen begegnen. Nun ist klar, daß diese dialekte ursprünglich auch das grundwort besessen haben müssen, nachdem sie die ableitung haben; solche fälle beweisen daher nichts für die nähere verwandtschaft jener dialekte, in denen das betreffende wort zu finden ist. Anders sind dagegen fälle wie der folgende

zu beurteilen: Das afrs. strote „kohle" struto vorgerm.
*struda hat nur im as. und mhd. entsprechungen, während das
ae. þrotu þruto vorgerm. *truda sagt. Ursprünglich mögen
beide formen ja in allen dialekten nebeneinander bestanden
haben, wie noch das afrs. zeigt. Aber wenn es gelingt, eine
große anzahl solcher übereinstimmungen z. b. für das frs. und
engl. oder frs. und deutsche nachzuweisen, so kann man sich
unmöglich der folgerung entziehen, daß diese dialekte einander
näher stehen als den übrigen.

Das material, das sich bei einer wortgeographischen untersuchung ergibt, glaube ich am zweckmäßigsten in folgende
drei gruppen einordnen zu müssen:

I. Endung, bedeutung, zusammensetzung. Unter
diesem gesichtspunkte vereinige ich alle jene sprachlichen erscheinungen, die nicht notwendig auf urgermanische zeit
zurückgehen müssen, sondern sehr wohl einzelsprachliche
bildungen darstellen können. Hierher zu rechnen sind vor
allem substantiva und verba, die in den verschiedenen dialekten
verschiedenen deklinations-, bzw. konjugationsklassen angehören,
ferner charakteristische, sekundäre ableitungen von allgemein
germ. stämmen sowie auffallende bedeutungsentwicklungen und
zusammensetzungen. Die beweiskraft solcher erscheinungen
ist, wie ich gerne zugebe, nicht allzu hoch zu veranschlagen,
da sie zum großen teile erst im einzelleben der dialekte entstanden sein mögen und also zufällige parallelentwicklungen
darstellen können. Doch dürfen sie andererseits auch nicht
übergangen werden, weil es immerhin auffällig ist, wenn gerade
zwei oder drei dialekte viele derartige übereinstimmungen aufweisen.

II. Ablaut und grammatischer wechsel. Zu
dieser gruppe stelle ich jene wörter, die in verschiedenen
dialekten in verschiedener ablautsform erscheinen oder grammatischen wechsel zeigen. Die beweiskraft dieser gruppe ist
bedeutend größer, da die differenzierung in den meisten fällen
bereits durch vorgermanische akzentverhältnisse hervorgerufen
wurde. Es ist dabei immerhin möglich, daß die in einer

sprache fehlende ablautsstufe zu relativ früher zeit ausgestorben
ist; besonders trifft das bei verben und verbalableitungen zu,
da wohl jedes verbum in jedem dialekt in sämtlichen ablauts-
stufen bestanden hat.

III. Stamm. Das gewicht der unter dieser überschrift
vereinigten wörter ist von allen drei gruppen das größte, da
es sich dabei nicht um wortformen oder -ableitungen, sondern
um stämme handelt. ˘So besitzen nur das afrs. und ae. ein
verbum kwinka    cwincan „schwinden". Der germ. stamm
kwink gehört zur idg. wurzel gu̯i, die innerhalb des germ.
noch im ae. cwman, mhd. verqunnen erscheint. Obwohl das
afrs. ae. *kwinkan und das ae. ahd. *kwman von der gleichen
wurzel abgeleitet sind, müssen sie doch für das germ. als verschiedene stämme beurteilt werden, da sie schon vor der zeit
gebildet sind, wo die Germanen sich in mehrere gruppen
spalteten. Bekanntlich hat das germ. die überkommenen idg.
wurzeln durch zahlreiche sogenannte wurzeldeterminativa zu
neuen stämmen umgeformt, die sicher nicht alle über das
gesamtgerm. gebiet verbreitet waren. Die verteilung dieser
neuentstandenen stämme auf die verschiedenen dialekte ist
nach keinem bestimmten gesetze geregelt. Daraus ergibt sich
die notwendige folgerung, daß zwei dialekte sich besonders
nahe stehen müssen, wenn gerade sie viele solcher stämme
gemeinsam haben, die in den anderen sprachen nicht zu
finden sind.

Je nach den übereinstimmungen, die das afrs. mit einem
oder zwei dialekten aufweist, ergibt sich die einteilung der
arbeit von selbst. Als erste gruppe schicke ich diejenigen
wortbildungen voraus, die das afrs. von allen anderen dialekten unterscheidet oder deren erklärung strittig oder unbekannt ist.

Innerhalb des afrs. unterscheide ich im allgemeinen nicht
zwischen dem wortschatz der dialekte (ost- und westfrs.), weil
eine derartige scheidung auf grund der alten sprache allein
nur zu ganz willkürlichen ergebnissen führen müßte. Auch
für das ae. habe ich auf eine ähnliche differenzierung verzichten müssen, weil dazu R. Jordan's „Eigentümlichkeiten des
anglischen wortschatzes" (Heidelberg 1906) unzureichend sind.

Bei der erklärung der afrs. wörter begnüge ich mich im allgemeinen, ihre geschichte innerhalb des germ. zu verfolgen; dabei berücksichtige ich die modernen wortformen (z. b. des nhd., ne.) nicht, sobald das betreffende wort bereits in der alten oder mittleren epoche der sprache belegt ist. Für die verwandtschaft eines wortes außerhalb des germ. verweise ich auf die wörterbücher von Kluge, Franck, Murray (NED), Falk-Torp (vor allem die fortgeführte deutsche ausgabe), Walde, Prellwitz, Berneker usw. In den meisten fällen müßte ich diese vortrefflichen werke doch nur ausschreiben. Wenn ich dabei vor allem Torp's bearbeitung des dritten bandes von Fick's wörterbuch berücksichtige, geschieht das in der hauptsache deswegen, weil darin die germ. verwandten eines wortes am vollständigsten und übersichtlichsten zusammengestellt sind; gleicher meinung wie Torp braucht man dabei nicht in jedem falle zu sein.

Was das afrs. betrifft, habe ich natürlich die ergebnisse der forschungen v. Helten's und Th. Siebs' zu verwerten gesucht; doch habe ich nicht immer ausdrücklich erwähnt, woher diese oder jene erklärung stammt; wie viel ich diesen beiden fast alleinigen kennern des frs. verdanke, wird jeder ermessen können, der sich je mit dieser sprache beschäftigt hat.

# I. Friesisch.

## a) Unklare und unsichere wörter.

Afrs. pre „oberarmbein" — s. Verh. Lex. altostfrs. 276 f.
Afrs. menetpund nach Schick's vermutung als „münz-
pfund" zu ae. mynet. lat. moneta.
Afrs. hokka „mütze" sm. will v. Helten mit lat. cucullus
„kappe" verbinden, das selbst (nach Walde) aus dem kelt. stammt.
Afrs. szeremon „der freie vollberechtigte volksgenosse" (nach
Rudolf His. Zschrft. der Savigny-stift. 28 (1907). germ. abt.,
p. 442 f.; seine ableitung aus kuri- ..kür. wahl" ist unmöglich.
Afrs. che)metha „die wahl- und stimmberechtigte be-
völkerung" leitet v. Helten (Verh. Lex. altwestfrs.) aus *al(l)i-
gimunþja- ab. was Siebs (Lit.-bl. 18, 221) ablehnt.
Afrs. leid ..balken    *lagiðo- nach v. Helten's vermutung.
Afrs. tziust „pelz"    *keusti als das „auserwählte. feine"?
Afrs. meldke ..kopf"    *mulðikö stellt v. Helten zu mhd.
mulde. ahd. muoltera „mehl-. backtrog". das nach Kluge aus
lat. muletra stammt, nach Fick III⁴ (Torp) p. 314 im ablaut
zu ahd. maltar (malan „mahlen") steht. Auf jeden fall wäre
diese bildung auffällig, zumal wenn ein lehnwort zugrunde liegt.
Afrs. tenter stm., tentre stf. ..hofzaun" erklärt v. Helten
(Verh. Lex. altostfrs.) als kompositum von afrs. *ten. got. tains.
ae. tän, ahd. zein „zweig" und -teroz, -tero zu got. -tairan,
ae. teran, ahd. zeran: also ..aus zweigen geflochtener hofzaun".
Diese erklärung scheint mir recht gezwungen: könnte man
nicht eine grundform *tainþrjö (nach Kluge, nom. stbl. § 96)
oder noch eher *tunþrjö zu afrs. tün „zaun" annehmen. zu
der sekundär ein masc. gebildet wurde?

Afrs. dom „schar" (v. Helten, Verh. Lex. altostfrs. p. 83)
soll zu gr. ϑωμός „haufe", ϑαμά „scharenweise" gehören, das
allgemein zum germ. „damm" gestellt wird (s. Fick III⁴ (Torp)
p. 201); fraglich.

Afrs. kok „den richtern untergeordneter beamter" erklärt
Siebs (PBB 11, 235) aus *kwek als „der lebhafte, schnelle",
also „bote"; später (bei Heck „Afrs. gerichtsverfassung" p. 163)
widerruft er diese deutung und zieht an. kok „kehle", got.
kukjan, ostfrs.-plattd. kükken „küssen" heran: kok wäre also
„mund, sprecher". Überzeugend ist mir diese erklärung nicht,
wie auch v. Helten (Verh. Lex. altostfrs.) sie ablehnt.

Afrs. edila sm. „großvater, urgroßvater" faßt v. Helten
neuerdings als hypokoristisches deminutiv zu asl. otĭčĭ, russ.
otjec, worüber Fick III⁴ (Torp) p. 10 einzusehen ist. Seine
ursprüngliche erklärung *oðilon- zu ahd. uota „großmutter"
wäre einfacher und plausibler. S. ZfdW. 7, 279 f.

Afrs. ked „ein richterlicher beamter" (aus *kuddja-
*kuðjoz nach ZfdW. 7, 285 f.) will H. Jackel (Zschrft. der
Savigny-stiftung, 28 (1907), germ. abt., Weimar, p. 176 f.) als
„scharführer" erklären (zu afrs. kedde s. p. 51). Siebs dagegen (Zschrft. f. Volksk. 1893, 253 anm. 1) nimmt die bedeutung „sprecher" an und zieht ahd. quiti sententia heran.

Afrs. swif „das abtreten" (des ungerechten richters)
bringt v. Helten (Verh. Lex. altostfrs. p. 319) mit got. sweiban
„aufhören", an. svifa „zurückweichen" zusammen: s. darüber
Feist (et. wb.) und Kluge et. wb. beschwichtigen.

Afrs. cederscip übersetzt v. Helten (PBB 23, 234) mit
„furchtsamkeit" und vergleicht das gleichbedeutende an. œðra:
Siebs dagegen (Lit.-blatt 18, 221) nimmt die bedeutung „ungestüm, fahrlässigkeit" an und zieht afrs. edre, ae. ædre, as.
adro, ahd. atar „schnell" heran.

Afrs. stak „steif" erklärt v. Helten (Verh. Lex. altostfrs.)
aus *staw(u)ko- und vergleicht damit gr. σταυρός „pfahl",
στύειν „steif werden" und skr. sthuras „fest": s. dazu Fick
III⁴ (Torp) p. 493. Wahrscheinlicher scheint mir die ansicht
Falk-Torp's (stage), daß stak (ā!) wegen des neuostfrs. stak
„steif" mit norw. dial. staka „steif gehen", ae. staca, mnd.

stake „stange" zu verbinden sei; in diesem falle ist der stamm allgemein germ.

Afrs. fretma in der bedeutung „kolik" (nach v. Helten's vermutung. Verh. Lex. altostfrs.) würde zu ae. feortan. ahd. ferzan „pedere" gehören.

Afrs. inrethe *-(h)raiþjom stu., inride *-(h)riðiz stm. „in den einen oder den anderen körperteil eingerissene wunde", das v. Helten (Verh. Lex. altwestfrs.) nicht zu erklären weiß, kann vielleicht aus einem verbum *hriþan *hrenþan (mit ablautentgleisung) gebildet sein, das zu an. hrinda stv., ae. hrindan stv. „stoßen" und zur wurzel kert „schneiden" (skr. kart. kṛntati; Berneker čъrtǫ; Walde curtus, caro) gehört.

Afrs. *inszalretha (s. v. Helten, Verh. altostfrs.) „einritzen eines knochens durch ein pflockartiges instrument" (szal = ahd. kal) entspricht in seinem zweiten teil dem vorausgehenden wort. Die erklärung des ersten teiles befriedigt nicht recht; vielleicht ist itsil- „sporn" zu lesen (oder inszil *enszil *ankilo- „fußknöchel"?; vgl. afrs. berskinzia, gr. § 134).

Afrs. gela „verfolgen" kann mit ebenso großer wahrscheinlichkeit zu ae. gælan „hindern, abhalten von" als zu got. goljan „grüßen" gestellt werden (s. PBB 17, 312; v. Helten. Verh. Lex. altostfrs. p. 152).

Afrs. lut(h)ers-laen übersetzt v. Helten (Verh. Lex. altwestfrs.) mit „lohn, den die mutter bis zur mündigkeit aus dem vermögen des kindes zu beanspruchen hat" und zieht ae. gelutian „verborgen liegen, lauern", ahd. luzzen heran. Siebs dagegen vergleicht (Lit.-blatt 18, 222) mhd. lûzer und nimmt die bedeutung „aufpasserlohn" an.

## b) Speziell friesische bildungen.

Afrs. elle adv. „ganz, völlig" *alli (instr.).

Afrs. aeká „sowie" *ak-a *auk-aiw-: äschá „sowie" *aiw-swä-auk-aiw- (aiw-swa = ahd. ioso); nach v. Helten. Verh. Lex. altwestfrs.

Afrs. allera dist(h)ik „täglich" erklärt v. Helten (PBB 14, 236) als kompromißform aus zwei kasus: acc. allera *dik *dij-ek und instr. *dist(h)e *dega ekki; die nebenform allera

deykes erklärt sich aus *deg(a) ekes nach Verh. Lex. altostfrs.
p. 77. Unmöglich ist die ableitung und übersetzung „an
jedem säckel, jede viertelsklasse", die H. Jaekel in der Zschrft.
der Savigny-stiftung 28 (1907), germ. abt., Weimar, p. 125
anm. gibt.

Afrs. *wēnthar (nach v. Helten's emendation, Verh. Lex.
altostfrs. p. 123 anm. 4) „hoffnung auf seligkeit gewährende
gnadenmittel" gehört zu afrs. wena „hoffen", ae. wēnan, as.
wanian, ahd. wānen, an. vǣna, got. wenjan.

Afrs. tiōna, tiuna „beanspruchen" *teuhnjan zu mhd.
an sich ziehen, mnd. to sik ten „beanspruchen", mhd. zücken,
afrs. tetsia „an sich reißen".

Afrs. berning, bernig „neffe" zu afrs. bern, ae. bearn, as.
an. got. barn, ahd. parn „kind".

Afrs. swiāring, siāring „schwiegersohn, -vater" zu afrs.
swiār, ae. swēor, mnl. zweer, ahd. swēhur „schwäher".

Afrs. sivene, efsivene „abtriefung" gehört zu einem stv.
*sīva „triefen", das im germ. nur mehr in ableitungen erhalten
ist: ae. sife, mnd. seve, mnl. zeef, ahd. sib „sieb": ae. siftan,
mnd. siften, sichten: afrs. sāver, s. p. 35.

Afrs. tänder „schimpf" *taunðro- ist sonderbildung zu
dem ablautenden ae. tēona, as. tiono sm., an. tjon stn.: s. Fick
III⁴ (Torp) p. 165.

Afrs. tachnenge „beanspruchung" aus einem sv. *tachnia
stellt v. Helten, Verh. Lex. altostfrs. p. 108 zu ae. āgnian „beanspruchen, besitzen", ahd. eiginen „zu eigen machen", an.
eigna „zueignen".

Afrs. heila „kopf" erklärt v. Helten aus *hugilon- „der
denker" zu an. hugall „achtsam", afrs. hei, ae. hyge, as. hugi,
ahd. hugu, an. hugr, got. hugs „sinn, gedanke". Seine alte
vergleichung der grundform *habilon- = ae. heafola *habulon-
ist eigentlich viel ansprechender.

Afrs. aththa „richter" *aithwon- (wie ae. raswa provisor)
nach v. Helten gr. § 123 β: neuerdings hat er die ansicht
Siebs' (bei Heck, Afrs. gerichtsverf. p. 93) angenommen, daß
eine grundform *gi-aiþiþon- und die bedeutung „geschworener"
vorauszusetzen sei. Unmöglich ist der zusammenhang mit got.
atta „vater", wie Richthofen und Feist (et. wb.) glauben.

Afrs. kringa stv. „erhalten" ist ein speziell friesisches
verbum, zu dem v. Helten (Verh. Lex. altostfrs.) mhd. mnd.
mnl. kring „kreis", an. kringr und lit. grężti „drehen" stellt;
weiteres Kluge kring und Fick III⁴ (Torp) p. 52.

Afrs. mese „harn" *maith sjo (nach v. Helten, Verh.
Lex. altostfrs.) zu ae. migan, mnd. migen, an. miga, lat. mingo,
gr. ὀμιχέω, skr. mehati — gegen Kern IF 4, 111 f.), der das
wort zu mnl. misel „tau", fläm. mizelen „staubregnen" stellt.

Afrs. lögia „sich verheiraten, feststellen" zu afrs. lög, löch
„ort", ae. log, mnd. loch, ahd. luog.

Afrs. lakkia „anfechten" ist intensivum zu germ. *lahan
„tadeln": s. Fick III⁴ (Torp) p. 357.

Afrs. naka in der verbindung alsã naka sã „so nahe wie"
erklärt sich aus *nah(w)lika.

Afrs. host „ehe" mit der ableitung hostigia „heiraten"
erklärt v. Helten (Verh. Lex. altwestfrs.) aus *banst- *bandstu-
zu skr. bandhuš „verwandter", gr. πενθερός „schwiegervater".
Vgl. dazu Fick III¹ (Torp) p. 259.

Afrs. inseptha „einsenkung, die von der vernarbung her-
rührt" *insipaþon- sm. gehört zu ae. sipian, mnd. mnl. sipen,
mhd. sifen „tröpfeln". Weiteres Falk-Torp sive. Das in der
Lex Fris. vorkommende spido = *sipido kann as. sein.

Afrs. siã „nachkommenschaft" *sehwon- (nach Möller
ZfdA., anz. 25, 121), wozu ahd. beinsegga „pedissequa", westgot. sagio, sajo „büttel": s. Walde sequor: Fick III⁴ (Torp)
p. 424.

Afrs. skiffa „scheiden, prüfen" (dazu umiskif „ungeteilt")
ist in den anderen dialekten nur in ableitungen vorhanden:
s. Fick III⁴ (Torp) p. 465 zu skif, skib 2; weiterhin afrs.
skifta, ae. sciftan, mnl. schiften, schichten: Fick III⁴ (Torp)
p. 464 zu skip.

Afrs. wirsene, wersene „runzel", dazu ostfrs.-plattd. wirse
„schwaden": weiterhin ae. wearr „schwiele, warze", ahd. werr,
fläm. warre: s. Falk-Torp vorte, Fick III⁴ (Torp) p. 399;
Walde verruca.

Afrs. ommia (aostfrs.), *amma (awestfrs.; vgl. amme bei
Japiks) gehört zu got. us-anan „atmen", an. ond stf. „seele"
und dem germ. *andon- „atem": an. andi „atem, geist", ae.

anda „zorn", as. ando, ahd. anado, anto „zorn": s. PGr.[2] I 1212 und Fick III [1] (Torp) p. 10 f.

Afrs. andern, andren, verkürzt dern „fenster" als „atemtürchen" *ando-durīnom — zu obigen wörtern.

Afrs. fule „multum", skr. purū́š - got. filu, an. fjǫl-, ae. felo, as. ahd. filo, filu; ir. il — ae. feala, gr. πολύ.

Afrs. bobbaburg „dem kinde verliehener schutz": nach ZfdW. 7, 278 und PBB 30, 217 entspricht dem afrs. bobba-„kind" *bobbon- ahd. Buobo, mhd. buobe „knabe", ae. Bōfa: weiteres Kluge bube.

Afrs. mosdolch „quetschwunde" nach v. Helten, Verh. Lex. altostfrs. im ablaut zu ahd. māsa „wunde, narbe", mnd. mase „wundmal" *mæson sf. und ae. mæsle, mnl. masel, mnd. masel(e), ahd. masala *masalō: weiteres Fick III [4] (Torp) p. 318.

Afrs. holla „kopf", neufrs. holle *hullon- verbinde ich mit schw. skulle „schädel, hirnschale" (ne. scull, skull aus dem nord.), mnd. scholle, schulle „rasenstück, erdscholle, eisscholle", ahd. scolla, scollo: weiteres darüber Falk-Torp skalle 1.

# II. Friesisch-englisch.

## 1. Endung, zusammensetzung.

Verschiedenen deklinationsklassen gehören an afrs. ae. lippa sm. ( *lepjon-) „lippe" und andererseits mnd. mnl. lippe sf. ( *lepjon).

Afrs. lēna „verleihen" und ae. lǣnan gehören der ersten, dagegen as. lehanon, ahd. lehanōn, an. lana der zweiten schwachen konjugation an.

Afrs. ondleta sm., ae. ondwlita sm. ( *andwliton-) sind gegenüber ahd. antlizzi, an. andlit stn. ( *andwlitjom) ohne j-ableitung gebildet. Das got. hat die form andawleizn: vgl. darüber Feist (et, wb.).

Afrs. flesfal, -fel (ostfrs.) „fall in ein untiefes wasser" und fliuswerp (westfrs.) „das werfen einer person in untiefes wasser" entsprechen in ihrem ersten teile dem ae. flēwsa

„fluxus" *flōwison-, dessen grundverbum flōwan auch im an. flōa und mnd. vloien. mnl. vloeijen erhalten ist; das ahd. hat nur die ablautende form flouwen *flawjan. Afrs. hrene „geruch" (formell gleich ae. hrine „tactus") mit dem abgeleiteten verbum hrena „riechen" ist wie ae. brenian „redolere" (Lib. Scint.) vom gemeingerm. *hrinan „berühren" gebildet; kaum richtig ist die erklärung v. Helten's (gr. § 286,3) aus *hranjan oder *hrunjan. Weiteres bei Fick III¹ (Torp) p. 104. Eine nebenform des gemeingerm. *upanoz „offen" zeigt afrs. eppe. ae. yppe ( *upjoz) „offen". Gerade diese formen machen die von Kluge (et. wb. „offen") für fraglich erklärte verwandtschaft mit afrs. up-, ae. as. an. upp; ae. as. up, ahd. uf und got. inp wahrscheinlich. — Die zusammensetzung afrs. epenbēr „offenbar" hat jedoch nur im deutschen eine entsprechung; siehe p. 38.

Afrs. hem(m) „eingefriedigter zum zweikampf bestimmter ort" (s. v. Helten. gr. § 160) ist wie ae. hemm stm. „saum, rand" eine ableitung von der wurzel ham (s. dazu Herrig's Archiv 115. 389 ff.), zu der mhd. hemmen, hamen „aufhalten. hindern". an. hemja gehören. S. noch Kluge (et. wb. „hemmen").

Afrs. hein „hausgenossenschaft, dienstvolk", heine pl. n. „hausbewohner" *hagin- gehören zu einem subst. *haga „bewohner", das im ae. anhaga „einsiedler" belegt ist.

Afrs. ilodfretho „an die genossenschaft zu entrichtendes friedensgeld" und *ilodskipi „genossenschaft" (überliefert als ioldskipun) entsprechen in ihrem ersten bestandteil dem ae. geloda sm. ( *giludon-), das zur wurzel germ. *leudan „wachsen" (s. Feist lindan. Falk-Torp lyd II. lod III) gehört; der form nach entspricht ahd. sumar-lota „sommerschößling".

Awestfrs. bogia „wohnen" und ae. bōgian. bugian zeigen eine gemeinsame nebenform zum gemeingermanischen verbum „bauen": got. bauan. an. būa, ae. as. ahd. būan, aostfrs. buwa. An. byggja (dän. bygge) geht auf *biggwjan *be(u)wjan zurück.

Afrs. filmene „häutchen" und ae. filmen ( *felmnom) sind ableitungen vom germ. wort für „fell" — s. Kluge. nom.

stbl. § 57 — und mit dem gr. πέλμα „fußsohle" zu vergleichen
(s. Prellwitz).

Von dem germ. *ferhwuz (got. fairƕus) abgeleitet ist afrs.
fer(e)th stm. stn. „leben" (s. PBB 14. 246) und ae. fer(h)ð
stm. stn. (*ferhwuþo-) — s. über dieses suffix Kluge, nom.
stbl. § 117. — Eine ähnliche bildung zeigt aisl. fyrðar pl.
„männer" *firʒuiðöz, vgl. Noreen, urg. lautl. p. 180.

Eine vielleicht zufällige phonetische parallelentwicklung
zeigen afrs. wräxlia, ae. wräxlian „ringen". Die grundform
hat sich daneben im ae. wraestlian und mnl. wrästelen erhalten.

Zusammensetzungen, die sich nur im frs. und engl. finden,
sind folgende:

afrs. nas „keineswegs", ae. naes, nach v. Helten's vermutung
aus ne was zu erklären (s. Verb. Lex. altostfrs. p. 242).

afrs. ermboga „ellenbogen", ae. earmboga — ae. el(n)boga,
mnl. elleboog, ahd. elinbogo, an. ǫlnbogi.

afrs. ierim (für *ierrim) „jahresfrist", ae. gēarrim — as.
gērtal, ahd. iarzala, mnl. jaertal.

afrs. eltē „kräftig", ae. æltaewe, aelteaw „gesund, aus-
gezeichnet" (zu got. tēwa).

afrs. ongneil „geschwüriger nagel", ae. angnaegl „hühner-
auge", ne. agnail „neidnagel": — das ahd. kennt nur die kom-
posita angweiz(zo) „pustula" und angsezzo „carbunculus" (=
ae. angset(a)). Den ersten bestandteil ang- stellt v. Helten zu
asl. jeza „krankheit": s. p. 23 zu jnc und Walde aeger. —
Nach v. Helten ist von obigem ongneil ein afrs. ongneil
„augenwinkelgegend" zu trennen, das als determinatives kompositum aus *angn + augilom zu erklären wäre: zu vergleichen ist ae. ongneras pl. „augenwinkel" *angnarjoz; zu
ong- s. Fick III⁴ (Torp) p. 12 angan.

afrs. midrith(ere) „zwerchfell" und ae. midhriðre *mid-
dihreþiz, afrs. midrether, ae. hreðer *hraþiz und afrs. midrede
*-hraðiz gehören in ihrem zweiten teil zu got. hairþra
n. pl. „eingeweide", ahd. herdar. Ob mnd. middere „zwerchfell" hierher zu stellen ist, bleibt zweifelhaft, da es auch zu
ahd. mittigarni, ae. midgern, miegern gehören kann (s. Kluge
„midder"). - Das afrs. midref *hrefuz = lat. corpus ist
allgemein westgerm.: ae. mid(h)rif, mnd. mnl. middelrif.

## 2. Ablaut und grammatischer wechsel.

Afrs. plē stn. „gefahr" und ae. pleoh (gen. pleos) stn.
( *plehom) sowie ae. pleon stv. „wagen" ( *plehan) zeigen
grammatischen wechsel gegenüber afrs. plegia, pligia „pflegen".
ae. plegan, plegian, plagian „sich rasch bewegen, spielen", as.
plegan „pflegen", mnl. pleien „tanzen", ahd. pflegan „sorgen,
pflegen" (an. plega, plaga, dän. pleie, schw. pläga aus dem
mnd.). — Afrs. plega, pliga „gewohnheit" und plicht „obhut,
fürsorge, risiko" sind allgemein westgerm.: s. Fick III⁴ (Torp)
p. 221; Falk-Torp pleie, pligt; Franck. Z. f. vgl. spr. XXXVII
132—140.

Bremer erklärt in PGr² III 787, das kelt. treb „dorf"
sei als fremdwort ins germ. gedrungen und finde sich nur im
frs. und engl. Nun kann aber afrs. therp ebensowohl dem
as. tharp als dem ae. þrep- (nur in zusammensetzungen) entsprechen, weshalb wir dieses wort kaum als kriterium einer
engl.-frs. einheit ansprechen können; s. noch Falk-Torp torp, trev.

Afrs. *onclew, -cleu (s. Verh. Lex. altostfrs.), ae. oncleow
„fußknöchel" *-klewo- — ahd. anchlao, mnl. anclau / *-lēwo-;
weiteres Fick III⁴ (Torp) p. 11; s. awestfrs. anckel p. 60.

## 3. Stamm.

a) körperteile.

### sthiäke.

Afrs. sthiake, ziake sf. ( *keukon) (nicht zu ae. ceoce nach
Sievers PBB 17, 322 anm.) und ae. cēace sf. ( *kaukon) gehören zu einer wurzel keu „kauen" (s. darüber Fick III⁴
(Torp) p. 44), wozu wahrscheinlich auch got. kukjan „küssen",
ostfrs. kükken gehören. Das ae. ceoce (ne. cheek) stellt
Fick III⁴ (Torp) p. 561 zu mnl. koon *kauno f. „kiefer,
wange". — Unverwandt ist mnd. mnl. kake „gaumen" *kakon.
S. Siebs PGr² I 1216 und Fick III (Torp) p. 33; afrs. kese
p. 42.

nosterlin.

Eine nur dem fries. und engl. gemeinsame bezeichnung
für „nasenloch" ist afrs. nosterlin, nosterl und ae. nosþȳr(e)l,
nosterle stn.: der zweite bestandteil dieser wörter geht auf
\*þurhilom zurück (die afrs. form nosterlin noch mit einem
diminutivsuffix), das im ae. als þȳrel stn. „loch" erhalten ist:
vgl. die adj. ae. þȳrel. ahd. durihhil, durchil „durchlöchert". —
Eine andere ableitung von germ. \*nusuz „nase" (ae. nosu, afrs.
nose, nosi. mnl. noze, mnl. neus) ist afrs. nosterna (gen. pl.).
mnd. nuster. noster, mnl. noster. womit lit. nasraī und asl.
nozdrī „nasenlöcher" zu vergleichen sind. S. Kluge „nüstern".
Fick III¹ (Torp) p. 295 f.

\*lundlaga.

Afrs. \*lundlaga (dafür verschrieben lunglaga) sm. „niere"
und ae. lundlaga sm. sind nur diesen beiden dialekten eigen;
über as. leuintlegun = lundleg(o), das aus dem ae. stammt,
s. Gallée, Vorstudien p. 473. Das simplex erscheint im an.
lund stf. „das rückenfleisch in der nähe der nieren", norw.
lund f. „hüfte. lende". ahd. lunda „talg", ae. lynd stf. „fett".
Die grundbedeutung von lundlaga ist also „das an oder in der
lende liegende". — Im ablaut gehört hierher das germ. \*landjo
„lende" (an. lend. afrs. lenden, ae. lendenu pl., as. lendin pl.,
ahd. lentin, mhd. lende). Siehe des weiteren Kluge „lende",
Falk-Torp lend. -lund. Walde lumbus. — Eine andere bezeichnung für die niere ist germ. \*neuron- sn. (an. nȳra, mnd.
nēre, ahd. nioro, me. nere. dazu me. kidenere, ne. kidney):
s. darüber Kluge „niere". Fick III⁴ (Torp) p. 289, Prellwitz
νεφρός.

skal

Afrs. skal stm.? stn.? „hoden" und ae. sceallan pl. sind
wohl kaum (wie Fick III⁴ (Torp) p. 459 und 460 will) von
ahd. scelo sm. „beschäler, zuchthengst" zu trennen: hierzu
cymr. caill „hoden" und gr. κήλων „zuchthengst" (s. Prellwitz).
Von der wurzel skil „trennen. spalten" ist skal wohl besser
zu trennen (dagegen Falk-Torp skalle l).

## frisle.

Afrs. frisle, fresle „haarlocke" stimmt zum ne. frizzle, me. frisel „kräuseln", das aber vielleicht eher aus dem franz. stammt: die dazugehörige romanische sippe ist aus dem germ. entlehnt. Der name der Friesen soll von diesem worte herrühren: über weitere vermutungen s. Falk-Torp fris, frisler: vgl. NED.

### b) verschiedene substantiva.

#### warf, werf.

Afrs. warf stm. „gerichtsversammlung, gericht" und werf „gerichts-, hofstätte" sind nach Siebs (bei Heck. Die afrs. gerichtsverfassung p. 423 ff.) und v. Helten (Verh. Lex. altostfrs. p. 361 u. 375) zu aslov. vrŭpa „menge", poln. warpa „der aufgeschüttete erdhügel" (s. Miklosich wb. 384) zu stellen. Im ae. vergleicht sich damit das nur einmal (Judith 12) belegte hwearf „menge", das der alliteration wegen in *wearf zu emendieren ist.  Diese frs.-engl. wörter sind wohl zu scheiden von as. hwarf, ahd. hwarb stm. „menge", da auch die Rüstringer texte, die anlautendes hw bewahren, die konsequente schreibung warf, werf zeigen. — Siehe noch Walde repens, sarcio, verbena.

#### kei.

Afrs. kei stm. ( *kaigoz) „schlüssel" und ae. cǽg stf., cǽge sf. ( *kaigō-) gehört wahrscheinlich zu norw. dial. kage m. „busch", schw. dial. kage „baumstumpf" ( *kagon- sm.), mnl. kag, kegge ( *kagjo) „keil": weitere verwandte bei Fick III⁴ (Torp) p. 33 f. und Franck (et. wb.) keg. Auffällig ist der hier auftretende ablaut ai : a, weswegen wohl Torp für das frs.-engl. wort eine grundform idg. *ǵeghā ansetzt, die v. Helten (gr. p. 22) mit recht verwirft. — Kluge will kei an ahd. kil „keil, pflock" anknüpfen, was der bedeutung wegen nicht unmöglich ist.

#### braspenning.

Afrs. braspenning „kupferpfennig" enthält als ersten teil das wort bras- „erz", daß auch im ae. bræs „erz, bronze, kupfer"

vorliegt. Lottner stellt dazu (KZ 7, 183) lat. ferrum, das jedoch
Walde aus hebr. bar(e)zel herleitet. Das von Lottner und
Skeat (Etym. Dict.) angeführte an. bras „solder" existiert nicht.
Vgl. NED brass.

### slek.

Afrs. slek stm. „schlag" *slaikiz entspricht im ablaut
dem ae. slcð „percutit" (s. v. Helten, gr. § 170) und slicc
„hammer", das kaum dem ae. slecg gleichzusetzen ist. Zusammenhang mit „schlagen" sowie mit der sippe „schleichen"
ist ausgeschlossen (s. zu letzterem Kluge et. wb. und Falk-
Torp slesk).

### c) adjektiva.

### *won(n).

Afrs. *won(n) „schmutzig, schmutzfarbig" ist aus wonnelsa „dunkle flecken" und dem part. prät. wanith, waneth
„beschmutzt" (s. v. Helten, Verb. Lex. altostfrs p. 129 anm.) zu
erschließen; dazu ae. wan(n) „dunkel". Das mnl. wandaad
„missetat" ist unverwandt, da es durch assimilation aus *wandaad (= as. wamdad, ae. wamdæd) entstanden ist. Ob das
gemeingerm. adj. *wammoz (s. Fick III¹ (Torp) p. 392) zur
gleichen wurzel gehört, ist fraglich.

### d) verba.

### kwinka.

Afrs. kwinka stv. „schwinden" und ae. a-cwincan stv. „er-
löschen, verschwinden" mit dem caus. a-cwencan „auslöschen"
sind ableitungen zur wurzel kvi (s. Falk III⁴ (Torp) p. 63),
die im ae. a-cwinan stv. „schwinden", und. quinen sv., mhd.
verquinen vorliegt. Dagegen ist schw. norw. dial. kvinka
„wimmern" völlig unverwandt (s. Falk-Torp kvinke, Fick III⁴
(Torp) p. 63 kvi 2). Über weitere vermutungen s. Walde viēsco.

### klinna.

Afrs. klinna „klingen" (< *klinjan; über i als umlaut
von n s. v. Helten, gr. § 30,3) und ae. clynnan „tönen", clynian

„klopfen" gehören vielleicht zu ae. clyne stn. „metallklumpen",
schw. dial. klunn m. „klumpen", isl. klunni „plumper mensch":
s. ferner Falk-Torp kluntet und Fick III⁴ (Torp) p. 58 f.

renda.

Afrs. renda „reißen, brechen" entspricht dem ae. rendan
„zerreißen", das, obwohl einmal mit dem anlaut hr belegt,
doch kaum zu an. hrinda „stoßen" (s. darüber Falk-Torp raed)
gehören kann. Petersson (IF 24, 182) vergleicht lit. randas
„strieme, schramme", skr. randhra m. n. „öffnung, spalte;
schwäche, mangel": ohne infigierten nasal stellt er gr. ἐρέθω,
ἐρεθίζω „reize" hierher.

# III. Friesisch-englisch-nordisch.

## 1. Endung, bedeutung, zusammensetzung.

Neben dem gemeingerm. *natjom „netz" (got. nati) besteht im afrs., ae. und an. eine nebenform *natjon, *netjon sf.
mit differenzierter bedeutung: afrs. nitte (s. v. Helten, Verb.
Lex. altostfrs. p. 248), ae. nette, an. netja „netzhaut".

Afrs. ku, ae. cu, an. kyr „kuh" haben übereinstimmenden
vokal gegenüber as. ko, ahd. chuo: ebenso aostfrs. ae. an. hu
„wie" gegen awestfrs. as. hwo. Beachte beim letzteren worte
die dialektische verschiedenheit des afrs., wo die östliche
mundart zum engl.-nord., die westliche zum deutschen stimmt.
Zur erklärung des unterschiedes s. Noreen, urg. lautl. § 10, 2;
v. Helten in PBB 15, 478 anm. 2 und PGr² I 461.

Afrs. *hem(m)eng „lederzeug" (s. darüber v. Helten, Verb.
Lex. altostfrs. p. 92) ist wie ae. hemming „schuhzeug" und
an. hemengr, hemungr „leder, haut eines hinterfußes" von der
gemeingerm. wurzel ham „bedecken" abgeleitet (s. Fick III⁴
(Torp) p. 74).

Im afrs., ae.-nordhumbr. und an. ·til „bis" hat sich das
gemeingerm. subst. *tilom „ziel" zur präposition entwickelt.
Das afrs. steht dabei dem ae. insofern näher, als beide diese
präp. mit dem dativ verbinden, während das an. den genitiv
gebraucht.

Die verneinungspartikel „nein" heißt im afrs. und ae.
na. im an. nei *ni + aiw, ursprünglich „niemals". Im as.
entspricht nen. im ahd. nein *ni + ainom, das sich dem lat.
non *ne + oinom (s. Walde) vergleicht.

## 2. Ablaut.

Afrs. crocha „feuerbecken" (PBB 30, 223), ae. crohh.
crocca „krug" und an. krukka „topf" stehen ae. crūce, as.
kruka, mhd. kruche sf. sowie ae. crog, ahd. kruog gegenüber:
vgl. me. cros. mnl. croes. mhd. kruse. Siehe PGr² I 364 und
Kluge „krug".
Afrs. wet. ae. wæt. an. vatr „naß" ( *wætoz) stehen im
ablaut zum gemeingerm. wort „wasser" (got. wato, an. vatn.
afrs. weter, ae. wæter, as. watar, ahd. wazzar) und zum germ.
wort „otter" (mit samprasarana): an. otr, ae. otor, mnd. otter.
ahd. otter.

## 3. Stamm.

### helsinekerf.

Aus afrs. helsinekerf „das zerschneiden der fersensehnen"
ist ein afrs. *hela sm. oder *hel stm. *hanhilo- zu erschließen.
das dem ae. hela sm. „ferse" und an. hæll stm. entspricht; das
simplex *hanho- ist erhalten im an. hā- (nur in kompositen)
und im ae. hoh stm. „ferse". Auf deutschem boden ist nur
das aus dem. frs. entlehnte mnl. hiele m.. nnl. hiel m. belegt. —
Ein anderes kompositum ist afrs. hoxene, ae. höhscono, ne.
hocksinew, an. hāsin f. Über weitere verwandte s. Fick III⁴
(Torp) p. 67 und Falk-Torp. hase I. hæl. — Unverwandt ist
ahd. hahala, hähila „kesselhaken", mnd. hale, mnl. hael; s. Fick
III⁴ (Torp) p. 70. — Vgl. *hexse p. 44.

### tusk.

Afrs. tusk, ae. tusc, tux stm. „zahn" *tunskoz vergleicht
Noreen (urg. lautl. p. 116 anm.) mit an. Ratatöskr „ratten-
oder wanderzahn?": die grundform *tunþskoz entspricht einem

idg. *dn̥tskos oder *dn̥tqos (dazu skr. adatkas „zahnlos"). Das
got. tunþus „zahn" zeigt den gleichen ablaut; die formen der
übrigen dialekte gehen auf *tanþ- zurück: an. tǫnn. afrs. tōth.
ae. tođ, as. tand. ahd. zan. zand. Weiteres bei Fick III [1]
(Torp) p. 154.

### hath.

Afrs. hath (th = t). ae. hætt. an. hottr „hut" ( *hattuz
*hadnús) mit der an. ableitung hette sf. ( *hattjon) „kappe"
gehören im ablaut zu afrs. ae. hod. mnd. hot. ahd. huot *hodoz.
Daß die erstere form ursprünglich weiter verbreitet war, macht
der stammesname der fränkischen Chattuarii (= hutleute)
wahrscheinlich. Über fernere verwandte s. Walde cassis.

### lona.

Afrs. lona sf. „weg" (s. v. Helten. gr. § 188) und ae. lane,
lanu sf. ( *lanōn) finden sich wieder im an. lon stf. ( *lano)
„häuserreihe". dän. laan „stapel langgestreckter dinge, häuserreihe, gallerie". schw. dial. lana, lâna „hausflur, gang zwischen
kuhstall und futterhaus" (s. Falk-Torp laan II). Das erst
nnl. vorkommende laan ist friesische entlehnung. S. auch
NED lane. Fick III [4] (Torp) p. 354 zieht gr. ἐλαύνω, ἐλάσαι
heran.

### wars.

Afrs. wars „frühling" ( *wesrom nach v. Helten. gr.
§§ 7α, 96γ) ist zu an. vaar, schott. wer (urspr. neutraler kon-
sonantischer stamm, s. PGr [2] I 407: *wer *wesr-) zu stellen.
Über weitere verwandte s. Falk-Torp vaar. Walde vēr.

### jnc.

Afrs. jnc (= *jinc, s. ZfdW. 7, 285) „zornig" *gi-inkoz
gehört zu ae. inca sm. „vorwurf", an. ekke sm. „schmerz"
*inkon-. Nach Holthausen IF XVII. 295 ist lat. aeger
(s. Walde) hierher zu stellen; s. noch Fick III [4] (Torp) p. 28.

### kleppa.

Afrs. kleppa „umarmen", ae. clyppan „umarmen, lieben"
*klupjan sind kaum von an. klypa „kneifen, klemmen", klyppa

„scheren. schneiden“ zu trennen. Eine seitenform ist nur im nordischen belegt: an. klipa stv. „kneifen. klemmen“. klippa „scheren“ (woraus ne. clip); aus dem an. klipingr stammt mnd. klippink „schaffell mit geschorener wolle“: s. Fick III⁴ (Torp) p. 59.

## riva.

Afrs. riva stv. „reißen“ (v. Helten, gr. § 268) entspricht dem an. hrīfa stv. „kratzen. nach etwas greifen“ und dem abgeleiteten ae. gehrifnian „zerren, greifen“. Über die weitere etym. s. Fick III⁴ (Torp) p. 105.

# IV. Friesisch-englisch-[nordisch-]gotisch.

Das superlativsuffix -uma ist im germ. sehr selten geworden und meistens nur in spuren nachzuweisen: got. fruma. innuma. auhuma. aftuma. iftuma. hleiduma. miduma (dieses nur subst.): afrs. forma. furma: ae. forma. hindema: as. forma. Medema-hem; ahd. hitamum (adv.), zëhsamo (adj.). — s. PGr² I 484 f. und die grammatiken von Braune (got. und ahd.). v. Helten. Sievers, Gallée. Dieses suffix ist im afrs.. ae.. an. und got. durch das gewöhnliche suffix ista- erweitert worden: doch war diese bildung eigentlich nur im ae. lebendig. Die belege sind: afrs. formest. medemest: ae. ȳmest. fyrmest. sīðemest etc.: aschw. nāmster (= got. *nehmists: s. Noreen. aschw. gr. § 468. 2 anm. 3): got. aftumists. auh(u)mists. frumists. hindumists. spedumists.

## *bere.

Afrs. heregers emendiert v. Helten (Verh. Lex. altostfrs. p. 57) in *beregers und übersetzt „gerstenacker“. Dieses afrs. *bere (das auch durch nfrs. dialekte erwiesen wird) vergleicht sich mit ae. bere stm. „gerste“ *bariz, wozu an. barr stn. „getreide“ ( *barzom) und got. barizeins „aus gerste“ gehört. Über weitere etymologien s. Fick III⁴ (Torp) p. 262. — Auf deutschem boden ist *gerstōn gebräuchlich: as. ahd. gersta. wozu lat. hordeum gehört (s. Walde; Prellwitz κρῖ: Fick III⁴

(Torp) p. 130). — Ein drittes wort ist afrs. be „gerste". (s. Verh. altwestfrs. p. 4). ae. beow. as. beo „ernte". an. bygg „gerste"; s. darüber Fick III⁴ (Torp) p. 273.

*soth.

Afrs. *soth „sättigung" (statt soch. s. Verh. Lex. altostfrs. p. 292 zu send) entspricht dem got. soþs stm. oder soþ stn. „sättigung": afrs. sēde „sättigung" ( *soðm) gehört zu got. ga-sōþjan „sättigen". ae. gesedan „zufriedenstellen". Die sippe steht im ablaut zum gemeingerm. „satt". Gehört afrs. send stm. stf.. ae. sand „speise. gericht", ahd. santa „ferculorum. epularum" und an. sending „gang beim essen" hierher oder nach Falk-Torp (sende)zum verbum *sandjan „senden. schicken"? Nach v. Helten's vermutung (Verh. Lex. altostfrs.) ist afrs. sondema „speisesack" *sand-hamon- dazu zu stellen.

## V. Friesisch-nordisch.

### 1. Endung, zusammensetzung.

Afrs. thochta „gedanke" und an. þōtte sm. ( *þuhton-) stehen ae. geþoht stm. ( *þuhtoz) gegenüber.

Afrs. enda „endurteil" und an. ende sm. ( *andjon-) sind neubildungen zum gemeingerm. *andjoz (got. andeis).

Afrs. wern stf. „pfand" und an. vorn stf. „verteidigung" sind ni-ableitungen zum gemeingerm. verbum *warjan. — s. Kluge. nom. stbl. § 147 a.

Afrs. drewe „locker. unfest" gehört mit v. Helten PBB 23. 233 f. wahrscheinlich zu an. dreifr „zerstreut"; unmöglich wäre allerdings der zusammenhang mit as. drobi „elend" nicht (s. Siebs. Lit.-bl. f. germ. u. rom. phil. 18 (1897)).

Afrs. lith „bande" (nach v. Helten's vermutung. Verh. Lex. altostfrs. p. 119) gehört zu an. lið stn. „schar. gefolge" zum germ. *liþan „gehen"; ae. lið „flotte" ist nord. lehnwort.

Afrs. *brēd (nach v. Helten. Verh. Lex. altostfrs. p. 65) „plötzlich. jäh" und an. brāðr in gleicher bedeutung sind mit der wurzel *brēþ zu verbinden. zu der auch ae. brǣð stm.

„dunst, atem". an. brāða up „hitzig machen". ahd. bradam stm. gehören: hierher auch die sippe „braten" — s. Kluge brodem. braten: Fick III⁴ p. 263. Noreen, urg. lautl. p. 42, 187. Afrs. naken „nackt". an. nakenn ( *nakanoz) ist wie skr. nagná „nackt, bloß" mit der endung des starken part. prät. gebildet: got. naqaþs. an. nokkviðr. aschw. nakuþer. afrs. nakad. ae. nacod. mnd. naket. ahd. nackut, nahhut gehen auf *nakwaþoz. *nakuþoz. *nakudoz zurück.

Afrs. lagia „bestimmen". an. laga „einrichten" / *lagōjan sind wohl als denominativa aufzufassen. Ae. lagian „festsetzen" (gesetz) stammt aus dem nord. Weiteres Fick III⁴ (Torp) p. 358 laga; Falk-Torp lave.

Folgende frs.-nord. formen sind j-ableitungen zu stämmen. die sich auch in den anderen dialekten finden:

1. afrs. orleve. an. leyfi stn. ( *laubjom) — as. orlof, ahd. urloup: afrs. orlof. mnl. oorlof. ahd. urlub.

2. afrs. fletta. an. flytta (daraus ne. flit) „bringen. tragen" ( *flutjan) — germ. *fleutan (ae. flēotan. as. fliotan. ahd. fliozan. an. fljōta).

3. afrs. binēta. an. neyta „genießen" ( *nautjan) — germ. *neutan (got. niutan, an. njōta, ae. neotan. afrs. meta. as. niotan. ahd. niozan). Ebenso afrs. nētte „genosse". an. neyti stn. „gesellschaft" — afrs. nat. ae. geneat. as. genot. ahd. ganoz. an. nautr.

4. afrs. steta. an. steyta „stoßen" ( *stautjan) — got. stautan. an. stauta. ae. steatan. as. stotan. ahd. stōzan.

Afrs. hulēde „wie groß" kann wie got. ƕelauþs „wie groß" (zu got. liudan. ae. leodan. as. liodan „wachsen") gebildet sein. aber ebensogut mit an. framleiðis „ferner" (dän. mit metathese fremdeles). dän. hvorledes „wie beschaffen". saaledes „derart" zusammenhängen: dann zu an. leið. ae. lad „weg", ahd. leita „leitung" und dem germ. *hþan „gehen" — s. Falk-Torp led I.

## 2. Ablaut und grammatischer wechsel.

Ein afrs. *ran e) stf. „untersuchung" vermutet v. Helten
(Verh. Lex. altostfrs. unter ransa), das mit an. raun stf.
„untersuchung, probe" auf germ. *raunō zurückgeht und wie
an. reyna    *raunjan „prüfen" im ablaut zu got. as. ahd. rūna,
ae. rūn „geheimnis" steht.
Afrs. loga, an. logi (daraus ne. dial. low) sm. „flamme"
entspricht mit gramm. wechsel mhd. lohe sm. und mit ablaut
an. leygr, ae. lēg, ahd. loug.
Afrs. skiale sf. ( *skeulon) „stall", an. skjōl stn. ( *skeu-
lom) „versteck, schutz, scheuer", an. skyla „schützen" ( *skeul-
jan) stehen im ablaut zum gemeingerm. skul-; afrs. skūl „schutz,
hütte der hirten", ne. schulen „sich verbergen", mnd. schul
„versteck", mhd. schulen „verborgen sein"; s. afrs. schūre
p. 66; Zupitza, gutturale p. 153; Falk-Torp skjul, skule; Fick
III ¹ (Torp) p. 465 f.
Afrs. diunk, an. dokkr ( *dinkwoz) „dunkel" gehören zu
as. dunkar, ahd. dunkar, tunkal, norw. dial. dunken „feucht,
moderig", ne. dank, dial. dunk „feucht". Weiteres bei Kluge
„dunkel". Fick III ¹ (Torp) p. 201.
Afrs. tey-wird „erklärung des einverständnisses" ist nach
v. Helten (Verh. Lex. altwestfrs.) in seinem ersten bestandteil
entstanden aus *þegi „annehmlichkeit", das zu einem adj. *þēgi
„genehm" = an. þægr gehört. Die wurzel ist allgemein germanisch; s. Fick III ¹ (Torp) p. 179 þenh. 184 þih.
Afrs. bloth „herd" (nach v. Helten gegen Richthofen's
übersetzung „bande") und isl. hlöð n. pl. gehören im ablaut
zu an. hlað „pflaster im hofe, stapel", ae. hlæd stn. „erdhaufen"
(ne. turning-lathe aus dem nord.). Das grundverbum *hlaþan-
hladan ist gemeingerm.; s. Fick III ¹ (Torp) p. 110.

## 3. Stamm.

### strik-halt.

Afrs. strikhalt, striklom heißt wohl „steif-lahm"; dann
entspricht norw. dial. strikja „schwellen, die augen aufsperren",

strik. strek „aufgeschossener bursche". schw. dial. strek, strik
„bursche". strake „hohe, schlanke gestalt". Das nhd. strick
„taugenichts" ist unverwandt; s. Fick III⁴ (Torp) p. 500;
Falk-Torp strikke.

### stak.

Afrs. stac stn. „ein kleidungsstück" ist nach v. Helten's
vermutung (Verh. Lex. altostfrs. p. 130) zu an. stakkr „wams",
an. staka, stakka sf. „fell" zu stellen. Mit anderem anlaut
gehört norw. toka an. *þaka „schweinshaut" hierher; vgl.
das finn. lehnwort takki „oberkleid". Weitere etym. bei Falk-
Torp stakk. Prellwitz στέγω. Walde tego.

### idingthing.

Afrs. idingthing, iding „mit kürzester frist anberaumte
gerichtssitzung" stellt v. Helten (Verh. Lex. altostfrs.) gegen
Siebs (PGr² I 1358) zu an. ið stf. *īðjō „wirksamkeit",
iðinn „arbeitsam". Weiteres über die wurzel (i „gehen") bei
Walde eo. Prellwitz εἶμι: Fick III⁴ (Torp) p. 27.

### clesie.

Afrs. clesie (-cliszie) übersetzt v. Helten PBB 23, 235 mit
„brutzeit" aus der grundform *klakīni-, die zu an. klekja
„brüten", nyklakinn „eben ausgebrütet" gehört; ob got. niuklahs
„neugeboren" hierher zu stellen ist, bleibt fraglich. S. Fick
III⁴ (Torp) p. 55. — Diese ganze erklärung wird übrigens
von Siebs Lit.-blatt 18 (1897), 222 bestritten.

### gom.

Afrs. gom „strafe" < *ga-auh-ma nach v. Helten (Verh.
Lex. altwestfrs.) ist ableitung von einem germ. stamm *auh;
dazu afrs. wangōde „sorglosigkeit" (anders Siebs PGr² I
1295). Im an. entspricht ga < *ga + anhan „achten auf
etwas", das freilich Fick III¹ (Torp) p. 121 ganz anders
erklärt. Weitere verwandte bei Wadstein IF V. 7; vgl. dagegen Walde anculus.

### *penda.

Afrs. bipent 3. sg. „quält, plagt" (s. v. Helten PBB 14,
264) gehört mit an. pynda „vexare" zu der nasallosen wurzel

put „stechen". die in isl. pota „stechen". ae. potian. pyttan
„stoßen. stechen". mnl. peuteren „stochern. wühlen" vorliegt.
Vgl. skr. bunda m. „pfeil": s. Fick III⁴ (Torp) p. 219.

### geta. gata.

Afrs. geta, gata „bestätigen" stellt Fick III⁴ (Torp)
p. 121 zu an. gǣta „beachten. hüten"; andererseits ist aber
zusammenhang mit ahd. gijazan. an. jata, jatta, aschw. iæta.
iat(t)a „bejahen" nicht ausgeschlossen: ae. geatan ist nord.
lehnwort.

# VI. Friesisch-nordisch-gotisch.

### Wrak.

Afrs. wrak „krumm" entspricht dem got. wraiqs „schräg.
krumm" ( *wraikwoz), wozu schw. dial. vrek „verdrießliche
person". Urverwandt ist gr. ῥαιβός „krumm" idg. *vraiqⁱos.
Über weitere verwandte s. Fick III⁴ (Torp) p. 415 u. 417
(zu vrih 2). — Siebs PGr² I 1252 liest gegenüber dieser
erklärung v. Helten's (PBB 14. 278) wrak wegen der neufrs.
formen wrak (stl.) und wræk (wg.): in diesem falle wäre der
stamm allgemein germ. (Fick III⁴ (Torp) p. 416).

### *riūre.

Afrs. *riure (statt des handschriftlichen ri nach v. Helten.
Verh. Lex. altostfrs. p. 120 anm. 10) „vergänglich" entspricht
got. riurs „vergänglich". riurjan „verderben" und an. ryrr
„gering. unbedeutend. arm". ryra „vermindern". Weiteres bei
Fick III⁴ (Torp) p. 348 und Feist riurs.

### reda.

Afrs. reda. an. rǭða. got. rödjan „reden" ist allen übrigen
dialekten unbekannt. da die sippe „reden" (s. Feist raþjo.
Kluge rede) fern zu halten ist.

# VII. Friesisch-gotisch.

## 1. Ablaut und grammatischer wechsel.

Afrs. fyya „redlichkeit" erklärt v. Helten. Verb. Lex. altwestfrs. als adjektivabstraktum *gi-fehi. das zu got. gafehaba „wohlanständig. ehrbar" paßt: dazu afrs. fyeloes „unredlich". An. faga „schmücken. reinigen". fægja „glänzend machen. putzen" gehört mit grammatischem wechsel hierher. und mit ablaut fügen sich zahlreiche gemeingerm. verwandte an: s. Fick III⁴ (Torp) p. 224 f.

Afrs. hioech-dedich „vermögend" ( *heuhi-) gehört der form nach zu got. hiuhma „haufe" und im ablaut zu got. huhjan „sammeln": dazu das gemeingerm. „hoch": got. hauhs. an. hor, har. afrs. hach. ae. heah. as. ahd. hoh. S. Fick III⁴ (Torp) p. 91.

## 2. Stamm.

### *her.

Afrs. *her „kerze" (nach v. Helten's annahme in lichera (dat. sg.). hachera = *liacht-her(a): Verb. Lex. altostfrs.) entspricht dem got. hais stn.(?) „fackel". Diese wörter gehören entweder zu ahd. gehei „hitze". hei „trocken". ar-heigetun „verdorrten" (s. Feist). norw. heisa „vor der reife vertrocknen" (s. Fick III⁴ (Torp) p. 65) oder zu germ. *hairoz „weißgrau". eigentlich „glänzend weiß" (an. hārr. ae. har. afrs. as. ahd. her „grau". s. Fick III⁴ (Torp) p. 88): am wahrscheinlichsten jedoch ist wurzelverwandtschaft mit an. heiðr. ae. hador. as. hedar. ahd. heitar „heiter" (s. Fick III⁴ (Torp) p. 64): v. Helten. PBB 9. 543 zieht ferner lat. cinis „asche" heran. Walde aber vergleicht es mit mehr recht mit dem lat. caelum (s. d.).

# VIII. Friesisch-niederdeutsch-niederländisch.

Ein eigentümliches geschick wollte es, daß gerade die am reichsten und vollständigsten überlieferte klasse altfriesischer wörter für unsere betrachtung wegfallen muß. Wie Ph. Heck in seinem ausgezeichneten buche über die altfriesische gerichtsverfassung nachgewiesen hat, geht die ganze organisation des friesischen rechts und der verwaltung auf fränkischen ursprung zurück. „Das westliche Friesland wurde 689 durch Pippin von Heristal, das mittlere 734 durch Karl Martell, das östliche bis zur Wesermündung 775—785 durch Karl den Großen unterworfen, und seit dieser zeit haben die Friesen, ungeachtet einer gewissen selbständigen stellung, ihre politische unabhängigkeit verloren" (O. Bremer in PGr² III 846). Mit der einrichtung drang aber auch der name ins Friesenland: obwohl so manches echt friesische wort darunter sein mag, muß doch von solchen rechtsausdrücken abgesehen werden, weil der verdacht der entlehnung einmal vorhanden ist. Im folgenden führe ich die wichtigsten dieser wörter an, ohne auf eine genauere erklärung einzugehen: sie entsprechen durchwegs den im niederdeutschen (und niederländischen) geltenden ausdrücken.

asega „richter", drusta „drost, vogt", formond „vormund", greva „graf", hera „herr", ivietha „eideshelfer", skeppena „schöffe", talemon „ein richterlicher beamter", tiuga, urkenda „zeuge"; bare „klage vor gericht", benethe „peinliche klage", bifang „gerichtsbezirk", brekma „brüchte, geldbuße", evelganc „schenkungsvertrag" (ZfdW. 7. 279 f.), forword „kontrakt", helde „gewahrsam", hûslôtha „haussteuer" (s. Verh. Lex. altostfrs.), jelde „gilde", kleft, klova „stammesabteilung", lade, lede „reinigungseid" (auch ae. lad), nedmond „notzucht", nedskine „impedimentum legitimum", rethe „beweis", sete „bürgschaftsleistung", upstal „conciliabulum"; bitalia „bezahlen", fella „geldbuße zahlen", forfema „verfehmen", frethia „den fredus bezahlen", inthinza „gerichtlich belangen", onspreka „verklagen", onesprekia „anfechten", straffia „schelten, anfechten".

Hieran möchte ich eine anzahl friesischer oder in Friesland gebräuchlicher münzen und maße fügen, da auch bei ihnen der verdacht der entlehnung besteht oder die entlehnung sicher ist: betska, „batzen", butie (s. Fick III⁴ (Torp) p. 274); blikert „kleine münze"; blud, buld (= ein schilling nach R. His, Zschrft. der Savignystiftung, band 28, germ. abt. (1907) p. 440ff.; -- ¹₁₆ M. nach v. Helten, Verh. Lex. altostfrs. p. 70); lesene = 1 schilling; leinmerk (unerklärt), pike, skubbe „kleine münzen"; binde „ein längenmaß", mollesfōt „maulwurfsfuß"?).

Fremdwörter aus dem niederdeutschen (niederländischen) sind selbstverständlich für unsere zwecke wertlos, so z. b. toner, slag, kundich, bose, ganz (hd.!). Dazu stellen sich einige wörter, deren entlehnung zwar nicht nachgewiesen ist, aber aus irgend einem grunde vermutet werden muß. Die hauptsächlichsten sind folgende:

afrs. balde adv. „bald" scheint wie das mnd. balde „rasch" in der bedeutung durch das ahd. baldo, mhd. balde beeinflußt worden zu sein;

afrs. jagia „jagen" ist nach Kluge und v. Helten wie das an. jaga aus dem mnd. jagen entlehnt, das seinerseits auf ahd. jagon zurückgeht;

afrs. bas „meister, herr" scheint aus dem mnl. baas, nd. baas zu stammen, woher auch dän. schw. bas entlehnt ist. Bugge PBB 13, 175 stellt dazu md. nd. wase und ahd. basa „base"; baas erklärt er als entstellung durch den kindermund für „vatersbruder", basa ebenso als „vatersschwester"; s. über solche kosewörter im allgemeinen PGr² I 473. Vgl. NED boss, afrs. bole p. 45.

Trotz dieser einschränkungen verbleibt eine so große anzahl von wörtern und wortformen, die nur dem frs. und deutschen eigen sind, daß die frs.-engl. und frs.-nord. entsprechungen dagegen fast verschwinden. Bei der einteilung des umfangreichen stoffes verfolge ich die gleichen grundsätze wie in den vorausgehenden abschnitten, und bringe also das minder wichtige zuerst.

## 1. Endung, bedeutung, zusammensetzung.

### a) verschiedene deklinationsklassen.

Afrs. kole, mnl. cole stf. „kohle" *kulō — ae. col, ahd. an. kol stn. *kulom.

Afrs. mete, mnd. mnl. mate, ahd. maza sf. „maß" *mǣton (an. māti sm. „art und weise" aus dem mnd.) — an. mat „schätzung", mhd. māz stn. „maß" *mǣtom.

Afrs. wēstene, as. wōstunnia, ahd. wuostina „wüste" *wostinjo, *wōstunjo — ae. wēsten(n) stn. *wostinjom, spät-nordhumbr. woestern.

Afrs. smaka, mnd. mnl. smake, ahd. gismaccho „geschmack" sm. *smak(k)on- — ae. smaece, afrs. smek, mnd. smak, mhd. smach, (ge)smac *smak(k)oz: dän. smag, schw. smak aus dem mnd.

Afrs. wald, mnd. wald stf. „macht" *waldō — gemein-germ. *waldom stn.

Afrs. stede, as. stedi, stad, mhd. stete, stat stf. „ort, stelle" *staðiz — got. staþs, an. staðr, ae. stede stm.

Afrs. snotta, mnd. snotte sm. „schleim" *snutton- — ae. gesnot, mnl. snot, dän. snot stn. *snuttom.

### b) verschiedene konjugationsklasssen.

Afrs. hlapia „springen", ahd. louffon „discurrere" *hlau-pōjan gemeingerm. *hlaupan stv.

Afrs. melia, as. malon, ahd. malon (malen) sv. II *mǣ-lōjan — got. meljan, an. mǣla (mala aus dem mnd.), ae. mǣlan sv. 1 *mǣljan.

Afrs. lawia, as. lebon „nachlassen" sv. II — got. bilaibjan, an. leifa, afrs. lewa, ae. lǣfan, as. farlebian sv. 1.

Afrs. wisa, as. wisian, ahd. wisen, an. visa sv. 1 „führen" *wīsjan — ae. wisian, as. wison *wisojan.

### c) j-ableitungen.

Afrs. hēme, ahd. heima stf. „heim" *haimjo.

Afrs. lende, ahd. gilendi stn. „erde, land" *landjom.

Afrs. stjūre, ahd. stiura stf. „steuer" *steurjō: dazu got. usstiurei „zügellosigkeit" — ae. stēor stf. *steurō.

Afrs. inweie, ūtwēie „nach innen, nach außen sich neigend", mhd. waege „sich neigend" *wǣgjoz ist ableitung vom gemeingerm. *wǣgo „wage".

Afrs. filla, as. fillian, ahd. fillen „geißeln" *felljan sv. I ist abgeleitet vom germ. *fellom „haut, fell".

Afrs. liuwa „glauben", ahd. giliuben „einem etwas lieb machen" *leubjan — germ. *leuboz „lieb".

Afrs. *lebba oder *leva „versprechen" (belegt ist nur das prät. leveden), mhd. gelüben *lubjan — germ. *lubōjan (an. lofa, ae. lofian, afrs. lovia, as. lobon ahd. lobon).

Afrs. urbera „verwirken", mnl. verbören, mnd. verboren *-burjan.

Afrs. wensa „wackeln", as. wenkean „untreu werden", ahd. wenchan „weichen, wanken" *wankjan, woraus afrz. guenchir.

d) übrige ableitungen.

Afrs. mes, mnd. mes „aufs neue" — ae. niwe, nige.

Afrs. uter, as. ūtar, ahd. ūzzar „außer" — got. ūta, an. uti, afrs. ūte, ae. ūte, as. ūta, ute, ahd. uzi, ūze.

Afrs. thard „dorthin" (analog gebildet herd „hierher"), as. tharod, ahd. darot (vgl. dazu Fick III⁴ (Torp) p. 174 þa gegen PGr² I 732) — got. þaþrō „von da", an. þaðra „dort", ae. þaeder „dorthin" — ae. þider „dorthin", wozu das analoge got. hidre gehört.

Afrs. skamel, mnd. mnl. schamel, ahd. scamal „ärmlich" *skamaloz ist ableitung zum gemeingerm. *skamo „scham".

Afrs. tetsia „an sich reißen" ist wie ahd. zucchen „schnell ziehen, entreißen" < *tukkjan intensivum zum germ. *teuhan „ziehen".

Afrs. stelne, as. stulina stf. „diebstahl" *stulinō — ae. stalu stf. *stalō, an. stuldr stm. *stulðiz, ahd. stāla stf. *stǣlō.

Afrs. sponst „verführung", mhd. gespanst *spanstuz zum germ. *spanan „verlocken". Das afrs. wort hat n vor s durch analogie zum grundverbum erhalten.

Afrs. scolenge „verpflichtung" ist von einem sv. II *scolia
abgeleitet, das im mhd. verschon „schulden" wiederkehrt: das
wort ist jedenfalls denominativum (as. ahd. scolo, ae. gescola
„schuldner").

Afrs. benete. mnd. gebente. mhd. gebeinze stn. „gebein"
*gabainitjom s. Kluge, nom. stbl. § 71.

Afrs. laster „verletzung". as. ahd. lastar „sünde, lästerung"
stn. *lahstrom zum gemeingerm. lahan „tadeln" ae.
leahtor „laster, sünde". mnd. lachter „tadel", mnl. lachter
„schimpf, tadel" -- an. lostr. gen. lastar stm. *lahstuz.
Afrs. neth „sorgfalt" *ginanþm und mnl. genent „eifer,
sorgfalt" (s. ZfdW. 7. 289) sind ableitungen des gemeingerm.
*nanþjan „wagen".

Afrs. ongost stf.. mnd. angest stm.. ahd. angust stf. „angst"
*angustiz — ae. angness, angsumness.

Afrs. htik. littik „klein" (die ursprüngliche länge des ton-
vokals wird durch neufrs. dialekte erwiesen: Fick III⁴ (Torp)
p. 374 nimmt, wohl mit unrecht, entstehung des i aus um-
gelautetem u an) vergleicht sich mit dem bayr. klein-, dünn-
leizig; mit anderer endung gehört got. leitils, an. htill, mnl.
htel hierher. Verschiedenen vokal zeigt ae. lytel, as. luttil,
ahd. luzzil, liuzil. Gleiche endung mit afrs. htik erscheint im
as. luttik, ahd. luzzik. S. Falk-Torp liden, Fick III¹ (Torp)
p. 367 u. 374.

Afrs. spékel stm. „speichel" *spaikiloz und ahd. speih-
hil(l)a stf. sind erweiterungen eines stammes *spaiko, der in
mnd. speke vorliegt. Andere ableitung zeigt sich in ae. spaþl.
spadl. spald (diese drei formen anglisch). spatl. spætl. mnl.
spédel *spaiþalom. *spaiþilom; vgl. got. spaiskuldr u.(?). as.
spekaldra f., ahd. speihhaltra f. S. Fick III⁴ (Torp) p. 514,
Falk-Torp spy. spytte.

Afrs. saver, sever stn. „speichel", mnd. sever stm. „schleim,
geifer", ahd. seivar stm. „speichel" *saibro- ist von einer
wurzel sib abgeleitet. zu der „sieb" (ae. sife, mnd. seve, ahd.
sib) und „sichten" (ae. siftan, mnd. siften, sichten) gehören.
S. Fick III⁴ (Torp) p. 440 und Kluge sieb, sichten.

Afrs. ewend. as. aband. ahd. abant stm. „abend" ( *æband-,
ursprünglich die form der obliquen kasus) stehen dem ae.

æfen, der form des ursprünglichen nominativs, gegenüber:
dazu im ablaut und mit anderem suffix an. aptann, eptinn.
ae. æften.

Afrs. himul, as. himil, ahd. himil stm. „himmel" haben
das ursprüngliche n-suffix (erhalten in got. himins, an. himinn)
durch dissimilation verändert (s. PGr² 1 376 f.). Aus den
synkopierten kasus (*himn-) haben sich durch eine zweite
dissimilation neue formen entwickelt: ae. heofon, as. heban stn.
Afrs. bliksen „blitz", as. bliksmo, mhd. blixeme sm. sind
ableitungen zur wurzel blik, die im afrs. blhka „blicken", ae.
blican stv. „scheinen", as. blikan stv. „leuchten", mhd. blichen
stv. „glänzen", an. blhkja stv. „glänzen" vorliegt.

Afrs. küda (oder *kudda) „keulenschlag" gehört zu mnl.
kodde m. f. „keule": mit anderer bedeutung gehört ae. codd
„sack, balg, hoden", mnl. codde, norw. dial. kodde, aschw.
kodde „hoden" hierher, ebenso im ablaut ae. ceod stf. „beutel":
s. Fick III⁴ p. 46 und Falk-Torp kodde.

Afrs. fulfensze „vollen ertrag liefernd" (s. ZfdW. 7, 272;
IF 19, 177) *fangjoz gehört zum mnd. vane „kornertrag":
in der bedeutung „zur genüge vermögend" stellt sich das afrs.
wort eher zum an. fong „vermögen".

Die ursprüngliche adverbiale form des germ. *miþ, mið
(got. miþ, an. með, afrs. mith, ae. mid, as. mid, ahd. mit) hat
sich nur im frs.-deutschen erhalten: afrs. mithi, as. midi,
ahd. mite.

Afrs. son, as. ahd. san „bald" stehen den erweiterten
formen ae. sona, as. sāno gegenüber. Die zuerst von Kluge
Engl. stud. 20, 333 gegebene erklärung des ae. sōna aus sōn
+ a „immer" ist unmöglich, da dem im as. doch *sanio entsprechen müßte: deshalb wird neuerdings (PGr² 1 485) entstehung aus *sænom oder *sænōd angenommen.

Afrs. dust-slek „schlag, der eine quetschwunde hervor-
bringt" und mnd. duist-slach sind in ihrem ersten teile aus
*dunst- entstanden, das zu einer wurzel dunt „schlagen" gehört:
mit anderer ableitung vergleicht sich ae. dynt „schlag, stoß",
mnd. dunt-slach und an. dyntr „schlag, stoß": dazu das verbum
norw. dial. dynta „kleine stöße machen", denta „kleine stöße
geben" (s. Falk-Torp dætte). Zugrunde liegt ein verbum

„tönen, dröhnen": ae. dynian, as. dunian, an. dynja; weiteres
Fick III⁴ (Torp) p. 208: Falk-Torp dytte II. don. — Grundverschieden ist afrs. dudslek „schlag, der ein hintaumeln zur
folge hat", wozu nwestfrs. doddje „taumeln", ae. dyderian
„täuschen", norw. dial. dudra „zittern" gehören: mit anderem
dental (aus *dudhnó-) entsprechen mnl. dotten, dutten „verrückt sein", mnd. vordutten „verwirren", mhd. vertutzen „be-
täubt werden", ferner frz. radoter = ne. dote: weiteres Falk-
Torp dude: Fick III⁴ (Torp) p. 208.

Afrs. withunue stf. „zur kirche gehörender raum" entspricht dem ahd. widamo sm. „brautgeschenk, morgengabe",
mnd. wedeme stf., sf. *wiþumo- idg. *vettmo- *vedthmo-
mit vereinfachung des zu erwartenden germ. doppelten dentals.
Das von Noreen, urg. lautl. p. 188, 199, 201 angeführte ae.
weoðum ist nicht belegt. Im ablaut dazu steht afrs. wathem-
hof. -hūs „pfarrhof, -haus". — Im gegensatz zu diesen wörtern
steht afrs. wetma, ae. witunna, weotuma, wetma, burg. witino
*wiþþmon-, bei denen der doppelkonsonant erhalten ist.
S. Fick III⁴ p. 385; Kuhn's Z. 26, 99; Kluge wittum, widmen:
Prellwitz ἔδνον.

Afrs. twera, ahd. zwiro, zwiror „zweimal" *twizwoz,
an. tvisvar *twiswöz (s. PGr² I 493, 732) — ae. twiwa, tweowa,
tuwa, twiga.

e) bedeutung.

Afrs. stund wird wie im mnd. ahd. zur bildung von mul-
tiplikativen gebraucht, z. b. afrs. sex stunda sextich, mnd.
seven stunden seven. ahd. sex stuntom, sibunstunt. Im ae.,
got., an. dagegen gebraucht man *sinþo- „weg, reise, mal": ae.
feower siðum seofon, got. sibun sinþam, an. þrim sinnom.

Afrs. faken „oft", mnl. vake(n), mnd. vakene, vake (dän.
fage aus dem mnd.) ist der erstarrte dativ plural des westgerm. *faka- stn. „einteilung, abteilung", der sich zum adv.
entwickelt hat.

Afrs. uniden „häßlich" entspricht dem gleichbedeutenden
mnd. ungedan, undan. mhd. ungetān.

f) zusammensetzungen.

Afrs. wilkere *-kuriz stf. stm. „wahl, wille“. mnd. wille-korꞓ, mhd. willekür stf. (dän. vilkaar, schw. vilkor aus dem mnd.).

Afrs. modwilla sm. „wille, absicht“, as. modwillio, ahd. muotwillo; grundverschieden ist das dän. modvilje (s. Falk-Torp).

Afrs. lithalet „gelenk“, ahd. lidigilaz.

Afrs. sleitoth „eckzahn“ entspricht der bedeutung nach dem mnl. slagtand, der form nach dem as. slegi „schlag“: afrs. sleintoth ist mit mhd. slagen „hammer“ zu vergleichen. In dem afrs. slautoth sieht v. Helten das gemeingerm. adj. *slaiwoz „stumpf“ (ae. slaw, släw, sleaw, as. sleu, ahd. sleo, an. slær, sljor).

Afrs. bisinne „geisteskrank“ entspricht dem mnl. byzinnich „amens“.

Afrs. epenber „offenbar“, ahd. offinpari.

Afrs. äfte, ĕfte „gesetzlich, ehelich“ (als subst. „ehe“), mnl. mnd. echt, ahd. ehaft.

Afrs. on allanoma „mit vollem namen“, ahd. in alenamen.

Afrs. *fulwunia „verharren“ (zu erschließen aus fulwinge für *fulwunige), anfrk. folwonon „permanere“.

Hierzu stelle ich eine reihe von pronomina, adverbien und konjunktionen, deren entstehung nicht immer bis zu dem zeitpunkte hinaufreicht, wo die Angelsachsen sich von ihren stammesbrüdern trennten; bei manchen dieser bildungen mag niederdeutscher einfluß mitgewirkt haben; zur veranschaulichung ihrer entstehung füge ich die westgerm. grundformen bei:

afrs. allermonnahk „jedermann“, mnd. allermallik ‛ *allra-manna-gihka;

afrs. ámmon, émmon „jemand“, as. ahd. eoman ‛ *aiw-man;

afrs. ámmer, émmer „immer“, as. ahd. iomer ‛ *aiw-maira;

afrs. nămmer, nŏmmer „nie“, mnd. mnl. nemmer ‛ *ni-aiw-maira;

afrs. nowerna „gar nicht“, mnl. niewernaer ‛ *ni-aiw-hwar- nah;

afrs. hwenne „bis“ (conj.), ahd. hwenne ‛ *hwanni;

afrs. hwende „weil", mhd. wende  *hwandı (ähnlich got. þandei);

afrs. hwanda „denn, weil", as. ahd. hwanda  *hwanda; afrs. men „aber", mnl. men, wen. as. niwan, mnd. man, men, ahd. newan  *ni-hwan: über dän. men, schw. män s. Falk-Torp.

## 2. Ablaut und grammatischer wechsel.

### a) ablaut bei verben.

Afrs. rukia, mnd. mnl. rüken stv. „rauchen" (aoristpräsentia, s. PGr² I 430)  ae. reocan, afrs. riaka, mnd. reken, ahd. riuhhan, an. rjuka.

Afrs. tŏstera, as. testorian, ahd. storren  *staurjan „zerstören" — ae. styrian „bewegen, stören", mhd. stürn, an. styrr „tumult".

Afrs. *thruwa (nur belegt 3. sg. thruth; umlaut verhindert durch w: s. v. Helten, Verh. Lex. altostfrs. p. 24, anm. 4) *þruwjan „drohen", mnl. druwen  ahd. drewen, drouwen, mnd. drouwen  *þrawjan — ae. þrēan, þreagan, as. githroon *þrauojan, die sicher denominative sind (ae. þrea, þrawu, mnd. drawe, drowe, ahd. drawa, drŏa „drohung"); das an. hat þruga (dän. true, schw. truga).

Afrs. lenda „zu ende bringen", mnd. lenden „aufhören, beendigen" *landjan gehören zum gemeingerm. adj. *linþjoz: ae. hŏe, as. hthi, ahd. lindi, an. linnr „weich, biegsam"; span. lindo „schmuck" aus dem westgot.: s. Kluge lind, Falk-Torp lens, lind.

Afrs. tapia „zupfen" (s. PBB 14, 272), mnd. tapen, mhd. zafen „zupfen" — afrs. tappa, mnd. me. tappen. Zur ersteren sippe gehört an. tæpr „kaum anrührend", norw. dial. tæpa „leise anrühren, leise treten", an. tæpiligr „knapp, kärglich": s. Falk-Torp taabe, Fick III⁴ (Torp) p. 155.

Afrs. kere „ausnahme" und urkera „außer geltung stellen" gehen mit mnd. mnl. keren „hindern", ahd. keren, cherren „kehren, wenden, eine richtung geben" auf *kairjan. *kairiz zurück: unklar sind die dazu im ablaut stehenden formen

*karrjan (ae. cierran, mhd. kerren) und *kaurjan (an. keyra);
s. Fick III¹ (Torp) p. 40 und Kluge kehren.

Afrs. ovonia, mnl. oefenen, mnd. ovenen „üben" *ōbnōjan
— ae. efnan, æfnan „ausführen", an. efna *abnjan. Der
suffixlose stamm erscheint im as. objan. ahd. uoben; dän. ove,
schw. öfa aus dem mnd. oven. Echt nord. ist an. ofr „ge-
waltig, heftig", norw. dial. ova „aufhetzen": s. Falk-Torp ove;
Fick III⁴ (Torp) p. 15 f.

b) ablaut bei substantiven und adjektiven.

Afrs. witt „weiß", mnd. mnl. wit *hwittoz / *hwitnóz,
vgl. skr. śvitná „weiß" — gemeingerm. *hwitoz.
Afrs. flīt stm., mnd. mnl. vht, ahd. flīz stm. „fleiß" *flitoz
ae. (ge-)flit stn. „streit" *flitjom.
Afrs. stef „steif", mnl. steff *stiffoz *stifnoz — ae.
mnd. mhd. stif; dazu afrs. stivia „steif sein", an. stifla „auf-
dämmen", woraus ne. stifle; dän. stiv, schw. styf aus dem mnd.
Das afrs. stevia „steif sein" kann hierher gehören, aber
ebenso dem ahd. stabēn „steif sein" entsprechen. S. Fick
III⁴ (Torp) p. 492.
Afrs. satha sm. „rasen" *sauþon- und mnl. sode, mnl. zode
sf. *sauþon stehen im ablaut zu me. sodde, ne. sod, jüt.
sudde, sod. Ob der rasen seinen namen davon hat, daß er
getrocknet zum verbrennen verwendet wurde, ist mir trotz
Falk-Torp (syde, saad II) und Fick III⁴ (Torp) p. 443 fraglich.
Afrs. minne „liebe", as. minnia, ahd. minna stf. *menjō
— got. muns, an. munr, ae. myne stm. *muniz „gedanke,
erinnerung, liebe" - got. gaminþi, an. minni stn. *(ga-)menþ-
jom „andenken" — got. gamunds, ae. gemynd, ahd. gimund
stf. *ga-munðiz „andenken".
Afrs. skunka sm. „schenkel", mnl. schonk f., oberdeutsch
dial. schunke m. ae. scanca, ostfrs. schanke, dän. schw.
skank, mnd. schenke (umlaut), mnl. mhd. schenkel ( *skankiloz)
- as. skinka stf., ahd. skinko sm., skinka stf.; dän. skinke,
schw. skinka aus dem mnd.
Afrs. hers, hars „pferd" (s. darüber v. Helten, Verh. Lex.
altostfrs. p. 164 f.) *hrasso- entspricht dem as. hers *hrass;

41

das ablautende *hrussom stn. ist gemeingerm. (außer frs.); dazu
an. ung-hryssi sm. „füllen"; anders Siebs PGr² I 1208.

Afrs. nestla sm. „binde", as. nestila stf., ahd. nestilo sm.,
nestila stf. *nastilo- — ae. nostle *nustalōn sf.; dazu ahd.
nusta „verknüpfung", nusca „spange" (daraus afranz. nusche,
nosche und weiterhin nc. ouch, nouch) — an. nisti stn. *nest-
jom „heftel am kleid".

Afrs. stum „stumm", as. ahd. stumm (dän. schw. stum
mnd.; isl. stūmi „stummer mensch" dän.) — gemeingerm.
*stammoz „stammelnd"; got. stamms, an. stammr, ae. stamm,
ahd. stam.

Afrs. swager „schwiegersohn", mnd. swager „schwiegersohn, schwager, schwiegervater", ahd. swagur stehen im ablaut
zum gemeingerm. *swehroz: afrs. swiar, ae. swehor, sweor,
mnl. zweer, zwar, ahd. swëhur; got. swaihra ist sm.; s. Fick
III⁴ (Torp) p. 544. — Eine nur afrs. erweiterung ist swiaring
p. 12.

Afrs. rosch „rasch, schnell", ahd. rosch, mnd. rusch „rasch,
schnell" — me. rasch, mnd. rasch, ahd. rasc „rasch", an. roskr
„tüchtig" *rask(w)oz: diese beiden sippen sind doch wohl
kaum zu trennen, wie Fick III⁴ (Torp) p. 353 f. und 341
will; zu ersterer gruppe vgl. ae. roscian „trocknen (am feuer)".
S. noch Kluge rasch, Falk-Torp rask.

Afrs. pāl „wasserbake" (auch a-pāl), peel stellen sich zu
mnl. peel f. „sumpfland"; dazu im ablaut afrs. ae. mnd. pol,
ahd. pfuol stm. „pfuhl"; norw. dial. pola sf. *pōljon „pfuhl";
s. Fick III⁴ (Torp) p. 218 u. Falk-Torp pol.

c) grammatischer wechsel.

Afrs. *hasa sm. „hase" ist aus has-mūled zu erschließen.
wozu mnd. häse, mnl. haze, ahd. haso sm. gehört — ae. hara,
an. here, dän. schw. hare *hazon-. Im ablaut dazu norw.
dial. schw. dial. jase an. *hjase *heson-; s. Fick III⁴
(Torp) p. 86 und 87 hasva.

Afrs. durich „töricht" *duzagoz, mnd. döre „tor" (daraus
spät-an. dari, dän. daare, schw. dare), mhd. dore *dauzon-
sm. ae. dysig, mnd. dosich, ahd. tusig; dazu afrs. dusia

„schwindelig sein". mnd. dusen. dosen. ne. doze „duseln". Im
ablaut gehört afrs. desma sm. „erschöpfung" *dūsimon-
hierher. ferner afrs. dwēs „töricht". das dem ae. dwās „dumm",
mnd. dwās „töricht". ahd. twās „tor. bösewicht" entspricht.
Weiteres Fick III ⁴ (Torp) p. 216.

## 3. Stamm.

### A. Substantiva.

a) körperteile.

#### kēse.

Afrs. kese „backenzahn", mnd. kūse, mnl. küze ⸗ *kūsjōn
sf. steht im ablaut zu mnl. kieze *keuzon in gleicher bedeutung: die sippe ist eine ableitung von der germ. wurzel
keu „kauen": ae. ceowan, ahd. chiuwan, kiwan, an. tyggja,
tyggva (mit umlaut und dissimilation): s. auch afrs. sthiāke
p. 17. Der von Franck (et. wb. kies, knis) vermutete zusammenhang mit mnd. kūse, mnl. „keule" und weiterhin mit
mnd. kūsel, mnl. keuzel. kuizel „klicker als kinderspielzeug"
ist nur möglich, wenn man von einem zusammenhang mit
„kauen" absieht und die bei Fick III ⁴ (Torp) p. 45 f. zu ku 2.
„sich wölben" verzeichneten wörter heranzieht.

#### erna.

Afrs. erna sm. „der untere teil des zahnes unter der
krone" *arnjon-, mnl. erne „zahnwurzel" gehören zu mnd.
arn „ecke. spitze". Vielleicht sind diese wörter ableitungen von
der wurzel or „sich erheben". lat. orior „erhebe mich" (s.
Walde), so daß die zahnwurzel als „das sich erhebende, empor-
steigende" bezeichnet würde; s. in diesem falle die weiteren
verwandten bei Fick III ⁴ (Torp) p. 17.

#### *strote.

Afrs. *strote „kehle" ist zu erschließen aus dem kompositum strotbolla „kehlkopf": es entspricht as. strota. mhd.

strozze *strutō stf. Mit anderem anlaut gehört nach Noreen, urg. lautl. § 57. afrs. throt-bolla, ae. þrotu, þrote (auch þrot-bolla, ne. thropple), ahd. drozza „kehle" hierher; dazu noch an. þrutr (oder þrut stf.?) kehle? S. Fick III⁴ (Torp) p. 195, 504.

### hele, heline.

Afrs. hele-brede „panniculi duo qui circumdant cerebrum" entspricht in seinem ersten bestandteil dem ahd. heli ⁄ *halm sf. „hülle"; der ahd. nebenform hala „hülle, schale" ist afrs. halbrēde zu vergleichen. Die ableitung *halinō findet sich im afrs. halim-brēde, mnd. helenbrede, ahd. helina. Die sippe steht im ablaut zum germ. verbum *helan „verhüllen", über die Fick III⁴ (Torp) p. 80 f. einzusehen ist.

### kinbakka.

Afrs. kinbakka, as. kinnibako, ahd. chinnibacko, -bahho sm. „kinnbacken, -lade" ist eine charakteristische zusammensetzung des germ. *kinjom „kinn" und des nur im frs. und deutschen bekannten *bak(k)on- „backe, wange" (ahd. baccho sm.). Am wahrscheinlichsten ist die verwandtschaft mit ahd. bahho, mnl. bake m., mnd. bake f. „speckseite" und dem germ. *bakom „rücken", das zur wurzel des skr. bhañj „brechen" gehört (s. Falk-Torp bakke II. Fick III¹ (Torp) p. 259). Kluge (et. wb. backe 2.) nimmt dagegen die grundbedeutung „der esser" an und stellt das wort zu gr. φαγεῖν (s. darüber noch Prellwitz; vgl. Berneker (et. wb.) bogъ 1. u. 2.). Lat. bucca ist auf jeden fall fern zu halten.

### lesoke.

Afrs. lesoke stf. oder sf.? „stirnrunzel" ist wie mnd. leesche, leske stf. mit dem suffix -uko(n) (Kluge, nom. stbl. § 61 a) aus dem stamme lis- gebildet, der im mnl. lese sf. „spur, furche", ahd. lesa sf. „runzel" *lison erhalten ist. In der grundbedeutung „spur" ist die sippe kaum von as. wagan-lesa, ahd. wagan-leisa „wagengeleis" *laiso stf. zu trennen; dazu got. laists m. „spur", an. leistr m. „fuß, socke", ae. lǽst, lāst m. „sohle. spur". ahd. leist m. „spur, leisten" *laistiz. Weiteres bei Walde lira und Fick III⁴ (Torp) p. 369.

## *hexse.

Afrs. *hexse-halt „lahmheit im kniebug" (aus esxe-halt zu emendieren; s. v. Helten, Verb. Lex. altostfrs. p. 100 f. gegen Siebs, PGr² I 1287) entspricht im ersten bestandteil dem mhd. hahse, hechse, ahd. hahsa *hahsjō stf.: vgl. dazu lat. coxa „hüfte" (s. Walde), skr. kakṣa m. „armhöhle". Mit infigiertem nasal gehört afrs. hėl-, ae. hela, an. hæll hierher; s. p. 22; s. Kluge hechse.

## hotha.

Afrs. botha, mnl. bode, ahd. bodo sm. *hubon- „boden" (mnl. boede, ahd. haodo vielleicht dazu im ablaut *haubon-). Über außergerm. verwandte s. Walde cöleus; Fick III⁴ (Torp) p. 92.

## pralleng. prelleng.

Afrs. pralleng, prelleng „hoden" (s. darüber IF 19, 184) entspricht dem mnd. prallink in gleicher bedeutung. Das wort gehört zum mnd. adj. prall „fest. strotzend", mhd. prallen „anschlagen, zurückspringen" mit dem kausativ mhd. prellen (woraus dän. prelle). Wahrscheinlich gehört die sippe des nhd. prahlen (s. Kluge: Franck pralen, brallen; Falk-Torp pral) hierher.

## waldsine.

Afrs. waldsine, waldandsini „rückenmuskulatur" ist wie mnd. waltsene gebildet. Den ersten teil dieses kompositums stellt Kern Tijdschr. 20, 197 ff. zu ir. folt, wall. gwallt, altbret. guolt „kopfhaar", russ. volotĭ „faden, faser", lit. valtis „garn". Im afrs. hat jedenfalls das sprachgefühl des volkes dieses wald- mit dem verbum walda „herrschen" verbunden (daher waldand-sini) und das wort als „die gewisse körperbewegungen beherrschende muskulatur" aufgefaßt. Das gleichbedeutende afrs. walduwaxe findet sich auch im engl. und deutschen: ae. wuldwaxe (vielleicht verschrieben für *wald-

wæxe; s. Glogger. Das Leidener glossar II., Progr. Augsburg
1904. p. 36: uuldpæxhsue), mnd. waldwasse.

## skidel.

Afrs. skidel „armspeiche, radius" will v. Helten entgegen
seiner ursprünglichen erklärung (gr. § 8. anm. 2) wegen des
einmal belegten skildel als „trennungsglied" (skil-del) auffassen
(Verh. Lex. altostfrs. p. 276 unter pre). Ich kann mich dazu
nicht verstehen, da im mnd. schedel „kleiner armknochen"
belegt ist. von dem das afrs. wort nicht wohl zu trennen ist.
Wahrscheinlich ist ae. scia sm. „schienbein". mhd. schie
m. f. „zaunpfahl" sowie ae. scinu. mnd. schene. ahd. scina stf.
„schienbein" verwandt. S. Fick III⁴ (Torp) p. 463.

## b) bezeichnungen für personen.

### wesa.

Afrs. wesa sm.. wese sf. „waise". mnd. wese. weise. mnl.
weze. ahd. weiso sm. „waise" ist wohl kaum mit ae. wudu-
wasa „waldgespenst" als „einsamer waldbewohner" identisch.
Verwandt ist ahd. wisan stv. „vermeiden". mhd. part. entwisen
„verlassen von, leer von"; ob lat. vito „vermeide" hierher
gehört, bleibt fraglich. Das got. widuwairna „waise" ist nach
Feist (et. wb.) fern zu halten. der es als „witwensohn" (mit
dem suffix -erna) erklärt. — Über weitere verwandte s. Falk-
Torp vaisenhus, Fick III⁴ (Torp) p. 411 f.

### bole.

Afrs. bole „buhlerin" zeigt wie das mnl. bole und das
spät-mhd. buole übertragung der bedeutung auf weibliche
personen. Die grundbedeutung erscheint noch im nordfrs.
(Nordmarsch) būlə „onkel". mnd. bole „bruder. naher verwandter". Wahrscheinlich ist das wort als koseform durch
entstellung im kindermunde aus *broþer entstanden: vgl. norw.
dial. boa „bruder"; s. Falk-Torp bole; eine andere etymologie
bei Fick III¹ (Torp) p. 267.

## c) tier- und pflanzenre ch.

### *brakka.

In der Lex Frisionum 4. § 47 heißt es: braconem parvum quem barmbraccum vocant: das daraus zu rekonstruierende afrs. *brakka sm. „hund" entspricht dem mnd. bracke (daraus älter dän. brakke. älter schw. brack). ahd. braccho sm. Das wort ist auch ins romanische gedrungen: it. bracco. afrz. brache. nfrz. braque. brachet (ne. brach. bratchet). Hierher gehört auch mhd. braehen „wittern", lat. frägrāre (s. Walde); vgl. noch Palander. Ahd. tiernamen. Darmstadt 1899. — Eine parallelwurzel ist erhalten im ae. raecc. an. rakke „spürhund"; s. darüber Falk-Torp) rakke II und R. Jordan. Die ae. säugetiernamen 58.

### ongel.

Afrs. ongel „talg". mnd. ungel, mnl. ongel. hess. ungel *ungalo- kann zu dem westgerm. wort „unschlitt" gehören: ahd. unsliht „fett. talg". ae. unslit: vgl. ahd. ingislahti „eingeweide". Entlehnung aus dem lat. unguen „fett", die Franck (et. wb. ongel) für möglich hält. ist wohl ausgeschlossen.

### krūd.

Afrs. krud. as. krūd. ahd. krūt stn. „kraut" *krūðom ist nur frs.-deutsch. da sowohl ne. croudewain „munitionswagen" aus dem mnl. kruidwagen als auch dän. krudt. schw. krut „pulver" aus dem mnd. krut entlehnt ist. Die von Franck (et. wb. kruid) für möglich gehaltene ableitung von dem germ. verbum *krūðan „drängen. drücken. zerstoßen" (ae. crūdan, mnd. kruden) ist ausgeschlossen: denn es wäre doch äußerst auffällig. wenn das kraut nach seiner verwendung in der medizin (als das „zerstampfte, zerstoßene") benannt worden wäre, und andererseits müßte die einzig mögliche grundform *grudhtom im germ. *krusom ergeben. — Vgl. dagegen Fick III[4] (Torp) p. 54. der norw. dial. kraa seg *krawen und krya seg *krūjan „sich wieder erholen" und ostfrs. krüdig „kräftig,

frisch. gesund. lebhaft", bayr. krautig „mutig" heranzieht.
S. noch Walde frutex. gramen. veru, Prellwitz βρέω.

### d) haus- und bodenbau.

#### dreppel.

Afrs. dreppel stm. „schwelle", mnd. dorpel. druppel. mnl.
deurpel. dorpel. nhd. dial. durpfel. dürpel. derpel. drüppel
(lex Sal. duropellus. durpilus) sind, zum teil mit anlehnung an
das germ. „türe". entstanden aus germ. *þurpiloz idg. *trep.
trp, wozu lat. trepidus „trippelnd" (s. Walde), gr. τραπέω
„keltere" (s. Prellwitz). asl. trepati „palpare" gehören. − −
Aus der gleichen wurzel. mit infigiertem nasal, stammt eine
zweite wortgruppe *þrampiloz, *þrumpaloz „schwelle": afrs.
drompel. drempel. mnd. drumpel. mnl. drempel. wozu mnd.
drampen „trampeln" gehört. Siehe noch PBB 25, 458; Falk-
Torp terskel. trampe; Fick III [4] (Torp) p. 191.

#### ondul.

Afrs. ondul „gras. das auf dem grünen ufer des marsch-
landes am salzigen wasser wächst" entspricht dem gleichbedeutenden mnd. andel. Ich vergleiche skr. ándhas n. „kraut".
gr. ἄνθος „blume" *andhos; weiteres s. Prellwitz.

#### slat.

Afrs. slât stm. „graben" geht mit mnd. slot „pfütze,
sumpf. wassergraben". mnl. sloot auf *slautoz zurück. Wenn
man annimmt. daß der graben nach seinem schlammigen
inhalt benannt worden ist. kann man ne. sleet „graupeln.
regen mit schnee" (ae. *shete). mnd. sloten „hagel", mhd. sloz
m. n.. slôze f. „hagelkorn" heranziehen; dazu norw. dial. slutr
„regen mit schnee. unreine flüssigkeit". Weiteres Fick III [4]
(Torp) p. 541.

#### mâr.

Afrs. mâr „graben" kann zu mnl. maer „teich. see, sumpf,
weiher". mnd. mār „sumpf" gehören. wozu dann das gemein-

germ. wort „meer" zu stellen ist; nach Franck (et. wb. meer)
ist gr. ἀμάρα „graben" verwandt. das aber Prellwitz anders
erklärt. — v. Helten dagegen (Verh. Lex. altwestfrs.) nimmt
als grundform *mauro- an. womit er lang. maur „moor oder
wasser?" vergleicht; dazu im ablaut afrs. ae. as. mor stn., ahd.
muor n. „sumpf, morast", an. mǣri   *mōri „land"; s. Fick
III⁴ (Torp) p. 312.

laeyda.

Afrs. laeyda „schiefern" läßt auf ein (im nwestfrs. er-
haltenes) *laei „schiefer" schließen (s. darüber IF 19, 198),
dem as. leia, mhd. lei. leie f. „fels. stein" gleichzustellen
ist. Gr. λᾱας „stein" ist kaum verwandt; s. Prellwitz und
Walde lausiae.

c) geräte und werkzeuge.

sletel.

Afrs. sletel. as. slutil. ahd. sluzzil stm. „schlüssel"  *slutiloz ist vom verbum „schließen" (afrs. slūta. mnd. slūten: ahd.
sliozan: s. p. 59) abgeleitet.  Dazu mnd. slot stn. „schloß"
(woraus dän. slot. schw. slott). mnl. slot (woraus ne. dial. slot),
mhd. sloz  *slutom stn.  Über die verwandtschaft mit lat.
claudo s. Walde. — Für „schlüssel" gebraucht das ae. cǣg
(s. afrs. kēi p. 19) und scytel  *skutiloz. das gleiche bildung
wie obige wörter zeigt; auch an. lykill. dän. nøgel  *lukiloz
ist zu vergleichen.

krawil.

Afrs. krāwil „haken". mnd. krauwel „gabel mit haken-
förmigen spitzen". mnl. craeuwel „gabel, kralle, klaue". ahd.
krouwil. krewil „krumme gabel"  *kraw(w)iloz stm. sind ableitungen zu dem nur auf dem kontinent belegten verbum
*krawwjan: afrs. up-krawa „sich krümmen" (umlaut verhindert.
s. v. Helten, Verh. Lex. altostfrs. p. 23 anwa). mnd. krauwen.
mnl. craeuwen. ahd. chrouwen „kratzen". daneben chrouwōn.
Von der gleichen wurzel abgeleitet ist norw. dial. kryl m.

„höcker" \*krūwiloz. Die sippe „krume"; ae. cruma, mnd. krome. mhd. krume (daraus dän. krumme), md. krume, nnl. kruim wird von Fick III¹ (Torp) p. 54 ferngehalten.

### reth.

Afrs. reth, as. rath, ahd. rad stn. „rad" \*raþom ist urverwandt mit lat. rota, air. roth, lit. rãtas „rad", skr. rátha m. „wagen". Wahrscheinlich gehört auch got. raþs „leicht", ae. ræd „schnell", ahd. rado, rato adv. hierher: vielleicht ist auch die sippe „rasch" (s. p. 41) heranzuziehen; s. Fick III¹ (Torp) p. 336; Feist (et. wb. raþs). — Das ae. gebraucht für „rad" hweol. hweohhol stn., das im an. hjól, hvel, mnd. wel, mnl. wiel, neuostfrs. wail (wang.), weil (sat.) \*hwehw(u)lon- sn. wiederkehrt. Ob das afrs. fial „rad" eine nebenform zur vorhergehenden sippe ist, bleibt zweifelhaft — vgl. PBB 11, 561; 23, 255 und PGr² I 1270. Weiteres Fick III¹ (Torp) p. 116 f.

### fuke.

Afrs. fuke „stellgarn" stimmt zu mnd. vuke „netz, fischreuse", mfläm. vuycke; nnl. fuik ist lehnwort aus dem frs. (oder nd.). Ich stelle das wort zu mnd. vocke, nnl. fok „segel am vordermast": dän. fok, schw. fock aus dem mnd. Echt nordisch ist wahrscheinlich norw. dial. fokka „keilförmiges grundstück"; s. Falk-Torp fok.

### nöst.

Afrs. nöst stm. „wassertrog", mnd. noste „viehtränke, wassertrog", mnl. noest „brandwassereimer" sind von einer wurzel nau-, nōu „schiff" (an. nor \*nowoz „schiff", ae. nōwend „schiffer") abgeleitet, zu der auch ahd. nuose „trog, rinne" gehört. Im ablaut steht an. naust n. „schiffsschuppen". Weiteres Fick III¹ (Torp) p. 288 f., Walde navis. Darf man auch an got. nota (sm.?) „hinterteil des schiffes" (als pars pro toto) denken?

### scire.

Afrs. scire „geschirr" (i gelängt nach v. Helten, gr. p. 43) entspricht dem ahd. giskirri stn. „geschirr, gefäß, werkzeug,

gerät" \*ga-skirjom; vielleicht gehört das wort wegen der
ursprünglichen bedeutung des nhd. schirren = anordnen zum
germ. adj. \*skir(j)oz „hell, klar, rein": unwahrscheinlicher ist
die beziehung zu ae. scir stf. „dienst, geschäft, gebiet", ahd.
scira „besorgung, geschäft" (zu lat. cura, s. Walde).

mere.

Afrs. mere „geschirriemen" stellt v. Helten, Verh. Lex.
altostfrs. zu mhd. merwen „anschirren" \*marwjan; es kann
aber auch zum verbum meria „hindern" gehören, das dem
mnl. meren (maren) \*marjan entspricht; dazu im ablaut nnd.
vermoren „ein fahrzeug befestigen", ne. moor, ae. mǣrels,
mārels „ankertau". Mit erweiterter wurzel ist got. marzjan
„ärgern", ae. mierran, as. merrian, ahd. marrjan, merren
„hindern" anzufügen. S. Feist (et. wb.), Fick III.⁴ (Torp)
p. 313 f.

### f) kleidung.

hrock.

Afrs. hrock „rock" erklärt v. Helten als unrichtige schreibung für rock, das ja allgemein germ. ist (s. gr. § 146 a). Ich
glaube jedoch, daß es einen germ. typus \*hrukko- doch gegeben habe, da sowohl im ahd. (s. Kluge, et. wb. „rock") als
auch im as. (Gallée, Vorstudien p. 253) hroc belegt ist und
da dieses wort auch ins mlat. und rom. übergegangen ist (mlat.
froccus, afrz. froc „mönchskutte", woraus ne. frock; daneben
afrz. freux; über den übergang von germ. hr- in rom. fr-
s. PGr² I 332 f.; 375 f.). Vielleicht ist dieses \*hrukko- aus
\*hrugnó- (wie ae. smocc \*smugnó- zu \*smeugan „schmiegen")
zu erklären und zum germ. \*hrugjom „rücken" zu stellen;
dann wäre ae. hrycce sf. \*hrugnjōn „korndieme" der nächste
verwandte; s. Fick III.⁴ (Torp) p. 107.

mother.

Afrs. mother stn. „brustbinde der frauen" und as. möder
entsprechen dem ahd. muodar „bauch einer schlange" \*moþ-
rom und mhd. müeder „leib, leibchen, mieder" stn. \*moþrjom.

Vgl. dazu gr. μήτρα „mutterleib". lat. matrix „mutterleib,
zuchttier".

## dok.

Afrs. dok stn. stn. „tuch". as. dok stn., ahd. tuoh stn.
stn. verbindet Fick III⁴ (Torp) p. 206 mit skr. dhvajá m.
„fahne". Ob got. gadauka sm. „hausgenosse" (als tischtuch-
genosse?) im ablaut hierher gehört. ist fraglich (s. Feist). An.
dokr, dukr ist des vokales wegen wohl als altes nd. fremdwort zu
fassen: ne. duck „segeltuch" stammt wiederum aus dem nord.

## flarde.

Afrs. flarde „lappen" entspricht dem mnd. flarden
„lumpen", woraus mnl. flarden entlehnt ist. Zur gleichen
wurzel gehören mnd. flarre, flirre „breite schnitte, abgeschnittene
scheibe, breite narbe, lappen", mhd. vlarre, vlerre „breite
wunde", mnl. flarzen, dän. flære, flerre „riß, schramme": s. darüber bei Falk-Torp.

### g) verschiedenes.

## frotha.

Afrs. frotha in benfrotha „knochenverwundung, -ver-
letzung" stellt Kern (Notes zur lex Salica § 108) zu ahd.
fratōn „wundreiben", freti „livor vulneris": s. darüber Fick
II⁴ (Wh. Stokes) p. 227 gegen Walde rado.

## kedde.

Afrs. kedde stn. „schar, haufen" entspricht dem mnd.
küdde stn. stf. „herde", mnl. cudde stf., ahd. kutti stn. *kud-
jom. Fick III⁴ (Torp) p. 47 vergleicht lit. guijù, gùiti „schnell
jagen, treiben".

## strump.

Afrs. strumphalt „lahm infolge eines verstümmelten
gliedes" vergleicht sich in seinem ersten teile dem mhd.
strumpf „stumpf, stummel, rumpf, beinbekleidung", mnd.
strump in den gleichen bedeutungen. Hierher gehören die

4*

verba mnd. strumpen. nnl. strompelen „straucheln, anstoßen",
norw. dial. strumpen „stolpernd, strauchelnd gehen" sowie
norw. stropp *strumpo- „ein bestimmtes maß", strump,
strumpa, strympe „kleines gefäß". Über die zahlreichen
weiteren verwandten s. Fick III ¹ (Torp) p. 504.

### stūpe.

Afrs. stupe sf. „öffentliche züchtigung mit der rute" entspricht dem mnd. stūpe „schandpfahl", mnl. stūpe f.; das mnd.
und mnl. (stuip) haben auch die bedeutung „krampfanfall".
Über die im germ. zahlreich vertretene wurzel stūb und ihre
verwandten s. Fick III ¹ (Torp) p. 496.

### *kmbeltride.

Afrs. *kmbeltride (das v. Helten. Verh. Lex. altostfrs. als
tautologische zusammensetzung erklärt; die handschrift bietet
knubeltride) „kniescheibe" vergleicht sich in seinem zweiten
teile dem mnd. trudele, woraus mnd. trile „scheibe": verwandt
ist mnd. triselen „rollen, tummeln", mnl. dial. trijzelen „sieben".
Über weitere verwandte der wurzel tri s. Franck et. wb. trillen,
treuzelen: Falk-Torp trille, trind. trisse.

### strouw.

Afrs. strouw ( *struf) „kuchen", mnd. strūve, mnl. struif,
mhd. strūbe, bayr. strauben gehört zu as. struf „rauh empor-
stehend", mhd. strūp: über die weiteren verwandten s. Kluge
sträuben, Franck stroef. Fick III ¹ (Torp) p. 504.

## B. Adjektiva.

### basafeng.

Afrs. basafeng, bas(e)feng „unzüchtiger griff" enthält im
ersten teile das adj. *bas, das dem as. ahd. bōsi „gering,
schlecht" entspricht. wozu as. bosa „nichtswürdiges zeug", ahd.
bosa „possen", bōson „lästern"; zur grundform *baus(j)oz oder
*bausuz vergleiche norw. baus „stolz, heftig". Zu me. bōsten,
ne. boast „rühmen" nimmt Kluge PGr ² I 929 f. eine grundform

ae. *bosettan an als intensivum zu *bosian, das zu obigen
wörtern im ablaut stünde. Weiteres bei Fick III⁴ (Torp)
p. 276. Über eine unwahrscheinliche etymologie des afrs.
bāsafeng s. PBB 17. 304.

### derten.

Afrs. derten „unklug, verrückt" entspricht dem mnl. derten.
darten; dertel, dartel. Vielleicht gehören diese wörter zu an.
dura „schlafen", norw. dorme, schw. dial. dorma „schlummern",
mnd. dormen „schlafen", mhd. türmen „taumeln" (lat. dormire
ist natürlich fernzuhalten). Dazu an. dusa „sich ruhig halten".
Weiteres bei Fick III⁴ (Torp) p. 216: s. afrs. durich p. 41 f.

### fele.

Afrs. fele „käuflich, gedungen" (nach v. Helten's vermutung. Verh. Lex. altostfrs. p. 119) geht mit mnd. vel(e),
veile, mnl. veil, ahd. feili auf germ. *failjoz zurück. Auffallend
ist der ablaut ahd. fali  *fæljoz und an. falr  *faloz. S. Fick
III⁴ (Torp) p. 237 und Prellwitz πωλέω.

### onnosel.

Afrs. onnosel „unschuldig", mnd. unnosel  *nusaloz stehen
im ablaut zu mnl. nözel  *nausaloz „schädlich, schuldig";
die wörter gehören zu mnl. nöze, noize  *nausjo- „unglück,
verdruß, schade", mnl. nözen „quälen, hindern, schaden", as.
noson (ō oder ŏ?). Mit Franck (et. wb. onnoozel) möchte ich
entlehnung aus lat. nausea  gr. ναυσία ablehnen, kenne aber
auch keine weitere erklärung.

### fretha.

Afrs. fretha „geächteter" entspricht dem as. frethi adj.
„flüchtig", ahd. freideo sm. Die grundform *fraiþjo- erklärt
sich aus *fra-aiþjoz „außerhalb der eide, des gesetzes stehend";
s. PGr² I 478.

### geste.

Afrs. geste „unfruchtbar" geht mit mnd. gust, mnl. gust
auf *gustjoz zurück. Einer parallelwurzel gis gehören an afrs.

gest, gast, mnl. geest, mnd. gest „das hohe trockene land"
*gaistjo (stf.?); hierher ferner ae. gæsne „unfruchtbar", ahd.
keisini „unfruchtbarkeit". Weiteres Fick III ⁴ (Torp) p. 135;
132 gas.

## galik.

Afrs. galik „rasch" entspricht entweder dem mnd. gowe,
gauwe „schnell, klug", mnl. gauw *gauwjoz oder dem mnl. ga,
gai, ahd. gāhi „schnell, plötzlich, ungestüm", wenn dieses auf
*gaehwjoz zurückgeht; zu letzterem gehört ae. gēhðu „un-
gestüm" *gohiþo im ablaut. Ob beide sippen verwandt sind,
ist ungewiß (s. Kluge gaudieb, jäh; Franck gauw, Walde ocior).

## ring.

Afrs. ring „schnell" gehört zu mnd. ringe „leicht, schnell"
(daraus dän. ringe, schw. ringa), ahd. (gi)ringi „leicht" *ringjoz.
Man stellt dazu gr. ῥίμφα „leicht, hurtig", ῥιμφαλέος „schnell".

## gland(e).

Afrs. gland(e) „glühend" stellt Siebs PGr ² I 1256 zum
verbum *glia „glühen". Mit rücksicht auf neuwestfrs. glandich
„glühend, heiß", glend *glandiz zieht v. Helten (ZfdW. 7,
283) mhd. glander m. n. „schimmer", mnd. glende, glenne
*glandjoz „glühend, glänzend" heran; der stamm gland-
stellt sich (ohne infigierten nasal) zum gemeingerm. adj.
*gladoz „glatt, froh": s. Fick III ⁴ (Torp) p. 147.

## biusterlik.

Afrs. biusterlik „verwirrt, irre, schlecht" *beustrjoz
entspricht dem mnd. büster *büstrjoz. Franck's vermutung
(et. wb. bijster), das wort sei aus *bi-stiuri zu erklären, ist zu
verwerfen, ebenso Tamm's annahme (et. wb. bister) einer entlehnung aus dem asl. bystrъ „schnell", russ. bystryĭ (s. Berneker, et. wb. bystъ p. 113), mit denen die obigen germ.
formen vielmehr urverwandt sind. Das grundwort ist erhalten
im ostfrs. busen „gewaltsam sein, brausen, stürmen", an. bysja
„heftig hervorstürmen", norw. dial. boysa „hervorstürmen".
Unverwandt ist ne. bouse „zechen", mnd. büsen „schlemmen". —

Eine parallelwurzel liegt vor im mnd. bister, nnl. bijster; dän. schw. bister stammen aus dem mnd. Weiteres s. Falk-Torp bister, bisse: Franck bijster: Fick III⁴ (Torp) p. 276.

## C. Partikeln.

### fon.

Afrs. fon (altwestfrs. fan) präp. dat. „von" entspricht dem as. fan, fana, ahd. fana, fona; die vorgerm. form *pana gehört zu einem idg. *po, einer ablautsform des idg. *apo: skr. apa, gr. ἀπό, lat. ab; got. an. af, ae. af, of (vortonig, af- (starktonig). afrs. of (vortonig), ef- (starktonig); mnl. af, ave, ahd. aba. Die ahd. form fona wird auch aus einem vorgerm. *puna erklärt und zu skr. punar „wieder, zurück", gr. πύματος „der letzte" gestellt; s. darüber Walde puppis. Das afrs. fon dagegen geht wohl sicher auf fan zurück.

### jeftha.

Afrs. jeftha, joftha „oder" halte ich für eine kontamination aus jewa, jowa „oder" und *eftha in gleicher bedeutung (Siebs PGr² 1 p. 1282 dagegen aus jewa und *eththa = got. aiþþau; unwahrscheinlich ist die entstehung aus jef-than nach v. Helten, Verh. Lex. altostfrs.). Der afrs. form entspricht as. efða, efðo „oder", das Kluge PGr² 1 382 aus *ẹ̈h + þau erklärt (eh wie in lat. ee-ee, ee-quis; s. Feist. et. wb.), wozu er got. aiþþau, an. eða, ae. eðða, ôðe, as. eddo, ôðdo, ahd. ẹ̈ddo, odo, odho stellt, die durch assimilation entstanden wären; auffällig ist dabei die ahd. form erdo. Ob diese erklärung überhaupt richtig ist, bleibt zweifelhaft. Afrs. jewa, jowa *jef, *jof + a („immer") gleicht dem mnl. iof, of, das nach Franck aus ofte (— as. efða) verkürzt sein soll, was aber der frs. form wegen unwahrscheinlich ist.

### nach, noch.

Afrs. nach „und nicht, auch nicht" ist durch vokal-kürzung in vortoniger stellung aus *nauh entstanden; daneben besteht die form noch, die aus *nuh *ni-uh zu erklären ist, wenn man nicht den unwahrscheinlichen fall einer entlehnung aus dem nd. annehmen will. Das as. noh. ahd. noh in gleicher bedeutung können sowohl aus *nauh (wie doch. s. Kluge) als aus *nuh erklärt werden; vielleicht bestanden wie im afrs. ursprünglich beide formen auch im deutschen nebeneinander. — Über das unverwandte afrs. noch „noch, dazu noch" s. p. 70.

## wach.

Afrs. wach „o, wehe" (ausruf der freude, des schmerzes) findet sich wieder im as. wah. Eine ähnliche form ist got. wai, an. vei, vǣ, ae. wā, wǣ, as. ahd. we; vgl. lat. vae, lett. vai, air. fé, cymr. gwae.

## D. Verba.

### steka.

Afrs. steka, as. stekan, ahd. stechan stv. „stechen" ist im engl. nicht belegt; dazu ein kausativ *stakjan; ahd. stecchen. Einer anderen wurzel gehören an ae. stician „stechen" *stikōjan sowie mnd. sticken „stecken", me. sticchen, ahd. sticchen, sticken *stikjan. S. Fick III¹ (Torp) p. 480, 491.

### urder v¹a.

Afrs. urder(v)a „zerstören" entspricht as. fordervan, mhd. verderben; dän. fordærve, schw. förderfva stammen aus dem mnd. Die grundform *þarbjan ist kausativ zu einem nur im mhd. verderben erhaltenen stv. „zugrunde gehen". Mit s-anlaut gehört afrs. sterva, ae. steorfan, as. sterban, ahd. sterban stv. hierher; weiteres Fick III¹ (Torp) p. 182f., 487.

### trekka.

Afrs. trekka „ziehen" geht mit mnd. mnl. trekken auf *trakjan zurück, dessen grundverbum im mnl. treken, ahd. trehhan stv. erhalten ist; dän. trække stammt aus dem mnd. Die palatalisierung wurde im afrs. durch systemzwang (wie bei seka, thanka, werka) verhindert. Die sippe ist auch ins romanische übergegangen: afrz. trechier me. trichen, triquer

57

ne. trick „kniff“, trichor „betrüger“, trichenie „betrug“ ne.
treachery; it. treccare. Weiteres Fick III⁴ (Torp) p. 169.

## kriga.

Afrs. kriga „erlangen, erhalten“ sv. gehört zu mnd. krīgen
stv. sv., mnl. crīghen stv., mhd. kriegen stv. sv. „sich anstrengen,
streiten“. Das zugehörige subst. ist mnd. krīch „streit, zwist“
(daraus dän. schw. krig), mnl. krijg, ahd. kreg „hartnäckigkeit“.
Außerhalb des germ. ist air. bríg „kraft, macht“, gr. βριαρός
(s. Prellwitz) verwandt.

## mitza.

Afrs. mitza „sehen, achten auf“, mnd. mnl. micken gehen
auf germ. *mikjan zurück. Dazu russ. migatъ „blinzeln“ und
abulg. miglivъ „blinzelnd“ bei Walde² mico.

## *kwetsia.

Afrs. kwetsene „quetschung“ läßt auf ein sv. *kwetsia
schließen, dem mnd. kwetsen, mnl. quetsen, mnl. kwetsen entspricht; wahrscheinlich ist auch mhd. quetzen aus *kwattisōjan
entstanden wie obige wörter; dän. kvæste kommt aus dem
mnd. Der unerweiterte stamm erscheint im mnd. quetten,
wozu mnl. kwetteren, mnd. quatteren, quetteren. Weiteres bei
Fick III⁴ (Torp) p. 60.

## biskirma.

Afrs. biskirma ist wie as. biscermian, ahd. scirmen ableitung zum subst. „schirm, schutz“: mnd. scharm, scherm
(woraus dän. skjerm, schw. skärm), nnl. scherm, ahd. scirm,
scerm. Aus dem germ. stammt ital. schermo „schutz“, scher-
mire „fechten“, frz. escarmouche, ne. skirmish, it. scaramuccia
„scharmützel“. Weiteres Fick III⁴ (Torp) p. 454.

## urbalia.

Afrs. urbalia „verschleudern“ (a statt o durch anlehnung
an balemund, s. v. Helten, gr. § 299) gehört zu ahd. zebolōt
„verschwenderisch“, bolōn „rollen, werfen, schleudern“, mhd.
verboln „verschleudern“. Hierzu das germ. *bullon- sm.

— 58

„schale": an. bolli, ae. bolla (heafod-bolla), afrs. strot-bolla, as. bollo, ahd. bolla f. Weiteres Fick III¹ (Torp) p. 267.

## skikka.

Afrs. skikka „anordnen" entspricht dem mnd. mnl. schicken „bereiten, ordnen, ins werk setzen": an. skikka, dän. skikke sind aus dem mnd. entlehnt. Dieses *skekkjan ist als faktitivum (wie nhd. zücken zu ziehen) zum westgerm. *skehan (afrs. skia, ae. sceon, mnd. schen, woraus dän. schw. ske, ahd. giskehan) „schnell einherfahren, geschehen" aufzufassen. S. dazu Fick III¹ (Torp) p. 448.

## biletha.

Afrs. biletha „bilden" ist ableitung von einem nicht belegten subst. *bileth(e). — afrs. bild wird wohl entlehnt sein — das dem ahd. bilidi, piladi stn., as. bilithi (daraus an. bilæti, dän. billede, schw. beläte) entspricht. Kluge (et. wb. bild) denkt an zusammensetzung dieses *bilithjom stn. mit *lithuz „glied" (also „nachglied, nachgemachtes glied"): dem widerspricht aber die ahd. form piladi *bilathjom und außerdem scheint mir die erklärung als „das dem objekt gemäße, gleiche, gleichsam zwilling des objekts" (s. Falk-Torp billede, Fick III⁴ (Torp) p. 269) wahrscheinlicher.

## stifta.

Afrs. stifta „begründen, bauen", ahd. stiften „feststellen, einrichten, bauen, veranlassen" *stiftjan, as. stifton *stiftöjan sind ableitungen der wurzel stif „steif sein", über die Fick III⁴ (Torp) p. 492 einzusehen ist. — Gleichbedeutend, aber etymologisch verschieden sind ae. stihtan, stihtian „ordnen", as. stihtan, an. stētta „helfen" zur wurzel stig „steigen": s. Fick III⁴ p. 491 f.

## klagia.

Afrs. klagia „klagen" (das wort wird durch nwestfrs. kleye als echt erwiesen) entspricht dem mnd. mnl. klagen, ahd. klagōn; dän. klage, schw. klaga stammen aus dem deutschen, woraus auch nisl. klögun rührt. Fick III⁴ (Torp)

p. 55 vergleicht skr. garhate „klagt, tadelt": s. darüber Leu-
mann. Et. wb.. Leipzig 1907 (a-ju) p. 85.

### sluta.

Afrs. sluta „schließen" ist wie as. bi-slutan aoristpräsens
gegenüber ahd. sliozan: dän. slutte. schw. sluta sind aus dem
mnd. entlehnt. Eine ableitung ist afrs. slot. mnd. slot stn.
„schloß, verschluß" (daraus dän. slot. schw. slott). mnl. slot
(daraus ne. dial. slot. slote). ahd. sloz   *slutom. Dazu afrs.
sletel s. p. 48.

### fagia.

Afrs. fagia „durch erbschaft antreten, land benutzen".
mnd. vagen „fügen. früchte ernten". mnl. vagen stehen im
ablaut zu westgerm. *fogjan „fügen": ae. fegan. as. fogian.
ahd. fuogen: dän. foie. schw. foga stammen aus dem mnd.
vogen. Das erst seit dem 17. jahrhundert belegte ae. fadge
„passen" kann nicht. wie Falk-Torp (fager) meint. zu afrs.
fagia stimmen. da ein ae. *fagian nur ne. *faw ergeben könnte;
vgl. die ausführungen des NED. — Eine ableitung ist das afrs.
facht. fecht „einnahme": s. PGr² I 1179 gegen v. Helten.
gr. § 42. Weiteres ZfdW. 7. 281 f.: Fick III⁴ (Torp) p. 224.

### skelda.

Afrs. skelda stv.. mnd. schelden stv.. ahd. sceltan stv.
„schelten" fehlt in den anderen dialekten. da me. scolden aus
dem mnl. entlehnt ist. Über die vorgeschichte dieses wortes
s. Fick III⁴ (Torp) p. 461 und 459 skel 2.

### wlemma.

Afrs. wlemma „zum zweitenmal vor gericht bringen".
eigentlich „schelten" entspricht dem mnd. wlame „vitium"
(IF 19. 180 anm. 1). wozu im ablaut mnd. wlom „trübe" gehört. S. darüber Fick III¹ (Torp) p. 420 und Walde² lama.

# IX. Friesisch-deutsch-nordisch.

## 1. Endung, bedeutung, zusammensetzung.

Afrs. *bōtha sm. „scheune“ (wie v. Helten. Verh. Lex. altostfrs. p. 57 aus boch emendiert), mnd. bōde, mhd. buode, adän. boð (daraus me. bōthe, ne. booth). an. buð sind ableitungen vom gemeingerm. verbum „bauen“    s. Fick III⁴ (Torp) p. 272. Vgl. afrs. bōdel p. 63.

Afrs. sende, äs. sundea, ahd. suntea, sunta, an. synð *sunðju stf. „sünde“ — afrs. sinne (i statt e. s. v. Helten. gr. § 30,3). ae. synn    *sunjō stf.: s. darüber PGr² I 379.

Afrs. blōdrisne „blutige wunde“, mnd. blōdrisene und das zugehörige adj. nhd. dial. blutrise „blutgefleckt“, an. blōðrisa. norw. dial. blodrisen sind vom germ. verbum *rīsan „steigen“ abgeleitet: weiteres Falk-Torp frisler.

Afrs. bata „vorteil“. mnd. bate f. „verbesserung“, an. bati sm. „verbesserung, heil“; das zugehörige verbum ist afrs. batia „helfen“, ae. batian „in guter verfassung sein“, mnd. mnl. baten, ahd. bazen „besser werden“: dazu an. batna „besser werden“. Weiteres Fick (Torp) p. 258.

Afrs. sil stm. „schleuse“, mnd. sil stn. „schleuse“, norw. schw. sil „seiher“    *sihilo- ist vom germ. verbum *sihan (ae. seon. mnd. sien, an. sia) abgeleitet: me. silen, ne. dial. sile „entwässern“ ist wahrscheinlich nordisches lehnwort.

Afrs. (westfrs.) anckel „fußknöchel“ entspricht dem ahd. anchal, enchil, mnd. enkel, an. ǫkkla sn.    *ankulo-, *ankilo-; sie sind deminutiva zu germ. *ankjōn sf. = ahd. ancha, encha „crus, tibia, talus“. Vgl. das aostfrs. *onclew p. 17.

Afrs. iere, gere „jauche“ (s. darüber v. Helten. gr. § 15 α, 185; Verh. Lex. altostfrs. p. 192) *jæsjon sf. zeigt den gleichen ablaut wie norw. æse    *jæsjan: dazu ahd. jesan „gären“ stv. mit kausativ jerian, norw. dial. asa (ōs), esja, schw. dial. esa (as): weiteres Falk-Torp æse. Davon abgeleitet ist germ. *jestuz „hefe“: ae. giest. mnd. gest. mhd. jest, gest. an. jostr: s. Falk-Torp gjest. — Falk-Torp (gjær)

dagegen liest iĕre und zieht mnd. gere, gare, mhd. gerwe, ferner
dän. gjerast heran.

Afrs. gred „angeschwemmtes land“ kann dem ae. græde
„wiese“ entsprechen, wahrscheinlicher aber, der bedeutung
wegen, dem mnd. grode „frisch eingedeichtes neuland“, wozu
mhd. gruot f. „das grünen, der frische wuchs“ und an. grōðr
m. „wachstum“ gehören; die grundform ist *groðiz.

Afrs. suther, as. sūðar, ahd. sundar „nach süden“, an. suðr
„süden“ haben erweiterten stamm gegenüber ae. suð „nach
süden“. Das gleiche gilt von afrs. wester, norther, aster; as.
wester, mnd. norder, as. ostar; ahd. westar, nordar, ostar; an.
vestr, norðr, austr.

Afrs. kema, as. kūmian, ahd. chumjan „beklagen“ und
das ablautende gotl. kauma (aus *keyma *kaumjan) sind ableitungen zu ahd. kūme „schwach, gebrechlich“, ae. cyme „zart,
schön“ *kūmjoz; dazu schw. dial. kaum n. „jammer“.

Afrs. thiania, as. thionon, ahd. dionōn, an. þena, þjona
*þewanojan „dienen“ mit dem subst. afrs. thianōst stm. stn.,
as. thionost stm. stn., ahd. dionost stn., an. þjōnusta, þenasta
sf. (woraus ae. þegnost, þeonest) *þewanosto- „dienst“ sind
von einem nur im ae. þeowen, an. þjōnn „diener“ erhaltenen
germ. *þewanoz abgeleitet. Zugrunde liegt ein stv. *þewan,
das im got. gaþiwan „dienen“, an. þjā „knechten“ bewahrt ist.
Das ae. þeowan, þeowian ist denominativ und völlig verschieden von ae. þȳn, þien, þȳwan, þeowian „drücken, be-
lästigen, stoßen, drohen“, zu dem sich as. bethuwen „niederdrücken“, ahd. duhen „drücken“ stellen. Über beide sippen
s. Fick III⁴ (Torp) p. 177 und 196.

Afrs. strida sv., as. stridian sv., ahd. stritan stv., an. strida
sv. haben übereinstimmend eine nebenbedeutung „streiten“
entwickelt; weiteres Fick III⁴ (Torp) p. 501.

Afrs. a twira wegena „zweimal“ entspricht dem gleichbedeutenden mnd. twiger weghene, an. tveggja (beggja) vegna.

Afrs. onfest „gesund, unverletzt“ vergleicht sich dem ahd.
anafasto „fest“, an. afastr „zusammenhängend“.

## 2. Ablaut.

Afrs. szīve „streit", mnd. kīf, mhd. kip „trotz", an. kīf
„zank" mit den verben mnd. kīfen stv. sv., mnl. kijven, mhd.
kiben stv.. an. kīfa sv. „zanken. streiten" — ae. cäf „rasch.
dreist", nhd. dial. keif „steif, fest", norw. dial. keiv „schief";
weiteres Fick III ⁴ (Torp) p. 43.

Afrs. sil „seil" (in silrāp „geschirrseil"), mnd. sele, ahd.
silo. an. sili sm. „siele" — afrs. sel. ae. säl, as. sêl. ahd. an.
seil: got. insailjan; s. Fick III ⁴ (Torp) p. 438.

Afrs. abel stm. „geschwulst. die von vernarbten wunden
zurückbleibt" *uf-bauliz. ahd. paulla. an. beyla *bauljōn sf.,
dazu got. ufbauljan „aufblasen" — ae. bȳle. ne. bile ' *buljoz,
mnd. bule (woraus dän. bule, schw. bula). mnl. buil (woraus
ne. boil). ahd. bulla. afrs. bele *buljō. Wahrscheinlich ist
als grundform *būgwljō (zu „biegen. buckel": s. Kluge. et. wb.
„beule") anzunehmen. wozu afrs. beil. abeil stm. *-bugiloz
und nhd. buckel „beule" stimmen. Anders Torp bei Fick
III ⁴ p. 276.

Afrs. devra ist der komparativ zu einem nicht belegten
adj. *duf „gefühl-. kraftlos", das im neufrs. duf (Outzen) erhalten ist. v. Helten nimmt unter berufung auf dieses duf bei
Outzen kürze des stammvokals an. liest also devra: doch kann
nach nordfrs. lautgesetzen duf nur aus afrs. *dūf entstanden
sein, so daß wohl auch in devra länge des vokals angenommen
werden muß. Verwandt sind an. dofenn *dubanoz „dumpf.
schlaff. abgestorben". dofna „schlaff werden". dove „kraft-
losigkeit": mit modifizierter bedeutung gehört ae. dofian. as.
dovon. ahd. doben. tobon „rasen. wahnsinnig sein" hierher.
Weiteres Falk-Torp doven. dov: Fick III ⁴ (Torp) p. 209.

Afrs. rudia „zerren". mhd. roten „ausrotten" *rudojan.
an. ryðja „roden". mhd. rütten „schütteln. rütteln" *ruðjan:
afrs. tŏrothia „roden". mnd. roden. nnl. rooien *ruþojan —
ae. rēodan „töten" stv., mhd. rieten stv. „ausrotten". an. rjoða
„reuten. räumen" stv. *reuðan: Fick III ⁴ (Torp) p. 351 f.

Afrs. pote „kopf" stelle ich zu älter nnl. potshoofd „dick-
kopf", fläm. potshoofd „aalquappe" und dem deutsch-nord.

namen des pottfisches, der nach seinem dicken kopf benannt
ist: mnl. potvisch, dän. pothval: im ablaut dazu ae. ǣlepūta
„aalquappe", mnl. puitaal: weiteres Falk-Torp pothval.

Afrs. frowe „frau" *frowo (nach PBB 16, 309 f. gegen
gr. § 23 β, γ). as. frua, an. frū, älter frūva, frouva *frōwōn
(nach Noreen, aisl. gr. § 398, 1 echt nordisch gegen Falk-Torp
frue, der es als lehnwort aus dem as. erklärt) stehen im ablaut zu mnd, mnl. vrouwe, ahd. fronwa, an. Freyja, hūsfreyja
*fraujōn. Hierzu gehört das germ. *fraujon-, *frawon- „herr":
got. frauja, an. Freyr (in die a-klasse übergegangen), ae. frea,
frīgea, as. froio, froho, ahd. fro. — Ein abgeleitetes adj. liegt
vor im afrs. frān „dem herren gehörig, heilig", as. frano (in-
dekl.), mhd. fron.

Afrs. bodel stn. „besitzung", as. bōdlos pl. stm., mnl.
boedel stm. „hausrat", an. ból stn. *bōðlo- stehen im ablaut
zu *buþlo-, *buðlo-: afrs. bold (nur in zusammensetzungen), ae.
bold, botl stn. v. Helten liest, wie ich glaube, mit unrecht
bold. Verwandt ist an. ból stn. „lager" (von obigem wohl
verschieden) *bolom. S. Fick III⁴ (Torp) p. 272 f.; afrs.
*bōtha p. 60.

Afrs. there (mit sekundärer längung des vokals vor rr)
„darre" entspricht entweder dem mnd. darre, ahd. darra, norw.
schw. dial. tarre *þarzo oder dem mnd. mnl. darne *þarzno:
dazu mnd. mhd. derren, an. þerra „dörren" *þarzjan. Das
grundverbum ist erhalten im got. gaþairsan stv. „vertrocknen,
lechzen". Im ablaut dazu steht germ. *þursuz „dürr"; s. Fick
III¹ (Torp) p. 183.

Afrs. wal „wohl", as. ahd. wala, an. val stehen im ablaut
zu afrs. wel, ae. wel, wël (mit dehnung vor einfachem end-
konsonanten), as. wel, wela, ahd. wela, an. vel: über got. waila
s. IF 15, 99 f.

Afrs. oni (i nicht ursprünglich) „ohne", as. ano, ahd. ano,
āna, anu, an. an, älter on *ǣnu, *ǣnau; im ablaut got. inu,
inuh; vgl. gr. ἄνευ, skr. ano „nicht". Beachte den suffixablaut
inu *enu : ἄνευ : ano *enau (s. PGr² I 408, 425); vgl.
Feist, et. wb. inu.

## 3. Stamm.

### A. Substantiva.

#### a) körperteile.

##### mūla.

Afrs. mula sm. „maul", an. mūle sm. *mulon- und mnd. mnl. mhd. mūl stm. *mūloz (ursprünglich sicher neutraler n-stamm), wozu got. faurmūljan „das maul verbinden" sind von einer wurzel mū abgeleitet, über die näheres bei Fick III⁴ (Torp) p. 323 f. zu ersehen ist.

##### snabba, snavel.

Afrs. snabba sm. „mund", mnd. snabbe, mnl. snab „schnabel" und afrs. snavel, mnd. mnl. snavel, ahd. snabul, norw. folk. snavl stm. „schnabel" *snabbon-. *snabuloz sind von einer wurzel snab abgeleitet, zu der an. snafðr „fein riechend", isl. snefill „geruch", mhd. snaben „schnappen, schnauben" gehören: dän. schw. snabel ist entlehnt; weiteres Fick III⁴ (Torp) p. 520. — Mit anderem anlaut gehören ae. nebb. mnd. nebbe, an. nef *nabjom, ne. nib, mnd. nibbe, wang. sat. nib „schnabel" *nebjom hierher.

##### hirth-lemithe.

Afrs. hirth-lemithe „schulterlähmung" (lies hird-; i für e vor rd: v. Helten. Verh. Lex. altostfrs. p. 248 unter nette emendiert hirt-, was mir unmöglich erscheint) entspricht in seinem ersten teile dem ahd. hertı stf. *harðjō „schulterblatt", an. herðr stf., norw. haerde (s. Falk-Torp); aus dem germ. entlehnt ist finn. hartio, hartia. Dazu russ. kórtyški pl. „schultern", dagegen nicht lat. cartilago „knorpel". — Mit anderem anlaut ist ahd. skerten (dat. pl.), schweiz. scherti, scheerten hierher zu stellen.

## b) verwandtschaftsnamen.

### kind.

Afrs. kind (s. darüber Lit.-blatt 12, 399), as. kind, älter dän., norw. schw. dial. kind stn. *kinðóm „kind“ entsprechen dem ahd. chind *kinþom; dazu an. kind *kinðiz (= lat. gens, gentis) „geschlecht, art, nachkommenschaft“; die wörter sind als alte partizipien pass. aufzufassen. Dazu got. goda-, himinakunds „von guter, himmlischer abkunft“, an. äskunnr „gottgeboren“, ae. heofoncund „himmlisch“, feorrancund „von fern her kommend“: s. Fick III⁴ (Torp) p. 35: Walde gigno. — Das ae. cild ist unverwandt, s. Fick III⁴ (Torp) p. 42. Walde galba.

### friudelf, frudelf.

Afrs. friudelf, frudelf „liebhaber“ will Kluge (nom. stbl. § 32) durch das germ. suffix -olf erklären; der vokal in setzt jedoch ein i der folgesilbe voraus, so daß vielmehr as. friuthil, ahd. friudel herangezogen werden muß. Die afrs. formen sind durch zusammensetzung aus *friuthil-liaf zu erklären: daneben gibt es eine afrs. form frudel *friudel, die genau den as. und ahd. formen entspricht (v. Helten, Verh. Lex. altostfrs. p. 145). Im ablaut gehört mnd. vridel, ahd. fridel „geliebter“, fridila „geliebte“, an. fridill m., fridla, frilla f. hierher; vgl. die gleiche bildung asl. prijatelĭ „freund, geliebter“. Über die weitere verwandtschaft s. Fick III⁴ (Torp) p. 247: Walde proprius, privus.

### c) pflanzen, wohnung, geräte.

### her.

Afrs. her „flachs“, ahd. haro, an. horr *hazwoz sind von der gleichen idg. wurzel kes „kämmen“ (gr. ξέστωρ „werg“ bei Prellwitz; češọ bei Berneker p. 151) wie ae. heordan pl., mnl. herde, mnd. hede, heide, ahd. herda „werg“ *hezdo; dazu wahrscheinlich an. haddr *hazdoz „das lange haupthaar des weibes“, ae. heord *hezdoz. Siehe noch Falk-Torp hor, haar.

## kolk.

Afrs. kolk „grube, loch", mnd. kolk, kulk „strudel, abgrund" (daraus mnl. kolk) ist das gleiche wort wie dän. kulk „schlund, kehle, schluck", schw. dial. kolk, kulk „schluck"; eine ablautsform ist ahd. kelh m. „kropf", mhd. kelch „kropf, doppelkinn". an. kjalki „kinnbacken, kiefer". Das grundwort ist germ. *kelon „kehle": ae. ceole, mnd. kele, ahd. chela. Weiteres Fick III⁴ (Torp) p. 41; Falk-Torp kulk: Walde gula.

## schüre.

Afrs. schure „scheuer, scheune" *skuro- gehört zu mnd., mnl. schure f., ahd. sciura, scura *skurjo: dazu mnd. schür n., ahd. scür m. „schutz, obdach", schw. dial. skur m. „schuppen"; vgl. lat. obscürus bei Walde. — Mit anderer ableitung afrs. skiale „schutzhütte", an. skjol stn. „versteck, schutz, scheuer"; afrs. skul „versteck, hütte", mnd. schul stn. „versteck, schutzhütte", mnl. schuil: dazu mnd. me. schulen „sich verbergen", mnl. schuilen, mhd. schülen „geschützt sein", dän. skule „schielen, lauernd blicken" (ne. scowl aus dem nord.). Weiteres Fick III⁴ (Torp) p. 465 f.

## skep.

Afrs. skep, as. skap, ahd. scaf, scapf *skap(p)om „schaff, gefäß". an. skap-ker „gefäß mit met oder bier" (spät-an. skäp, dän. skab, schw. skap „schrank" aus dem mnd. schap); davon as. sceppian, ahd. scaphen, scephan „schöpfen". Mit ablaut mnd. schope, mhd. schuofe f. „schöpfgefäß"; ne. scoop aus dem entlehnten frz. écope. Weiteres Falk-Torp scab: Fick III⁴ (Torp) p. 451.

## d) abstrakta.

## spot.

Afrs. spot „hohn, spott", as. spot, ahd. spot, an. spotte m., spott n. *spuþþo-: dazu das verbum mnd. mnl. spotten, ahd. spotton, spotten, an. spotta *spuþþojan, *spuþþejan. Mit anderem dental gehört ahd. spoton, spotison *spudojan.

*spudisōjan hierher; mit ablaut me. spūten, ne. spout   *spu-
tōjan; nnl. spuiten, mhd. spiutzen, spützen   *sputjan „spucken“.
Weiteres Fick III¹ (Torp) p. 513 f.

### nethe.

Afrs. nethe, as. (ge)natha, ahd. ginada, an. nað „ruhe,
gnade“   *naþo gehören zu einem nur mehr im got. niþan stv.
„unterstützen“ erhaltenen grundverbum. Außerhalb des germ.
vergleicht sich skr. natha m. „zuflucht, hilfe“; weiteres Falk-
Torp naade.

### sone.

Afrs. sone, mnd. sōne, swone, nnl. zoene, zwoene, ahd.
suona   *swono stf. „versöhnung, sühne“; dazu an. son f.
„krug mit dem opfermet“, norw. dial. sona „stillen, ausgleichen,
beilegen“; das grundverbum ist erhalten im an. soa „opfern,
töten“. Weiteres bei Fick III⁴ (Torp) p. 556.

### reck.

Afrs. reck „genügende pflege“ kann zu mhd. gerech
„wohlgeordnet, fertig, gerade, aufrecht“ oder zu den ablautenden formen mnd. rak, rake, reke „gehörige ordnung“, gerac
„notwendigkeit“, nnl. gerak „bequemlichkeit“ gehören; dazu
an. rakr „gerade, aufrecht, recht“, mnd. rak „recht, gerade,
geordnet“; das zugrunde liegende verbum ist im as. rekon
„richten, ordnen“ erhalten. Eine ableitung ist das adj. afrs.
rekon „unbehindert, bereit“, ae. recon, recen „bereit, flink“,
mnd. reken „ordentlich, unbehindert, offen“. Weiteres Fick
III⁴ (Torp) p. 333. — Über ein unverwandtes afrs. *reka s.
p. 70.

## B. Adjektiva.

### derve.

Afrs. derve „heftig“ entspricht dem as. derbi „kräftig,
frech, zudringlich“   *darbjoz; dazu an. djarfr „mutig“
*derboz, norw. dial. dirna (aus dirfna) „wieder zu kräften
kommen, zunehmen“; weiteres bei Fick III⁴ (Torp) p. 202 f. —

Davon verschieden ist afrs. therve, ae. þeorf, as. thervi, ahd. derp, an. þjarfr „ungesäuert": s. Fick III¹ p. 183.

## stōr.

Afrs. stor „groß", an. storr *stōroz, as. stóri „groß, berühmt" *storjoz: das einmal belegte ae. nordh. stor „stark, heftig" ist nord. lehnwort. Vgl. lit. stóras „dick", asl. starŭ „alt". Weiteres Fick III⁴ (Torp) p. 478 f: Walde restauro.

## C. Verba.

## kaltia.

Afrs. kaltia „reden", mnl. nnl. kouten „plaudern", mhd. kalzen „schwatzen, prahlen" *kaltojan; dazu mhd. kelzen, schw. dial. kälta „bellen, husten" *kaltjan. Weiteres Fick III⁴ (Torp) p. 41. Vgl. afrs. kella p. 69.

## biflekka.

Afrs. biflekka „beflecken" gehört zu dem subst. mnd. mnl. vlecke sf., ahd. fleccho sm., an. flekkr m. „flecken, makel": s. Fick III¹ (Torp) p. 250. — Eine parallelwurzel ist mnd. plecke, mnl. plek und mnd. placke, mnl. plak, me. plache, ne. patch: s. Fick III¹ (Torp) p. 222.

## ia.

Afrs. ia „gestehen", as. gehan, ahd. jehan, an. ja gehen auf germ. *jehan stv. zurück, wozu afrs. iechta „bekennen" und das subst. afrs. Jucht, as. bigihto sm., ahd. bijiht, biht „beichte" gehören. Die verwandtschaft mit der partikel „ja" ist unsicher: s. Fick III⁴ (Torp) p. 328.

## querka.

Afrs. querka, querdza „erdrosseln" *kwarkjan und an. kyrkja *kwerkjan gehören zu einem subst. mnd. querke, quarke „kehle, gurgel", ahd. querka, querkela, an. kverk pl. kverkr f. Vgl. Fick III⁴ (Torp) p. 61; Walde gurges.

thwinga.

Afrs. thwinga „zwingen" entspricht dem as. thwingan,
ahd. dwingan stv., an. þvinga stv. II. Dazu mit grammatischem
wechsel und ablaut as. bethuwen „niederdrücken", ahd. duhan
„drücken", ae. þyn, þien, þywan, þeow.i an „drücken, stoßen,
stechen, drohen". Weiteres Fick III ¹ Torp) p. 196. — Unverwandt ist ae. twengan, ne. twinge „kneifen", das zu ahd.
zwengan gehört; s. darüber Falk-Torp twinge.

bulder-slek.

Afrs. bulder-slek „polternder schlag" entspricht mnd. mnl.
bulderen, bolderen „poltern", mhd. buldern, dän. buldre, schw.
bullra; dazu im ablaut dän. baldre, norw. dial. baldra, schw.
dial. ballra, mnd. mnl. balderen. Das grundverbum ist ae. ahd.
bellan „bellen", an. belja „brüllen"; s. Fick III ¹ (Torp) p. 266.

skria, skraya.

Afrs. skria „schreien", as. skrian, ahd. scrian stv. sind
unmittelbar von der wurzel abgeleitet, während awestfrs. skraya
und ahd. screion denominativa sind (ahd. screi stn.); dazu norw.
dial. skria sv., skreia sv. „jauchzen". Abgeleitete bildungen
sind mnd. schrewen, mnl. schreeuwen *skraiwjan und ne.
scream, westfläm. schreemen *skraimjan; aus einer k-er-
weiterung stammen norw. skrika stv. „schreien", as. skrikon,
me. schriken, ne. shriek; dazu afrs. skrichte, mnd. schricht(e)
„geschrei"; ae. scric „bergelster". Weiteres Fick III ⁴ (Torp)
p. 474 f.

kella.

Afrs. kella „sprechen" entspricht dem ahd. challen *kall-
jan; dazu mnd. mnl. kallen, ahd. challon „schwätzen", an. kalla
„rufen, nennen" (woraus ae. ceallian, ne. call stammt) *kallo-
jan. Der stamm kall- ist wahrscheinlich aus *kalz- entstanden,
wozu mit grammatischem wechsel mnd. kolsen *kalsojan
gehört. S. Fick III ¹ (Torp) p. 42; Walde gallus; Berneker
golsu. Vgl. afrs. kaltia p. 68.

senna, sanna.

Afrs. senna, sanna „streiten" mit dem subst. san „wortstreit" ist von an. senna „aussprechen, disputieren", senna
„aussage, wortstreit" nicht zu trennen; die herleitung aus
*sanþjan (s. Fick III⁴ (Torp) p. 430) ist des frs. wegen un-
möglich, vielmehr muß zusammenhang mit ahd. sinnan stv.
„reisen, streben, gehen", mhd. sinnen „gehen, trachten, be-
gehren" angenommen werden, das auf vorgerm. *sentno- zurückgeht; dazu das subst. afrs. sin. ahd. mnd. sin. Weiteres
Fick III⁴ (Torp) p. 430 senþ; Kluge sinn; Walde sentio.

# X. Friesisch-deutsch-gotisch.

## 1. Endung, zusammensetzung.

Afrs. wîthe „reliquie, taufe", as. wîhetha, ahd. wîhida,
got. weihiþa „weihe, heiligkeit" *wîhiþo stf. ist ableitung
vom germ. *wîhoz „heilig".

Afrs. twîfil, twîfel „zweifel", as. twîfal, ahd. zwîfal, got.
tweifls *twîfloz (dän. tvil, schw. tvifvel aus dem mnd.) sind
ähnliche bildungen wie lat. duplus, gr. διπλόος, διπλοῦς; dazu
ahd. zwîvo „zweifel", ae. getwæfan „entzweien, trennen".

Afrs. noch, as. ahd. noh, got. nauh „dazu noch" (dän.
nok aus dem deutschen) sind aus nu „jetzt" und h = lat.
que entstanden; verschieden ist afrs. nach, noch „und nicht"
s. p. 55 f.

Afrs. *reka „hervorziehen" (statt hreka, s. PBB 14, 255 f.),
got. rikan „anhäufen", mhd. rechen stv. „sammeln, scharren".
Weiteres Fick III⁴ (Torp) p. 334, rek 2.

## 2. Ablaut.

Afrs. brust, burst, borst, mnl. mnd. borst, ahd. brust, got.
brusts stf. (i-stamm) entsprechen im ablaut afrs. briast, ae.
breost, as. brîost pl., an. brjost stn. (a-stamm).

Afrs. thriuch „durch" (wahrscheinlich ablautsform gegen
Siebs PGr² I 1259, der *thruch als grundform ansetzt und

i als übergangslaut auffaßt), ahd. dôrh „pertusus", got. þairh
„durch" — afrs. thruch, ae. þurh, as. thurh, ahd. duruh; bei
der afrs. form thruch könnte man allenfalls auch ausfall des
i nach r annehmen (wie früdel p. 65), so daß nur eine grundform *þerh für das afrs. anzunehmen wäre. Über die formen
*ter-que und *tr̥-que siehe Walde termen.

## 3. Stamm.

Afrs. tima „ziemen", as. teman, ahd. zeman, got. gatiman
stv.: dazu afrs. untemelik „unpassend", mnd. temelik (daraus
dän. temmelig, schw. tämlig), mhd. zimelich. Im ablaut gehört
hierher got. gatemiba „ziemend" adv., mnd. betame, ahd. gi-
zami „passend". Weiteres Fick III¹ (Torp) p. 156.

## XI.

Eine letzte gruppe von wörtern und wortformen umfaßt
die wichtigsten jener erscheinungen, die das afrs. mit allen
übrigen dialekten außer dem englischen gemein hat.

## 1. Endung, bedeutung.

Afrs. secht „krankheit", as. ahd. suht, an. sott, got. sauhts
stf. *suhtiz; ae. nur séoc, da das einmal belegte suht aus
dem as. stammt und da blodsiht „blutfluß" nicht zu obigen
wörtern, sondern zum germ. verbum *sihan (ae. seon) gehört.
Afrs. wer, as. war, ahd. war, wari „wahr": das ae. gebraucht dafür soð; das einmal belegte ae. wǣr ist aus dem
as. entlehnt. Als subst. ist das wort jedoch auch im ae.
häufig: ae. wǣr „vertrag, versprechen, treue". Weiteres Feist
tuzwerjan; Fick III¹ (Torp) p. 395.

## 2. Ablaut.

Afrs. trāst „trost", as. ahd. trōst. an. traust „zuversicht", got. trausti (stn.?) „bündnis"; me. trūst (oder ū?), ne. trust „vertrauen" scheint echt engl. und nicht aus dem mlat. trustis „treue" (das seinerseits aus dem germ. stammt) entlehnt zu sein; dazu mhd. trūst. trūst „trost". getrüste „schar": s. Falk-Torp trost.

Afrs. huiswerda „hauswirt", as. werd. ahd. wirt. got. wairdus gehören zu an. verðr „mahl" (dän. vert. schw. värd „wirt" sind aus dem mnd. entlehnt); im ablaut dazu ae. weard. as. ward. ahd. wart. warto. an. vorðr. got. daura-wards. wardja „wächter": weiteres Fick III⁴ (Torp) p. 393. — Eine ableitung ist afrs. warst „gastmahl" *war(d stu (nach v. Helten. Verh. Lex. altostfrs. gegen Taalkundige Bijdragen 2, 189 ff.).

Afrs. lēge. lech „niedrig" ist wie mnd. lege, lech. mnl. läghe. leghe. mhd. läge. an. lagr ( *lǣgoz. *lǣgjoz) zum germ. verbum liegen zu stellen.

## 3. Stamm.

Afrs. rere. mnd. röre. ahd. rorra. rorea „schilfstengel" *ranzjōn sf., mnd. ahd. ror. got. raus ( *rauzom. an. reyrr *rauziz — ae. rysc (= mnd. mhd. rusch), risc (= mnd. risch). resc. Weiteres Fick III⁴ (Torp) p. 332.

Afrs. *ern (statt arn) „ernte". ahd. aran stf. *azaniz, an. ǫnn „feldarbeit. jahreszeit" *aznu-. got. asans „ernte. herbst". as. asna „miete" — ae. earnian „verdienen" ist unverwandt. Siehe über beide gruppen Fick III⁴ (Torp) p. 22. 18.

Afrs. fre. frey „froh". as. frao. ahd. frō. an. frar „schnell. flink" ist verwandt mit afrs. frōwe (s. dies p. 63).

Afrs. rene „rein". as. hrēni. ahd. hreini. an. hreinn. got. hrains — ae. clǣne.

Afrs. ūrflōkin. as. farflokan. ahd. farfluohhan „verflucht". an. flokenn „verwirrt". got. flokan „beklagen": weiteres Feist (et. wb.).

# Resultate der Arbeit.

Bei der behandlung der verschiedenen verwandtschafts-
gruppen habe ich mich im vorausgehenden jeder gesamtkritik
enthalten, um hier eine endgültige zusammenfassung und be-
wertung des gefundenen materials zu geben. Da man immer
mit der mangelhaften überlieferung aller dialekte zu rechnen
hat, wäre es verfehlt, auf grund der gewonnenen ergebnisse
voreilige, als absolut sicher gelten wollende schlüsse zu ziehen.
Vor allem sind ja die zahlreichen neufriesischen mundarten
unberücksichtigt geblieben, und die durcharbeitung ihres wortschatzes wird sehr wahrscheinlich die resultate dieser arbeit
in mancher beziehung modifizieren. Die vorliegenden blätter
sind nur als der erste teil einer weit umfangreicheren arbeit
zu betrachten, die noch zu leisten ist.

Die bedeutung der einzelnen vorausgehenden gruppen ist
sehr verschieden. Die erste (speziell friesische wörter) habe
ich nur des allgemeinen interesses wegen angeführt: denn wie
jeder dialekt, so hat auch das friesische wörter und wortformen aufzuweisen, die nur ihm allein zukommen, ohne daß
solche erscheinungen irgend etwas für seine stellung innerhalb
des germ. beweisen könnten. Ebensowenig darf man aus
dem fehlen der in der letzten gruppe verzeichneten wörter
schließen; denn ein wort, das in allen dialekten außer dem
englischen vorhanden ist, muß auch ursprünglich in diesem
existiert haben. Von bedeutung wäre dieser umstand erst,
wenn wir wüßten, ob die betreffenden wörter dem engl. bereits
gefehlt haben, als die Angeln und Sachsen noch neben den
Friesen wohnten.

Schlüsse über die verwandtschaftlichen verhältnisse des frs. können allein aus den gruppen II—X gezogen werden. Dabei ergibt sich als allgemeines bild, daß das frs. mit dem nordischen mindestens ebenso viele sonderbildungen gemein hat wie mit dem englischen: die summe der frs.-deutschen entsprechungen ist dagegen sicher fünfmal so groß, als die der frs.-engl. und frs.-nord. Ich bin weit entfernt zu folgern, das frs. sei mit dem nord. ebenso nahe verwandt wie mit dem engl., oder gar von einer deutsch-friesischen einheit zu sprechen. Vielmehr glaube ich das überraschende ergebnis der untersuchung durch folgende zwei möglichkeiten erklären zu können:

1. Entweder hat das friesische gemeinsam mit einem oder zwei anderen dialekten altgermanisches sprachgut bewahrt, das in den übrigen verloren gegangen ist. Das mag vor allem gelten für die gruppen IV (frs.-engl.-got.), VI (frs.-nord.-got.), VII (frs.-got.) und X (frs.-deutsch-got.), noch mehr für die letzte gruppe (allgemein germ. außer englisch). Aus vereinzelten fällen einer solchen bewahrung des urgerm. sprachschatzes können keine bindenden schlüsse gezogen werden. Wenn aber gerade zwei dialekte in gleicher weise so außerordentlich viele wörter aus alter zeit bewahrt haben, so drängt sich notwendig die vermutung auf, daß bei dieser erhaltung der gegenseitige einfluß dieser beiden dialekte eine große rolle spielt, und zwar muß dieser einfluß von anfang an gewirkt haben, wo die Westgermanen noch nicht auseinandergerissen waren. Wenn nun das frs. und engl. einst eine spracheinheit gebildet haben, muß doch der wortschatz des afrs., so wie er uns vorliegt, deutliche spuren dieser einstigen zusammengehörigkeit auch im wortschatz verraten. Statt dessen jedoch ist gerade die zahl der frs.-engl. sonderbildungen ganz auffallend klein, geringer sogar als der frs.-nordischen.

2. Eine zweite möglichkeit ist die neubildung einzelner wörter innerhalb einer beschränkten anzahl von dialekten. Es ist nicht anzunehmen, daß die germ. dialekte in ihrem sonderleben noch wurzelwörter geschaffen hätten, wenn wir dabei

von wenigen onomatopoetischen bildungen und wörtern der
kindersprache, wie afrs. bole, fethe absehen: diese fähigkeit
haben die Germanen sicher schon vor der auswanderung der
nord- und ostgerm. stämme verloren. Dagegen sind neubildungen aus bereits vorhandenen wurzeln und stämmen
innerhalb einer beschränkten anzahl von dialekten sehr
wohl möglich, selbst zu einer relativ späten zeit. Wir
müssen dabei eine doppelte schicht derartiger neubildungen
unterscheiden. In der zeit, als die Germanen noch eine
geographische einheit bildeten, haben sie doch keine sprachliche einheit gebildet, am wenigsten ihrem wortschatze nach.
Von der fähigkeit, aus den aus idg. zeit überkommenen
wurzeln neue stämme zu bilden, haben die Germanen nicht
immer gleichen gebrauch gemacht (s. die ausführungen in der
einleitung). Viele dieser neubildungen verbreiteten sich auf
das ganze germ. gebiet, manche blieben auf zwei oder drei
der urgerm. stämme beschränkt. So wurde die wurzel gis
„gähnen, trocken sein" (die nur mehr im nord. erhalten ist)
erweitert zu *gisn-, *gist-, *gaisni-, *gaisti: die erste form ist
rein engl. (dial. gisn), die zweite nur nordisch; *gaisni- ist
deutsch-engl. und *gaisti deutsch-frs. (s. Falk-Torp gissen,
gisten). So erklärt sich auch der umstand, daß das nord. mit
dem frs. ebenso viele eigentümlichkeiten gemein hat wie mit
dem engl. — Noch zu einer bedeutend späteren zeit, — als
die Westgermanen schon zu einer sprachlichen einheit (soweit
von einer einheit überhaupt gesprochen werden kann) verschmolzen waren — konnten noch neubildungen geschaffen
werden, zwar nicht mehr von stämmen, sondern von stamm-
erweiterungen, -ableitungen. Ein beispiel möge das erläutern:
Wahrscheinlich besaßen die Germanen ein gemeinsames wort
für „schlüssel" (ursprünglich wohl in umfassenderer bedeutung
„riegel, pflock"), das noch im afrs. kei, ae. cæg erhalten ist.
Daneben entstanden in einzelnen dialekten und dialektgruppen
neue bezeichnungen, die in den meisten fällen das alte wort
verdrängten: afrs. as. ahd. *slutiloz, ae. *skutiloz, an. *lukiloz.
Vor allem sind zu diesen jüngeren bildungen alle jene wortformen zu rechnen, die ich im vorausgehenden unter der überschrift „endung" vereinigt habe.

Es ist sehr schwer, wenn nicht unmöglich, jedesmal zu entscheiden, ob ein wort als erhaltung aus dem urgerm. sprachschatz oder als neubildung zu beurteilen ist. Für unsere zwecke ist das auch nicht von ausschlaggebender bedeutung, da eine große anzahl von sondererscheinungen in zwei dialekten auf jeden fall für einen näheren zusammenhang dieser beiden spricht. Nun weist aber das afrs. gerade mit dem engl., dem es doch am nächsten stehen soll, nur ein fünftel all der sonderbildungen auf, die es mit dem deutschen verbinden. Man kann zwar sagen, das frs. habe diese wörter aus dem niederdeutschen übernommen; abgesehen davon, daß eine solche beeinflussung des wortschatzes sehr weitgehend hätte sein müssen, wie kommt es denn, daß diese angeblichen lehnwörter alle charakteristika der anglofriesischen sprache (s. PGr.² 1 1154 f.) zeigen? Dann hätten diese entlehnungen schon stattfinden müssen, bevor die Friesen von den Angeln getrennt wurden; warum sind dann diese wörter nicht auch ins engl. übergegangen, das doch mit dem frs. eine einheit bildete? Und vor allem, warum gibt es so geringe und wenige reste des ehemaligen engl.-fries. einheitlichen wortschatzes? Bevor diese fragen nicht widerspruchslos gelöst sind, muß eine derartig weitgehende entlehnung niederdeutschen sprachmaterials abgelehnt werden. Jedenfalls geht das eine aus vorliegender arbeit deutlich hervor, daß auf grund einer wortgeographischen untersuchung des afrs. wortschatzes die englisch-friesische spracheinheit sich nicht nachweisen läßt. Ich will nicht so weit gehen, eine deutsch-friesische gemeinschaft zu behaupten; vielmehr glaube ich dem friesischen eher eine mittelstellung anweisen zu müssen, solange nicht spätere untersuchungen des wortschatzes der neufriesischen dialekte völlig andere ergebnisse zutage fördern.


Im folgenden stelle ich die hauptsächlichsten und mir am beweiskräftigsten scheinenden wörter nach inhaltsgruppen zusammen, um ein übersichtliches bild der ergebnisse zu

liefern. Dabei berücksichtige ich nur die gruppen II, III,
VIII und IX, das heißt die frs.-engl. und die frs.-deutschen
entsprechungen:

1. körperteile.

    frs.-engl.: fihnene, ermboga, ongneil, midrithere; sthiake,
lundlaga, skal, nosterlm; hel-, tusk (diese beiden zugleich
auch nord.).

    frs.-deutsch: spekel, saver; kese, erna, *strote, hele-,
-bakka, lesoke, *hexse, hotha, pralleng, skidel, waldsine;
anckel, mula, snabba, snavel, hirth-, pote (die letzten 6
auch nord..

2. personennamen:

    frs.-deutsch: swager, wesa, bole; frowe, kind, frindelf
(die letzten 3 auch nord.).

3. wohnung, bodenbau, kleidung:

    frs.-engl.: warf, kei, bras; krocha, hath, lona (diese 3
auch nord.);

    frs.-deutsch: satha, dreppel, drompel, slat, mar, laeyda,
sletel, krawil, reth, fuke, nost, senre, mere, hrock, mother,
dok, flarde, strouw; *botha, iere, sal, gred, bodel, there,
kolk, schure, skep (die letzten 9 auch nord.).

4. pflanzen und tiere:

    frs.-deutsch: hers, *hasa, *brakka, krud, ongel, ondul;
her (dieses auch nord.).

5. verschiedenes: abstrakta:

    frs.-engl.: hrene, slek, ferteth; wars, jne (diese 2 auch
nord.);

    frs.-deutsch: laster, neth, ongost, ewend, himul, bliksen,
frotha, kedde, strump, stupe, *kmbeltrade; szave, blodrisne,
spot, nethe, sone, reck (die letzten 6 auch nord..

6. adjektiva:

    frs.-engl.: eppe, elte, *womun; wet (dieses auch nord.);
frs.-deutsch: litik, äfte, stumm, rosch, durich; bas,
derten, fele, onnosel, fretha, geste, galik, ring, gland(e),
binsterlik; devra, derve, stor (diese 3 auch nord.).

7. adverbien, präpositionen:

frs.-engl.: na, til (zugleich nord.):

frs.-deutsch: faken, thard, fon, jeftha, nach, wach:
twera, wal, oni (diese 3 auch nord.).

8. verba:

frs.-engl.: kwinka, klinna, renda: kleppa, riva (diese 2
auch nord.);

frs.-deutsch: steka, urder(v)a, trekka, kriga, mitza,
*kwetsia, biskirma, ūrbalia, skikka, biletha, stifta, klagia,
slūta, fagia, skelda, wlemma: thiania, strida, kaltia, kella,
biflekka, iai, kwerka, thwinga, bulder-, skria, senna (die
letzten 11 auch nord.).

# Verzeichnis der besprochenen afrs. wörter.

fethe 4.
filla 34.
filmene 15, 77.
fjäl 49.
flarde 51, 77.
flēsfall 14.
Hetta 26.
flit 40.
Hiüswerp 14.
fon 55. 78.
forfēma 31.
forma, formest 24.
formond 31.
forword 31.
frän 63.
frē, frey 72.
fresle 19.
frētha 53, 78.
frethia 31.
fretma 11.
frisle 19.
friudelf 65, 77.
frotha 51, 77.
frōwe 62.
frūdelf) 65.
fūke 49. 77.
fule 14.
fulfensze 36.
*fulwunia 38.
furma 24.
fyeloes, fyya 30.
gälik 54, 78.
gāst 54.
gäta 29.
gēla 11.
gere 60.
gest 54.
geste 53, 78.
gēta 29.
glandie) 54, 78.
gōm 28.
grēd 60, 77.
grēva 31.
halimbrēde 43.
hars 40.
*hasa, hasmüled 41, 77.

hath 23, 77.
heila 12.
hein 15.
helebrēde 43, 77.
helde 31.
hēlsinekerf 22, 77.
hēme 33.
hem(m) 15.
hem(m)eng 21.
her 65, 77.
*hēr subst. 30.
hēr adj. 30.
hēra 31.
herd 34.
heregers 24.
hers 40. 77.
*hexsehalt 44. 77.
himul 36. 77.
hjoechdēdich 30.
hirth- 64, 77.
hlāpia 33.
hlōth 27.
hōd 23.
hokka 9.
holla 14.
hotha 44, 77.
hōxene 22.
hreka 70.
hrena, hrene 15, 77.
hrock 50. 77.
hū 21.
hulēde 26.
heslōtha 31.
huswerda 72.
hwanda 39.
hwende 39.
hwenne 38.
hwitt 40.
hwō 21.
iding(thing) 28.
*ilodskipi 15.
*inszīretha 11.
inrēthe, inrid 11.
inseptha 13.
inthinza 31.
inwēie 33.

ioldskipun 15.
ivinētha 31.
iā 68, 78.
iagia 32.
iechta 68.
ieftha 55. 78.
ielde 31.
iēre 60, 77.
ierīm 16.
iewä 55.
jne 23. 77.
ioftha 55.
iowä 55.
kaltia 68. 78.
ked 10.
kedde 51, 77.
kei 19. 77.
kella 69, 78.
kēma 61.
kēre 39.
szeremon 9.
kēse 42. 77.
kinbakka 43, 77.
kind 65, 77.
tzīve 62, 77.
sthjāke, zjake 17. 77.
tzjust 9.
klagia 58. 78.
kleft 31.
kleppa 23, 78.
clesie 28.
klinna 20, 78.
klova 31.
*knibeltrīde 52, 77.
kok 10.
kole 33.
kolk 66, 77.
krāwil 48, 77.
krīga 57, 78.
kringa 13.
crocha 22, 77.
krūd 46. 77.
kū 21.
kūda 36.
kundich 32.
*kwerka 68, 78.

-skirma 57.
skjā 58.
skjůle 27.
scolenge 35.
skrāya 69.
skrīa, skrichte 69, 78.
skubbe 32.
skūl 27.
skuuka 40.
schure 66, 77.
slag 32.
slåt 47. 77.
slāutōth 38.
slei(n)tòth 38.
slēk 20, 77.
sletel 48, 77.
slot, slūta 59. 78.
smaka 33.
smek 33.
snabba 64, 77.
snavel 64, 77.
snotta 33.
soch 25.
sòn 36.
soudema 25.
sōne 67. 77.
*sòth 25.
spēkel 35, 77.
spido 13.
sponst 34.
spot 66, 77.
stak 28.
stāk 10.
stede 33.
stef, stevia, stivia 40.
steka 56, 78.
stelne 34.
sterva 56.
stēta 26.
stifta 58. 78.
stjūre 34.
stōr 68. 77.
straffia 31.
strīda 61, 78.
strikhalt 27.

strotbolla 42. 77.
strouw 52. 77.
strump 51, 77.
stum 41, 77.
stund 37.
stūpe 52. 77.
suther 61.
swāger 41, 77.
*swīf 10.
swjār 12. 41.
swjāring 12.
tāchneuge 12.
talemon 31.
tänder 12.
tāpia, tappa 39.
tēnter, tēntre 9.
tetsia 34.
tēywird 27.
thard 34. 78.
thēre 63, 77.
therp 17.
therve 68.
thjānia, thjānost 61,78.
thochta 25.
thrjuch 70.
throtbolla 43.
thruch 71.
*thrūwa 39.
thwinga 69, 78.
til 21, 78.
tima 71.
tjōna, tjūna 12.
tjūga 31.
tōner 32.
tòstēra 39.
tōth 22.
träst 72.
trekka 56, 78.
tūn 9.
tūsk 22, 77.
twera 37.
twīfil 70.
unidēn 37.
up- 15.
upkràwa 48.

upstal 31.
ūrbaiia 57.
ūrbera 34.
ūrder(v)a 56. 78.
ūrflōkin 72.
ūrkenda 31.
ūrkēra 39.
ūte 34.
üter 34.
ūtwēie 34.
wach 56, 78.
wal 63.
wald 33.
wald(and)sine 44. 77.
walduwaxe 44.
wangēde 28.
wanith 20.
warf 19, 77.
wars 23, 77.
warst 72.
wathemhūs, -hof 37.
weg(ena) 61.
wel 63.
wensa 34.
*wēnthar 12.
wēr 71.
werda 72.
werf 19.
wern 25.
wersene 13.
wēsa, wēse 45, 77.
wēstene 33.
wester 61.
wēt, weter 22.
wetma 37.
wilkere 38.
wirsene 13.
wīsa 33.
wīthe 70.
witt 40.
withume 37.
wlemma 59, 78.
wonnelsa 20, 77.
wrāk 29.
wrăxlia 16.

# MÜNCHENER BEITRÄGE

ZUR

# ROMANISCHEN UND ENGLISCHEN PHILOLOGIE.

HERAUSGEGEBEN

VON

## H. BREYMANN UND J. SCHICK.

——

LIV.

## DARIUS, XERXES UND ARTAXERXES IM DRAMA DER NEUEREN LITERATUREN.

☙

LEIPZIG.

A. DEICHERT'SCHE VERLAGSBUCHHANDLUNG NACHF.

1912.

# DARIUS,

# XERXES und ARTAXERXES

## IM DRAMA DER NEUEREN LITERATUREN.

BEITRAG
ZUR VERGLEICHENDEN LITERATURGESCHICHTE

VON

## Dr. MAX GOLDSTEIN.

LEIPZIG.
A. DEICHERT'SCHE VERLAGSBUCHHANDLUNG NACHF.
1912.

# Vorwort.

Es dürfte angebracht sein, einige Worte über die Entstehung vorliegender Abhandlung vorauszuschicken:

Mehrere französische Dramen mit dem Titel *Artaxerce* bildeten den Grundstock und Ausgangspunkt. Die dem Verfasser ganz allgemein gestellte und von ihm unternommene Aufgabe, vom Standpunkt der vergleichenden Literaturgeschichte an ihre Untersuchung heranzutreten, lieferte alsbald zwei wichtige Ergebnisse:

1. ein negatives: daß es sich nur bei einem Teil der Dramen um die nämlichen historischen Hauptpersonen (Darius, Artaxerxes und Xerxes) handelte. Schien dadurch eine Vergleichung jener Stücke aussichtslos zu sein, so zerstreute diese Befürchtung

2. das positive Ergebnis, daß jene Dramen inhaltlich in engen Beziehungen standen.

Die notwendige Rücksichtnahme auf beide Gesichtspunkte, den rein historischen der Personen und den literarischen des Stoffes, erweiterte den Kreis der Untersuchung und drängte zur Frage, ob auch in anderen Literaturen Darius-, Artaxerxes- und Xerxesdramen gedichtet wurden.

War diese Frage beantwortet, so war die Grundlage zur Sichtung des gesamten einschlägigen Materials gewonnen. Es mußten nur aus ihm jene Stücke ausgeschieden werden, die wegen der Verschiedenheit des Inhalts für eine Vergleichung untereinander nicht in Betracht kommen konnten.

So ergaben sich von selbst zwei Hauptabschnitte der
Arbeit:

Der Abschnitt I bringt die ausgeschalteten Dramen (aus
der germanischen und romanischen Literatur). Er hat im
wesentlichen bibliographischen Charakter und gibt ein unge-
fähres Bild von dem Umfang und der Art der Gesamtpro-
duktion der Darius-, Artaxerxes- und Xerxesdramen.

Der Abschnitt II. der Kern der Untersuchung, beschäftigt
sich mit einer Kette von Dramen. deren wechselseitige Ab-
hängigkeit in Form einer genauen Vergleichung erörtert
werden soll.

—

# Inhalt.

# Benützte Literatur.

Adams, W. Davenport: A Dictionary of the Drama. London 1904. 8⁰.

Aeliani de natura animalium varia historia, epistolae et fragmenta: ed. Rud. Hercher. Paris 1858.

Alexander, Sir William, Earl of Stirling: The poetical works of    in three volumes: vol. II. Glasgow 1872. 8⁰.

Allacci, Lione: Drammaturgia accresciuta e continuata fino all'anno 1755. Venezia 1755. 4⁰.

Allibone: A Dictionary of British Authors.

Anecdotes dramatiques. Paris 1775. 3 Bde. 8⁰.

Annales dramatiques ou Dictionnaire général des Théâtres. Paris 1808 12. 9 Bde. 8⁰.

Baker, Reed and Jones: Biographia Dramatica. London 1812. 3 Bde. 8⁰.

Beauchamps, P.-Fr.: Recherches sur les Théâtres de France. Paris 1735. 4⁰.

Bettinelli, Saverio: Tragedie di   . Bassano 1771. 8⁰.

Bibliothèque Françoise ou Histoire littéraire de la France. Amsterdam 1723.

Blanc, Joseph: Bibliographie Italico — française Universelle. Paris 1886. t. II. 8⁰.

Boisrobert, François le Metel de: Le Couronnement de Darie. Paris 1642. 4⁰.

Bollé, Julius von: Artaxerxes. Ein Drama in drey Aufzügen. Nach dem Italienischen des Metastasio. Würzburg 1824.

Boyer. Monsieur: Artaxerce. tragédie par — avec sa critique. Paris 1683. in-12.

Breymann. H.: Calderonstudien.

Brunet: Manuel du libraire. Paris 1860—65. 6 Bde. 4°.

Bruun. Chr. V.: Bibliotheca Danica. Systematisk Fortegnelse over den danske Literatur fra 1482 til 1830.

Carrière. M.: Die Poesie. Leipzig 1884².

Chouquet. G.: Histoire de la musique dramatique en France. Paris 1873. 8°.

Clément (F.) et Larousse. P.: Dictionnaire lyrique ou Histoire des Opéras. Paris s. a. [1881]. 8°.

Corneille. Thomas: Les Œuvres de —. Amsterdam 1740. 5 Bde. (Bd. II: Darius).

Crébillon: Les Œuvres de —. Paris 1749. 3 vol. in-12 (Bd. 1 enthält: Xerxès).

Crowne. John: The Dramatic Works of —. Edinburgh 1874. t. III.

Curtius Rufus: ed. N. E. Lemaire. Paris 1822. 3 Bde. 8°.

Cyrano de Bergerac: Agrippine. veuve de Germanicus. Tragédie. 1653 in den Œuvres diverses de —. Amsterdam 1710. 2 Bde. 8°.

Dassori. Carlo: Opere e Operisti. Dizionario lirico universale (1541—1902). Genova 1903. 8°.

Delandine. A. Fr.: Bibliographie dramatique. Paris et Lyon 1818. 8°.

De la Ville de Mirmont. M. Alexandre: Artaxerce. Tragédie. In den Œuvres de —. Paris 1846. 4 vol. in-8. Bd. 1.

Delrieu: Artaxerce. Tragédie. Paris 1808.

Des Granges. Ch. M.: Geoffroy et la critique dramatique. Paris 1897. 8°.

Diodori Bibliotheca Historica: rec. C. Th. Fischer. Leipzig 1905. 5 Bde.: Bd. 4.

Dutrait. M.: Études sur la vie et le théâtre de Crébillon. Bordeaux 1895. 8°.

Encyclopédie des Gens du Monde. Paris 1842. t. XVI.

Fernbach. L. jun.: Der Theaterfreund. Berlin 1860. 8°.

Finzi, G. e Valmaggi, L.: Tavole Storico-Bibliografiche
della letteratura italiana. Torino 1889. 4⁰.

Gaspari, Gaetano: Catalogo della Biblioteca del Liceo
Musicale di Bologna, compilato di —: pubbl. da Luigi
Torghi. Bd. 3. Bologna 1893.

Gaspary, A.: Geschichte der Italienischen Litteratur. Berlin
1885—88. 2 Bde. 8⁰.

Genest, J.: Some Account of the English Stage from the
Restoration in 1660 to 1830. Bath 1832. 10 Bde. 8⁰.

Geoffroy, M.: Cours de litt. dramat. etc. P. (Blanchard)
1819/20. 5 Bde. 8⁰. Besser ist die 2. Ausg. v. J. 1825.
10 Bde. 8⁰.

Goujet, Claude Pierre: Bibliothèque Françoise ou Hist.
de la Litt. Françoise. Paris 1741—52. Bd. 17.

Graesse, Jean George Théodore: Trésor de livres rares
et précieux. Dresde 1859—67. 6 Bde. 4⁰. Supplém.
1869. Bd. 7.

Grande (la) Encyclopédie.

Grethlein, K.: Allgemeiner deutscher Theaterkatalog.
Münster 1894. 8⁰.

Händel, G. F.: Werke. Ausgabe der deutschen Händel-
gesellschaft. Lieferung XCII; Opern. Bd. XXXVIII:
Serse. Leipzig 1884. 2⁰.

Hardy, Alexandre: Le Théâtre de —. Neudruck von
E. Stengel. Marburg 1883. Bd. 4.

Hidalgo, Don Dioniscio: Boletin bibliográfico español.
Madrid. Bd. III. 1862.

Hiller, J. A.: Über Metastasio und seine Werke. Leipzig
1786.

Hippeau, C.: Les Écrivains Normands au XVIIe siècle.
Caen 1858.

Holberg, Ludwig von: Die Dänische Schaubühne; neu
in die deutsche Sprache übersetzet. Kopenhagen 1762
(Bd. 5 enthält Artaxerxes).

Justi, Ferd.: Gesch. des alten Persiens. in: Oncken's Allgem.
Geschichte in Einzeldarstellungen (I, 4, 1). Berlin 1879. 8⁰.

Justini, M.: Justiniani Epitoma Historiarum Philippicarum
Pompei Trogi, ex Rec. Francisci Ruehl. Lipsiae 1886.

La Barrera y Leirado: Catálogo bibliográfico y biográfico del Teatro antiguo español. Madrid 1860. 4⁰.

Labitte, Ch.: Études littéraires. Paris 1846. 2 Bde. 8⁰.

— —: La Littérature sous Richelieu et Mazarin. III. Boisrobert. in: Revue de Paris. 3⁰ série 1ᵉʳ sept. 1839. p. 46—72.

Landau, M.: Geschichte der italienischen Literatur im 18. Jahrh. Berlin 1899. 8⁰.

La Vallière, L.-C.: Bibliothèque du Théâtre français. Dresde 1768. 3 Bde. 8⁰.

Lemierre, Antoine Marin: Œuvres. Paris 1810. 3 Bde. 8⁰.

Léris, A.: Dictionnaire portatif des Théâtres. Paris 1754. 8⁰.

Livet: Précieux et Précieuses. Paris ²1860. in-12.

Lotheissen, F.: Gesch. der franz. Literatur im 17. Jahrh. Wien ²1897. Bd. 1.

Lucas, H.: Histoire philosophique et littéraire du Théâtre français. Paris 1862—63². 3 Bde. 8⁰.

Magnon, Jean: Artaxerxe. Tragédie. Paris 1645. 4⁰.

Metastasio, Pietro: Opere. Londra 1782. 12 Bde. in-12.

—: Tragédies-Opera de l'Abbé Traduites en Français par M...... Bd. 8. Vienne 1756.

Meyer, Eduard: Gesch. des Altertums. Stuttgart 1884—1902. 5 Bde. 8⁰.

Molière: Œuvres de — nouv. éd. p. M. Eugène Despois. Bd. 1 in: Les Grands Ecrivains de la France. Paris 1873.

Moréri, L.: Le Grand Dictionnaire historique Basle et Paris. 1740—59. 10 Bde. fol.

— : Supplément au grand Dictionnaire historique. Paris 1735. 2 Bde. fol.

Mouhy, Ch.: Tablettes dramatiques. Paris 1752. 8⁰.

— —: Abrégé de l'Histoire du Théâtre français. Paris 1780. 2 Bde. 8⁰.

Nisard, D.: Histoire de la Littérature française. 18ᵉ ed. Paris 1895. 4 Bde. 8⁰.

Nouvelle Biographie générale. Paris 1860.

Papillon, M. l'Abbé: Bibliothèque des auteurs de Bourgogne. Dijon 1742. 4⁰.

Parfaict, les Frères: Histoire du Théâtre français. Paris 1734 5—49. 15 Bde. 8".

— —: Dictionnaire des Théâtres de Paris. 1756—67. 7 Bde. 8⁰.

Pauly: Realencycl. d. klass. Altertumswissenschaft. Stuttgart 1862. 8".

Pellisson et d'Olivet: Histoire de l'Académie française p. p. M. Ch.-L. Livet. Paris 1858. 2 Bde. 8⁰.

Petit de Juleville: Histoire de la langue et de la littérature française. Bd. 1. Paris 1898.

Pitscheln, D. Fr. Lebegott: Darius, ein Trauerspiel, in: Die deutsche Schaubühne zu Wien. 4 Teil. Wien 1762.

Plutarque: Les Vies des Hommes Illustres, Grecs et Romains. Translatees de Grec en François par M. Jaq. Amyot. Paris 1578. Bd. 2.

Retberg, Ralf von: Dentsches Schrifttum nach den Schriften geordnet. 1878. (Handschriftl. Exemplar auf der k. Staats-bibl. in München.)

Reynier, Gustave: Thomas Corneille. Sa vie et son théâtre. Paris 1892. 8".

Riemann: Opernhandbuch 1887.

Rowe, Nicholas: The Ambitious Step-mother, a Tragedy. London 1761. in: The English Theatre in 8 volumes (vol. II.) L. 1765.

Sachs, Hans: ed. Adalbert v. Keller. Bd. 2. Tübingen 1870. (Bibl. d. literar. Vereins in Stuttgart. CIII.)

Salvioli, Giov. e Carlo: Bibliografia universale del Teatro drammatico italiano. Venezia 1894—1901 (A—C). 4⁰.

Soleinne, M. de: ed. Jacob, P. L.: Bibliothèque dramatique de —. Paris 1843—45. 9 Teile in 5 Bänden. 8⁰

Speckner, Jos. Val. Edler von: Darius. Ein Trauerspiel. München 1775.

Suchier-Birch-Hirschfeld: Gesch. der franz. Literatur. Leipzig u. Wien 1900.

Tenner, Fritz: François le Metel de Boisrobert als Dramatiker und Nachahmer des spanischen Theaters. I. Die Tragikomödien. Diss. Leipzig 1907.

Tipaldo: Biographia degli Italiani illustri. Venezia 1834
1845. 10 Bde. 8⁰.

Vapereau. G.: Dictionnaire universel des littératures. Paris
1884 ².

Ward. A. W.: A History of English Dramatic Literature.
London 1899 ². 3 Bde. 8⁰.

Wiese. B. und Percopo, E.: Geschichte der italienischen
Litteratur. Leipzig u. Wien 1899. 8⁰.

Wotquenne. A.: Catalogue de la Bibliothèque du Conservatoire Royal de Musique de Bruxelles. Bruxelles 1898
—1902. 2 Bde. 8⁰. Dazu: Annexe I. Libretti d'Opéras
et d'Oratorios italiens du XVIIᵉ siècle. Bruxelles 1901. 4⁰.

Unerreichbar blieben mir u. a. mehrere italienische Librettos
aus dem 17. Jahrhundert, welche sich auch durch die Zentral-
stelle in Berlin bis jetzt nirgends nachweisen ließen.

# Einleitung.

Ein Blick auf die beigefügte Stammtafel der Achämeniden, d. h. der persischen Königsfamilie aus dem Geschlechte des Achämenes lehrt, daß sich die Namen Darius, Artaxerxes und Xerxes mehrmals wiederholen. Der letzte Darius, Darius III. Codomannus, ist der bedeutendste seines Namens. Ehrenvoll unterlag er dem gewaltigen Bezwinger seines Reiches, Alexander dem Großen. Verhältnismäßig oft wurde er der Gegenstand dramatischer Bearbeitung. Den Ruhm großer Beliebtheit bei den Dramatikern teilt er mit seinem berühmten Ahnen Cyrus (559—529). Keiner seiner Namensvettern spielte eine ähnliche welthistorische Rolle. Dennoch wurden auch sie als dramatische Objekte nicht verschmäht. Wir haben es bei den verglichenen Dramen nur einmal mit ihm, mit Darius III., zu tun (Corneille). Im übrigen beschäftigen wir uns zunächst mit Darius, dem Sohn des Artaxerxes II. Mnemon. Später tritt an dessen Stelle Darius, der Sohn des Xerxes I., oder vielmehr beide Darius werden — zuerst von Crébillon — zu einer neuen, halb historischen, halb poetischen Figur verschmolzen. Diese eigentümliche Wandlung betrifft aber auch die anderen Hauptpersonen, indem z. B. Artaxerxes II. und sein Sohn Ochus gewissermaßen eine poetische Metamorphose eingehen und nun als Xerxes I. und dessen Sohn Artaxerxes I. Longimanus auftreten. Ja, auf den ganzen Stoff greift die bezeichnete Umformung über, indem ein neues Thema mit den früheren Motiven sich mischt. Wir werden ausführlich darüber zu sprechen haben. Einstweilen möge diese Andeutung genügen.

Noch ein Wort über die Gesichtspunkte, die uns bei der Vergleichung leiten werden:

Um die Eigenart eines jeden Stückes hervortreten zu lassen, werden wir jeweils eine genaue Analyse des Inhalts bringen, wobei in erster Linie das Abhängigkeitsverhältnis betont und im Detail nachzuweisen versucht werden wird. Daran wird sich sodann eine zusammenfassende Besprechung der Quellenfrage schließen, sowie eine allseitige Kritik des Stückes nach Inhalt und Form und zwar möglichst aus den zeitlichen Geschmacksrichtungen und dem persönlichen Stil des Dichters heraus. Auf diese Weise gedenken wir am Schluß der Abhandlung den Boden bereitet zu haben für die Beantwortung der Frage, ob sich in den verglichenen Stücken ein bestimmtes Entwicklungsprinzip aufdecken lasse.

# Abschnitt I.

Die nun folgende Übersicht über die Darius-, Artaxerxes-
und Xerxesdramen ist zweckmäßig nach Ländern und innerhalb derselben nach den einzelnen Namen der Titelhelden
geordnet.

Trotzdem das eine oder andere Stück bis jetzt von uns
noch nicht eingesehen werden konnte, so dürfen wir doch mit
einiger Gewißheit annehmen, daß keines von ihnen in unmittelbarer Beziehung zu den vergleichenden Dramen steht.
Von manchen Opernkomponisten, die etwa Artaxerxes
oder Darius zum Vorwurf nahmen, dürfen wir ruhig absehen,
da ihre Texte nur in ganz seltenen Fällen von ihnen selbst
verfaßt sind. Sie lehnen sich fast ausnahmslos an andere
Dichtungen an, die sie — mit einigen Änderungen — in Musik
setzen.

Vorsichtshalber erwähnen wir aber hier zwei Opern, über
deren Texte wir noch keine Gewißheit erlangen konnten:
1. *Artaxerxes*, opéra en 3 actes, par Lesueur. Paris 1801 (vgl.
Riemann, Opernhandbuch 1887, p. 647; Cl.-Larousse, p. 58.
2. *Artaxerxes*, Deutsche Oper von H. Dorn. Berlin 1850
(vgl. l. c.).

## a) Germanische Länder.

### 1. In England wird

### Darius

im ganzen viermal als dramatischer Vorwurf benützt und zwar
zuerst im 16. Jahrhundert:

1*

1. "*A Pretie new Enterlude, both pithie and pleasaunt, of the story of kyng Daryus. Being taken out of the third and fourth Chapter of the thyrd Book of Esdras.*" London, printed in the year 1565 (Adams, *A Dict. of the Drama*, p. 377 gibt fälschlich 1505 als Druckjahr an)[1].

2. "*The Tragedy of Darius*" von dem Sir William Alexander, Earl of Sterling, ist wohl die früheste dramatische Bearbeitung des Kampfes zwischen Alexander dem Großen und Darius III., sowie dessen kläglichen Untergangs durch Bessus und Nabarzanes. Sie erschien zum erstenmal in Edinburgh im Jahre 1603 in-4. Das Drama ist des Verfassers erster Versuch auf dem Gebiet der Tragödie. Es ist ein Chor der Perser eingeführt[2].

3. Die *Biographia Dramatica*[3] verzeichnet eine Tragödie "*Darius*" von dem Rev. Dr. Stratford. Wir verzeichnen sie der Vollständigkeit halber, obwohl es l. c. heißt: "*This piece, we believe, was never acted nor printed.*" Ebenso Allibone II. 2283.

4. Der Held der Tragödie: "*Darius, King of Persia*" von J. Crowne ist wiederum Darius III.[4] Das Werk, das im Theatre Royal aufgeführt wurde, erschien in London im Jahre 1688 in-4. Crowne schöpfte aus verschiedenen Historikern: Athenaeus, Curtius, Justin und Plutarch. Es sei bemerkt, daß Darius zuletzt als *smiling ghost* erscheint. Die Vermählung Alexanders mit Statira, der Tochter des Darius, hat Crowne verwertet[5].

---

[1] Über den Inhalt, der sich hauptsächlich um eine religiöse Streitfrage dreht, vgl. Ward, *History* I. 112.

[2] Vgl. Alexander Sir William, *The poetical Works of* II; Baker, *Biogr.* II, 153; Adams, *A Dictionary*, p. 377.

[3] Baker, *Biogr. Dram.* II. 153.

[4] Vgl. *The Dramatic Works of John Crowne*, Edinburgh 1874. III; *Biogr. Dram.* II. 153; Ward III. 402; Adams, p. 377.

[5] Statira ist die Heldin des bekannten Dramas *The Rival Queens* von Nath. Lee (1677); eine Nachahmung dieses Stückes aus dem J. 1770 unter dem Titel "*Alexander the Great*" verzeichnet die *Biogr. Dram.* II. 14. Verfasser unbekannt.

## Xerxes.

Colley Cibber schrieb 1699 eine Tragödie 'Xerxes'. Sie wurde nur ein einziges Mal aufgeführt. Der Schauplatz liegt in Persien: der Stoff ist der persischen Geschichte entnommen, sagt Baker ohne nähere Angabe[1]. Das Stück hatte keinen Erfolg beim Publikum und ist auch nach der Auffassung Baker's minderwertig. Der Text des Stückes blieb mir unzugänglich. Vermutlich ist Xerxes I. der Held.

## Artaxerxes.

Artaxerxes II., dessen Persönlichkeit wir später näher treten werden, spielt eine Hauptrolle in "The Ambitious Step-Mother", einer Tragödie von Nicholas Rowe, die im Jahre 1700 in Lincoln's Inn Fields mit Beifall gespielt wurde. Eine erfolgreiche Intrigue der Stiefmutter Artemisia gegen den Kronprinzen Artaxerxes, den sie verdrängt um ihren eigenen Sohn auf den Thron zu bringen, ist der Hauptinhalt des Dramas. Es macht den Eindruck, daß die Handlung zu großem Teil frei erfunden ist[2].

## 2. Deutschland.

Sehr gering ist das Interesse, das deutsche Dichter an unserem Stoff nahmen.

Nur zwei Dariustragödien sind mir bekannt geworden; beide behandeln das Geschick des Darius III. Codomannus.

1. D. Friedr. Lebegott Pitschcln. *Darius*, ein Trauerspiel in 5 Aufzügen. Es wurde 1752 in Wien aufgeführt.

2. *Darius*, ein Trauerspiel vom Edlen v. Speckner. 1775. Es ist kurz (1 Akt), aber sehr wirkungsvoll. Versmaß: 5 füßige Jamben. (Quelle: C. Curtius, lib. 5.

Nicht unerwähnt bleibe unser biederer Hans Sachs, der nach Erzählungen des *Plutarchus* und *Justinus* zwei „His-

---

[1] Baker, *Biogr. Dram.* III. 425.
[2] Vgl. Ward III, 424; Adams, p. 49; sowie die Ausgabe des Stückes. London 1761.

torien" verfaßt und in ihnen dem König Artaxerxes II. und
Xerxes I. ein bescheidenes poetisches Denkmal errichtet hat,
nämlich:

1. *„Historia König Artaxerxis mit seym bruder Ciro und
sünen unglücklaffligen bösen stücken."* anno domini 1556 [1]).

2. *„Historia, wie König Xerxes auß Persia ist umb-bracht
worden und von Artaxerxo ist gerochen."* [2])

## b) Romanische Länder.

### 1. Spanien.

Zwei anonyme Xerxesdramen sind aus Spaniens Literatur
zu erwähnen. Leider gestatten die zu Gebote stehenden
Hilfsmittel vorerst noch keinen näheren Aufschluß über die
Art und den Inhalt derselben.

Das eine von ihnen wird im British Museum Catalogue
aufgeführt:

*"Tragedia de Xerxes, en cinco actos [und in verse] Barcelona
[1790?] 1⁰. 1312. e. 4 (55]."*

Das zweite findet sich in Hidalgo's *Boletin bibliografico*
1862. Bd. III und zwar nicht im eigentlichen Text, sondern
im *Boletin de Anuncios p. C.* Daselbst wird angekündigt:
*„Xerxes. Trajedia en cinco actos."*

Hoffentlich wird es später gelingen, diese dürftigen Angaben zu ergänzen.

### 2. Italien.

In Italien war die Vorliebe für Dramen aus der persischen Geschichte sehr groß. Allerdings ist es schwer, sich
einen klaren Überblick über sie zu verschaffen, da die Ori-
ginale, wenn überhaupt, nur sehr schwierig zu erlangen sind.
Soviel scheint aber sicher zu sein, daß ihr Inhalt nichts zu
tun hat mit den von uns behandelten Stücken.
Wir ordnen nach den Titeln Dario, Serse, Artaserse.

---

[1] Vgl. Hans Sachs, ed. v. Keller II, 124.
[2] l. c., p. 106; vgl. ferner **Fernbach**, *Theaterfreund*; **Retberg**,
*Deut. Schriftt.* unter Darius, Artaxerxes und Xerxes.

## I. Dario.

1. Nur bei Allacci, p. 230 fand sich folgendes angeblich von einem gewissen Dominici verfaßte Stück angegeben: „*Dario Coronato. Tragicomedia in Conciglione. per Domenico Dominici. 1611 in 12 dell' Ampillonitano Lettore, Pietro Cioffi.*" [1].

2. „*Dario in Babilonia*", ein „Dramma" von Francesco Beverini komponiert von Gio. Antonio Boretti erschien 1671 in-12 in Venedig. Nach Riemann kann nur Darius I. oder Darius III. der Held sein [2]. Dies gilt auch für:

3. „*L'Incoronazione di Dario*". „Dramma" von Adriano Morselli aus Venedig; erschien dortselbst 1684 in-12. Von diesem Werk existieren noch mehrere Ausgaben [3].

4. *La disfatta di Dario* [sc. III] Dramma, con orchestra in tre atti. Erschien 1756 in Neapel. Verfasser: Giovanni Paisiello. Komponist: Caffaro [4].

5. *Dario Istaspe*, dramma per musica von Niccolini. Der Katalog des Britischen Museums nennt eine italienische und englische Ausgabe. London 1725. 8°. In Turin wurde das Stück 1810 gespielt [5].

## II. Serse (Xerse).

1. *Xerse*, dramma per musica, von Nicolo Minato, erschien 1654 in Venedig; Komposition von Francesco Cavalli aus Venedig [6].

Das Werk erschien noch öfter, da es sich in Italien besonderer Beliebtheit erfreute. Letzteres wird uns von Clément-Larousse, p. 709 bestätigt. Im Jahre 1660 wurde das Drama am französischen Hof als Ballet aufgeführt unter dem Titel *Xerxis*.

---

[1] Bemühungen, über das Werk und den Verfasser Näheres zu erfahren, blieben erfolglos (vgl. S. 25).

[2] Vgl. Allacci, p. 230; Clément-Larousse, p. 194; Riemann, p. 94.

[3] Vgl. Allacci, p. 444.

[4] Vgl. Gaspari, *Catalogo* usw. III, 327; Riemann, p. 94.

[5] Vgl. Clément-Larousse, p. 194. Brit. Mus. Catal. unter Darius Hystaspes; Riemann, p. 94.

[6] Vgl. Wotquenne, *Annexe* I, 130.

Über „*Xerse*" und den Verfasser, dessen eigentlicher Name Silvio Stampiglia ist, gibt uns Wotquenne in seinem Catalogue de la Bibliothèque du Conservatoire Royal de Musique de Bruxelles (erschienen 1898—1902) einige Auskunft.

Wir erwähnen dies aus einem besonderen Grunde: Im Jahre 1738 wurde in London eine Oper Serse, die Händel komponierte, aufgeführt. Der Text ist italienisch. In der im Jahre 1884 von der deutschen Händel-Gesellschaft veranstalteten Ausgabe des Serse (Teil der Gesamtausgabe der Händel'schen Werke) ist über die Quelle des Händel'schen Textes und der Musik folgende unbestimmte Angabe zu lesen (Vorwort): „Eine um 40—50 Jahre ältere italienische Oper scheint dem Texte und zum Teil auch wohl der Musik nach benutzt worden zu sein."

Was den Text betrifft, so stammt er sicherlich von Niccolo Minato. Den Nachweis an dieser Stelle zu erbringen, würde zu weit führen. Wir hoffen dies bei späterer Gelegenheit zu tun und indirekt der Händelforschung dadurch einen Dienst zu erweisen, daß wir gleichzeitig eine Komposition zum „Serse" namhaft machen werden, die Händel vorgelegen hat.

Folgendes Stück dürfte mit dem *Xerse* des Minato identisch sein: „*Der mächtige Monarch der Perser, Xerxes in Abydos*", Oper von Jos. Phil. Förtsch. Text nach dem Italienischen von Postel. Hamburg 1689 [1]).

2. *L'Incoronazione di Serse*. Dramma von Adamo [sic!] Morselli aus Venedig; Musik von G. Felice Tosi, erschienen 1691 in-12 in Venedig [2]) (s. auch oben unter I₃).

3. „*Il ritorno di Serse*"; Oper in 2 Akten von Sebast. Nasolini; komponiert von Marcos Portugal, zuerst unter dem Titel „*Argenide*"; erste Aufführung 1794 in Petersburg. Der Katalog des Britischen Museums verzeichnet eine ital. und engl. Ausgabe vom Jahre 1807. Verfasser unbekannt [3]).

---

[1]) Riemann. p. 613; Clément-Larousse. p. 709.

[2]) Vgl. Allacci, p. 445 und Riemann, p. 613.

[3]) Vgl. Clément-Larousse, p. 626; Riemann, p. 613, 645, 860.

### III. Artaserse.

1. *Artaxerse overo L'Ormonda Costante*, dramma per musica di Aurelio Aureli: Venedig 1669. Musik von Carlo Grossi Aureli schrieb 26 Librettos [1].

2. *Artaserse*, Tragedia di Giulio Agosti. — Reggio 1700 in-8; 1709 in-12; außerdem zwei Ausgaben von Venedig 1714 in-8; 1734 in-12. Versmaß: versi sciolti [2].

3. *Artaserse*, eine Tragödie von Apostolo Zeno, dem Vorläufer Metastasio's, erschien zu Wien im Jahre 1705. Der Held ist Artaxerxes II.; mit dem Inhalt des Metastasio'schen *Artaserse* hat das Stück nichts gemein [3].

4. *Artaserse*, Dramma von Giuseppe Buini (auch Buina); komp. vom Verfasser. Erschien in Venedig 1731 in-12 [4].

5. *Artaserse*, Melodramma con orchestra in tre atti: verfaßt von L. Caruso im Jahre 1780.
Ob Text und Musik von Luigi Caruso stammen, läßt sich aus Gaspari's Katalog nicht ersehen [5].

### 3. Frankreich.

Auch in der französischen dramatischen Literatur haben wir einige Dramen zu nennen, die hierher gehören:

1. Darius III. behandeln folgende 3 Stücke:
   a) *La Mort de Darie*, Tragédie avec des Chœurs von Jacques de la Taille, gespielt 1562; gedruckt 1573 in-8 in Paris [6].

[1] Vgl Allacci, p. 104; Salvioli, *Bibl. Universale* unter Artaserse; Wotquenne, *Annexe* I, 28; p. 163.

[2] Vgl. Allacci, p. 104; Salvioli, l. c.

[3] Vgl. Delandine, p. 88f.; *Poesie Drammatiche di A. Zeno...* IX, Orleans 1786.

[4] Allacci, p. 104.

[5] Gaspari, *Catalogo della Bibl. del Licco Musicale di Bologna*: Bologna 1893, III, 295. — Auch Artaxerxes I. Longimanus wurde in Italien einige Male dichterisch im Musikdrama behandelt. Vgl. Clément-Larousse, p. 58; Riemann, p. 555 unter „Themistokles"; p. 647 unter „Nachträge". — Der „Temistocle" von Metastasio wurde bisweilen unter dem Titel: *Artaserse Longimano* komponiert.

[6] Vgl. Beauchamps, *Recherches* 1. 32; Mouhy, *Tabl. dram.*,

b) *Le Mort de Daire*, Tragédie avec des Chœurs: gespielt 1619 im Hôtel de Bourgogne; gedr. in Rouen 1626 im 5. Bd. der Werke von Hardy. — Neudruck von Stengel-Marburg 1883 (Bd. IV)[1]).

c) *Alexandre et Darius*, Tragédie. Paris 1723 in-12. pp. 60. Dieses Werk ließ uns ein ähnlicher Zufall entdecken, wie die oben erwähnte spanische Xerxestragödie. Es ist sonst nirgends erwähnt als in der Bibliothèque Françoise ou Histoire littéraire de la France. Amsterdem 1723 (t. III. première partie), wo auf S. 289 unter den Nouvelles littéraires ein Buchhändler das Drama ankündigt. Er sagt, der junge Autor habe — ein seltener Fall — das Stück drucken lassen, ohne es vorher einer Bühne anzubieten. Der Rezensent macht dem Verfasser Mut. Seinen Namen finden wir in Band 9, p. 308 des gleichen Buches, wo ihn ein Buchhändler angibt: Mr. Goisseau.

2. Eine Tragödie „*Artaxare*" wurde 1718 gespielt und 1734 in Paris gedruckt. Verfasser: La Serre. *Artaxare* ist identisch mit *Artaxerxe*. Die Bibliothèque Française schreibt sogar, allerdings irrtümlich, *Artaxerce*[2]).

# Abschnitt II.

## Darius-, Artaxerxes- und Xerxesdramen mit literarischem Abhängigkeitsverhältnis.

Wir kommen zu unserem eigentlichen Thema. Zwölf Stücke sind zu vergleichen. Es wurde nur ein einziges Mal

---

p. 65: Parfaict, *Hist. d. Th. Fr.*, année 1562: Mouhy, *Abrégé* I. 126; Brunet, *Manuel* 6, 997.

[1]) Vgl. Beauchamps, *Recherches* 2. 94; Mouhy, *Tabl. dram.*, l. c.; *Abrégé*, l. c.; Parfaict, *Hist. d. Th. fr.* a. 1619.

[2]) Vgl. *Bibl. franc.* IX. 323; Beauchamps, *Rech.* 2. 318; Mouhy, *Tabl. dram.*, p. 25; Parfaict, *Hist.* a. 1718; Vallière, *Bibl. d. Th. fr.* III. 156; Mouhy, *Abrégé* I. 45; *Annales dram.* 1. 365.

versucht, eine Liste von Dramen aufzustellen, die unseren
Stoff behandeln. Dies unternahm Dutrait in seiner *Étude
sur la vie et le théâtre de Crébillon. Bordeaux* 1895, p. 547 f.,
wo er im Anschluß an C.'s *Xerxès* aufzählt: «*Pièces anciennes
et modernes traitant les mêmes sujets ou portant les mêmes titres.*»
Sie ist aber insofern nicht genügend, als er Übersetzungen
und Nachahmungen anderer Autoren nicht auseinanderhält
und überdies ist sie nicht vollständig. Ein Vergleich unserer
und Dutrait's Liste wird dies ergeben.

## 1. Boisrobert.

Der Stoff, der zunächst von Boisrobert dramatisch verwertet' wird, ist eine dramatische Episode aus dem Leben des
Artaxerxes II. Mnemon, die Plutarch in dessen Biographie
erzählt. Wir setzen ihre Lektüre als bekannt voraus. Da
der Dichter die Übersetzung von Amyot benutzt hat, legen
wir diese beim Vergleich zugrunde.

*Le Couronnement de Darie Tragi-Comedie A Paris Chez
Toussaint Quinet, au Palais, en la gallerie des Merciers, sous la
montée de la Cour des Aydes. M.DC.XLII in-4. VIII u. 104 p.* [1]).
Privileg vom 23. Dezember 1641; fertig gedruckt am 31. Januar 1642 [2]).

Der Verfasser ist der bekannte **Abbé François le
Metel de Boisrobert** [3]). Er widmete das Stück dem

[1] Es gibt eine zweite Ausgabe unter dem Titel *le Couronnement
du roy Darius* vom Jahr 1647. Vgl. Soleinne, *Bibl. dram.* I, 241
u. Brunet, *Manuel* I, 1065.

Schon Beauchamps klagt 1735 in der preface zu seinen
*Recherches* über diesen Mißstand: *Les imprimeurs, quand une piece se
vendoit mal, en changeoient le titre, la date, et quelquefois ils se ser-
roient de privileges obtenus plusieurs années auparavant; ils faisoient plus,
ils imprimoient in-12 les pieces qu'ils acoient imprimées in-4 et les dates
ne se rencontrent presque jamais.*

In ähnlichem Sinne äußert sich Soleinne, l. c.: *Les rajeunisse-
ments de titres étaient imaginés pour tromper les acheteurs qui renaient
tous les jours visiter les étalages de livres dans les galeries du Palais.*

[2]) Fälschlich 1648: *Bibl. d. Th. fr.*; ebenso Mouhy, *Abrégé* II, 40.

[3]) Über das Leben B.'s vgl. Goujet, *Bibl. fr.* XVII, 68ff.; Labitte, Ch., *Rev. d. Paris.* p. 53 ff. [= *Études littér.*, wo der Aufsatz

Comte de Guiche, Marechal de France, Lieutenant general
pour le Roy au Gouvernement der Normandie [1].

Als das Drama geschrieben wurde — 1641 — stand der
Dichter bei seinem Gönner, dem Kardinal Richelieu, in Ungnade. In der Widmung, die ein Ausdruck der den Verfasser
deshalb beherrschenden gedrückten seelischen Stimmung ist,
erfahren wir, daß das Stück am Hofe günstige Aufnahme gefunden hatte, daß es *par la considération de ses fortunes diverses* gefiel und daß es zur Folge hatte «*des larmes des plus
beaux yeux de la Cour*. Nur Parfaict [2]) gibt den Ort der
Aufführung an: l'Hôtel de Bourgogne:

*«La Scene est dans la grande Salle du Palais du Roy.»*

Wir wenden uns nun zur vergleichenden Analyse [3])
des Stückes und werden zu zeigen haben, wieweit und in
welcher Weise Boisrobert's Drama mit Plutarch's Monographie
in Beziehung steht.

## I. Akt.

Wegen der bevorstehenden Krönungsfeier — Darie soll
zum Nachfolger des Königs Artaxerxes ernannt werden —
ist der Serail geöffnet worden. Die weinende Aspasie, *la belle
Grecque* [4], wird deshalb von der Königin Amestris zur Freude
aufgefordert. Könnten ja doch beide ihre Geliebten sehen!
Doch Aspasie kann nicht froh werden. Trübe ist ihr die
Gegenwart, glücklich war ihr Los dereinst. Sie gedenkt ihrer
Liebe zu Cyrus. Er habe allerdings im Kampfe gegen den

wieder abgedruckt ist]: *Nouv. Biogr. univ.* VI, 445 ff. (Cour. d. Dar.
nicht verzeichnet) *Gr. Encycl.* VII, 146; Breymann, *Die Calderon-
Lit.* etc. I. 117; bes. aber die Monographie von Tenner, p. 1—22.
Ausführliches Verzeichnis seiner Werke s. Beauchamps. *Rech.*
II, 133; Pellison II, 517 f.; Brunet I, 1065: vgl. auch Lucas, *Hist.
phil.* II. 216.

[1]) Vgl. Tenner, l. c., p. 90, Anm. 2.
[2]) Parfaict, *Dict. d. Th. de Paris* a. 1641.
[3]) Das *Résumé* des Stückes ist zu finden bei Parfaict, *Hist. d.
Th. fr.* VI, 162/3 und ausführlicher: *Bibl. d. th. fr.* III, 392 ff.; *Annales
dram.* III, 32 (== Reproduktion der Parfaict'schen Inhaltsangabe;
Tenner, l. c., p. 90 ff.).
[4]) Plut.: *elle estoit du païs d'Jone.*

vom König als Feldherrn bestimmten Darie sein Leben verloren, aber der junge Prinz (D.) sei in Liebe zu ihr entbrannt und habe sie ihre Trauer vergessen lassen. Nach seiner siegreichen Heimkehr sei sie ihm vom König als Siegespreis zugesprochen worden. Ihr neues Glück sei jedoch nicht von Dauer gewesen; auch der König habe sich in sie verliebt und dem Sohne sie wiederum weggenommen. So sei sie nun der Freiheit beraubt und lebe im Serail [1].

Auch Amestris klagt ihr Leid: Sie war dem Tiribase vermählt. Da fand der König selbst an ihr Gefallen und machte sie zu seiner Gemahlin [2]. Aspasie ist geängstigt um Darie: Sein Zorn könnte ihn zu einem gefährlichen Unternehmen verleiten. Amestris befürchtet viel eher von dem leidenschaftlichen Tiribase einen Gewaltstreich gegen Artaxerxes.

Aspasie ist entschlossen, der verhaßten Heirat mit dem König Widerstand zu leisten. Darie kommt. Er ist glücklich beim Anblick der Geliebten. Seine Liebesempfindungen liegen in heftigem Widerstreit mit dem Pflichtgefühl des Gehorsams. Aspasie kann sich trotz seiner Liebesversicherungen der Befürchtung nicht erwehren, Darie möchte, vom Glanz der Königskrone geblendet, ihr untreu werden. Um nun zu beweisen, wie wenig ihn Ehrgeiz beseelt, beauftragt Darie seinen Bruder und *bien-aimé* Arsame, dem König zu sagen, ohne die Hand der Aspasie verzichte er auf die Krone. Arsame will ihn von diesem Schritt zurückhalten: sonst würde nämlich der ehrgeizige Bruder Ariaspe den Thron besteigen. Darie wiederholt seine Bitte: schon ist Arsame im Begriff fortzugehen, da

---

[1] Nach den Darstellungen der alten Historiker kämpfte Artaxerxes den Kampf gegen Cyrus persönlich aus. Von einer kriegerischen Mission des Darie wissen wir nichts. Ebenso unhistorisch ist die Zuerkennung Aspasie's als Siegerlohn und ihre Wegnahme. Diese erfolgte bei anderer Gelegenheit, wie wir noch hören werden.

[2] Auch bei Plutarch heiratet Artaxerxes die dem Tiribaze versprochene Tochter Amestris, ja er ist sogar zweimal wortbrüchig, indem er auch seine jüngste Tochter Atossa, die er dem Höfling zum Ersatz versprochen hat — selbst zur Gemahlin nimmt. Boisrobert konnte und brauchte natürlich nicht so weit gehen, um den Zorn des Tiribaze zu motivieren.

ändert er plötzlich seine Meinung: Er wolle doch gekrönt
werden: der Himmel habe ihm ein Mittel gezeigt *de contenter
sa flamme*. Ohne seiner Geliebten Aufklärung zu geben, eilt
Darie davon, sehr zur Verwunderung Aspasie's und Amestris',
denen die unerwartete Sinnesänderung auffällt.

Auch den zweiten betrogenen Liebhaber lernen wir
kennen — Tiribase. Als er die einstige Gemahlin erblickt,
faßt ihn der Zorn über den König. Amestris gibt ihm zu
verstehen, daß ihr sein stürmisches Wesen nicht gefalle. Sein
Rivale sei der König und — ihr Gemahl. Auf Tiribase
macht dieser Vorhalt keinen beruhigenden Eindruck, ebensowenig der Hinweis auf das hohe Alter des Königs[1]) und die
Vertröstung auf die bald zu erwartende Witwenschaft.
Amestris' Worte erbittern ihn nur noch mehr. Sie verläßt
ihn daher, um seinen Zornesausbruch zu dämpfen.

Tiribase offenbart nun seinen längst gehegten Racheplan.
In der folgenden Nacht soll Artaxerxes getötet werden. Auch
Darie hofft er für die Verschwörung zu gewinnen.

Bei Plutarch hat die Beleidigung durch den König Artaxerxes dieselbe Wirkung auf Tiribase. Die Liebe und ver-
letzter Stolz machen ihn zum conspirateur: «*dont Tiribazus
fut si despit et si desplaisant, qu'il luy en venloit mal de mort.*»
Auch die Absicht des Tiribaze, den ebenfalls gekränkten
Darius in die Verschwörung hereinzuziehen, wird wenige Zeilen
später kund getan: «*Si fut adionsté du jeu au jeu quäd Tiribazus cömença à s'approcher de Darius*. Die Ausführung dieser
Absicht erfolgt in unserem Stück später.

---

[1]) Amestris:

*Considere: le Roy dans son âge avancé
Que la suitte des années a desja tout cassé.*

Den gleichen Ausdruck (*cassé*) gebraucht Plutarch am Schluß der
Biographie, wo er von der 62jährigen Regierungszeit des Königs spricht.
Damit stimmt, was Ariaspe an einer späteren Stelle des Stückes über
die Herrscherzeit des Königs sagt:

*Ils [sc. les peuples] sont peut-estre las depuis soixante années
De voir en mesme bras regir leurs destinées.*

## II. Akt.

Der König äußert seinem Sohne Ariaspe seine Befriedigung über Darie's Wandlung. Sein Zorn habe sich gelegt; zufrieden sei er zum Tempel gegangen. Er führt den Gesinnungswechsel auf die Macht des Ehrgeizes zurück. Ariaspe aber glaubt den Vater vor Darie warnen zu müssen. Nicht nur Liebesleidenschaft beseele ihn, auch Herrschsucht treibe ihn zu schändlichen Unternehmungen. Auf Artaxerxes' Einwand, Darie werde nach dem alten Gesetz nur dem Namen nach König, meint Ariaspe, dies würde dem Prinzen genügen, die Untertanen für sich zu gewinnen und die Völker aufzuhetzen, um sich wegen der geraubten Geliebten zu rächen. Der König nimmt Darie gegen diese Verleumdungen in Schutz und erklärt den Eifer des Ariaspe als Eifersucht [1]. Er läßt sich nicht ängstigen. Niemand habe noch ungestraft seine Macht verletzt. Wie Cyrus durch Darie's Arm gezüchtigt worden sei, so werde auch nötigenfalls Ariaspe gegen Darie sich wenden.

Dieser kommt nun, anscheinend voller Zufriedenheit, vom Tempel zurück, geschmückt mit den äußeren Zeichen der Königswürde.

Nach Plutarch ist für Artaxerxes gerade die Furcht brüderlicher Zwietracht der Anlaß, rechtzeitig Darie zum Nachfolger zu ernennen. *roulût de bonne heure oster à Ochus toute espérâce de luy succeder au rojaume, de peur que ceste attente m luy fist entreprendre ce que Cyrus anoit mis en sa teste, et que par ce moyen son rojaume ne vint à estre divisé et travaillé de guerres civiles et intestines.*

In Ariaspe's Vorwänden verwendet der Dichter diese Angaben Plutarch's, während folgende Gegenüberstellung abermals deutlich die Vorlage erkennen läßt:

---

[1] Die Rolle des *frère jaloux* ist offenbar beeinflußt durch Plutarch's Angabe, daß auch Ochus nach der Krone strebte. Als Mittel gebraucht er aber nicht, wie hier Ariaspe, die Verleumdung, sondern lediglich die Fürsprache der Atossa, der Gemahlin des Königs.

Boisrobert.

*Roy: Dieux qu'il paroist content de cette belle marque*
*Qui d'Asie auiourd'hui le designe Monarque* [1]).

Plutarch:

*.. il [Artax.] declara .. Darius ... Roy apres sa mort,*
*et luy donna priuilege de porter deslors la pointe de son chapeau*
*droite.*

Plutarch erzählt nun direkt anschließend: *Or est-ce la*
*costume au royaume de Perse, quàd aucun rien à estre ainsi*
*declaré successeur de la couronne, qu'il requiere vn don à celuy*
*qui le declare son successeur: ce que l'autre luy offroye, quelque*
*chose que ce soit qu'il luy demande, pourueu qu'elle soit possible.*

Dementsprechend folgt in der nächsten Szene (2) die Erfüllung dieser Zeremonie durch Artaxerxe. Er hält an den
jungen König eine Ansprache. nachdem dieser vom Tempel
zurückgekehrt ist:

*He bienheureux Darie entre tous les mortels*
*Ta gloire s'est fait voir deuant tous nos autels:*
*Mais ce n'est pas assez, car la ceremonie*
*De ton couronnement doit estre icy finie ...*
*Tu scais qu'il est écrit dans nos vieilles lois,*
*Qu'on a veu reuerer aux plus grands de nos Rois,*
*Qu'au iour qu'un Roy viuant pour successeur designe,*
*Celuy de ses suiets qu'il en croid le plus digne,*
*Ce Monarque nouueau peut en l'estat qu'il est.*
*Commander quelque chose, et telle qu'il luy plaist*

*. . . . . . . . . . . . . . . . . . . . .*

*Sans mesme que celuy qu'il va couronnant.*
*Ait droit d'y resister.*

Artaxerce verläßt nun den Thronsessel und bittet Darie,
er möge ihn besteigen und den Befehl erteilen. Dann sei
seine Macht zu Ende bis zu seinem (Artaxerce's) Todestage

---

[1]) Ähnlich I₂ Aspasie zu Darie:

*Et ie ne puis celer que vous royant heureux*
*Et prest d'auoir au front les marques souueraines.*

Während nun Plutarch knapp fortfährt: *Darius demanda
lors à son pere vne concubine, qui s'appelloit Aspasia*, läßt Boisrobert den Prinzen noch zögern. Erst als ihn der König, auf
die Unverletzlichkeit des Gesetzes pochend, selbst zur Erfüllung drängt, fordert Darie, und zwar mit vollem Nachdruck:

> *Qu'on tire du serrail l'adorable Aspasie*
> *Pour estre dans ce iour la femme de Darie.*

Erstaunt erwidert der König, er könne nicht über den
Willen anderer verfügen. Auf Aspasie will er keinen Druck
ausüben. Auf Darie's Wunsch wird nun Aspasie selbst befragt.
Aufs engste folgt auch hier die Dichtung der Vorlage:
*Quand son fils luy demanda celle là, il respondit qu'elle estoit
libre et franche, et que si elle vouloit, il estoit contant qu'il la
print: mais si elle ne vouloit aller de son bon gré anec luy, qu'il
ne vouloit point qu'il la forçast. Si fut Aspasia enuoyee querir,
et luy demanda, ou à qui elle aimoit mieux estre.*

Nach einigen liebenswürdigen Schmeicheleien für den
König erklärt sich Aspasie für Darie. Auf eine solche „Undankbarkeit" ist Artaxerce nicht gefaßt gewesen, läßt aber
dem Sohn dennoch die Geliebte, indem er schließlich re-
signiert spricht: *La loy vous le permet ie ne puis l'empescher.*

Auch in dieser Szene (2) hat Boisrobert die Spur Plutarch's
nicht verlassen:
*Elle respondit, à Darius, contre l'esperance du Roy Artoxerxes,
lequel par la necessité de la coustume et de la loy fut contraint
de la luy bailler.* Wie ist die Wirkung auf den König?
*... lequel en fut fort marry, car les Barbares entre autres choses
sont fort ialoux de leurs voluptez et plaisirs.*

Kaum sind die Liebenden weg, äußert Artaxerce seinen
Kummer über den „undankbaren" Sohn:

> *qui foulant tout respect denient mon homicide,*
> *Et qui m'oste la vie en m'ostant mes plaisirs.*

Er bereut, nicht Ariaspe gekrönt zu haben: dieser schürt
natürlich den Haß gegen Darie und bezichtigt ihn wiederum
unlauterer Pläne — vergeblich. Artaxerce zeigt (charakteristisch für die Auffassung Boisrobert's) Verständnis für die

Macht der Liebe und verzeiht seinem Sohne. Seine Rache richtet sich gegen Aspasie. Er entbietet Ariaspe ins königliche Kabinett zur Entgegennahme eines geheimen Befehls. Es ist dramatisch geschickt angelegt, den Zuschauer zunächst über die Art der Rache im unklaren zu lassen und so die Spannung zu erhöhen [1]).

### III. Akt.

Die folgenden Szenen sind im wesentlichen eine dramatische Bearbeitung der Plutarch'schen Stelle: .. *mais peu de temps apres il [sc. Art.] la huy osta, disant qu'il la vouloit rendre religieuse à Diane ... pour ... servir la deesse et vivre chastement tout le reste de sa vie.*

Zu Beginn des Aktes sehen wir Wachtsoldaten auf der Bühne. Ariaspe ist im Begriff, Aspasie mit Gewalt fortzuschleppen zu lassen. Aber Darie kommt im nämlichen Augenblick und gerade recht, um die Geliebte zu schützen. Zwar versichert Ariaspe, man werde Aspasie nicht in den Serail zurückbringen, doch wütend stürzt sich Darie mit gezücktem Degen auf ihn, in dem Glauben, dieser wolle ihm aus Neid die Geliebte rauben. Da wirft sich Aspasie zwischen die Streitenden, um sie zu trennen.

Wir sehen, wie Boisrobert seine Vorlage ergänzt. Selbstverständlich muß der Held als galanter Beschützer der Geliebten auftreten!

Der König überrascht die beiden Prinzen. Endlich erfährt Darie die Absicht des Vaters: Aspasie soll eine Hohepriesterin der Diana werden, angeblich, um ihren Groll von Persien abzuwenden. Aufs lebhafteste bemüht sich Darie, den Vater umzustimmen. Er erinnert ihn daran, welche Verdienste er sich um den Vater erworben und wie oft er in siegreichen Schlachten sein Leben für ihn eingesetzt habe. Weinend stürzt er auf die Kniee nieder und beschwört den König, ihm die Geliebte zu geben oder den — Tod. Seine begeisterte

---

[1]) Boisrobert verwendet das Mittel der Spannung in unserem Stück mit besonderem Geschick. Die Darstellung Tenner's (Boisrobert als Dramatiker usw.) läßt diesen dramatischen Kunstgriff nicht erkennen.

Schilderung der Schönheit Aspasie's[1]) ist für Artaxerce ein
Vorwand mehr, um sie, das vollkommenste Wesen, der keuschen
Göttin zu weihen. Auch Aspasie selbst sträubt sich aufs
heftigste. Nur ihrer Liebe will sie folgen oder dem — Tod.
(*La mort me rendra libre.*) Der König bleibt hart und befiehlt
ihr, Ariaspe zu folgen.

In seinem Schmerz bittet Darie den treuen Arsame, den
Vater nochmals um Mitleid anzuflehen. Gerne tut dies Ar-
same. Er geht sogleich und vertraut den armen Darie den
Beistand des Tiribase an.

Ihm wirft sich jener schmerzerfüllt an den Hals, klagt
ihm sein Weh und fragt ihn um Rat. Dieser Augenblick
dünkt Tiribase günstig, um seinen eigenen Plan mit weniger
Gefahr für seine Person zu fördern. Um den Groll des
Prinzen zu entflammen, macht er höhnische Bemerkungen
über Artaxerce's „Gerechtigkeit", „Achtung vor dem Gesetz"
und „Dankbarkeit".

Mit den gleichen Einflüsterungen nähert sich Tiribase
dem Prinzen bei Plutarch; als Darius *se sentoit outragé, moqué
et mesprisé par son pere en cela: quoy royal Tiribazus . . . se met
à l'aigrir et irriter encore d'auantage . . . il luy souffloit tous les
iours*[2]) *aux oreilles, q̃ rien ne luy seruoit de porter la pointe
de son chapeau droit . . .*

### Boisrobert.

*Vostre couronnement est fort considerable
Vous auez grand suiet d'en estre satisfait.*

### Plutarch.

«*. . . et qu'estant son pere ainsi radoté et variable comme il
estoit il ne falloit point qu'il s'assurast en aucune sorte de luy
succeder au royaume quelque declaration qu'il eust faite en sa
faueur.*»

### Boisrobert.

*Il vous garentit bien du tort que l'on vous fait*

. . . . . . . . . . . . . . .

---

[1]) Diese schöne Stelle zitiert die *Bibl. d. Th. franç.* II, 394.

[2]) Der Franzose zieht natürlich die Handlung zeitlich ganz enge
zusammen.

*Les solides faueurs que vous auez de luy,*
*La belle dignité qu'il vous donne aujourdhuy.*

## Plutarch.

*Car celui (disoit-il) qui pour vne femmelette Grecq a fait*
*fraude à la plus saincte et plus inuiolable loy qui soit en Perse,*
*il ne faut que tu penses qu'il tienne iamais ferme chose quelcõque*
*qu'il ait promise.*

### Boisrobert.

*Le grand amy des Dieux qu'est le Roy vostre pere*
*O qu'il respecte bien la plus sainte des lois.*
*Qui fut iusques icy venerable à nos Rois.*

Wie ist nun die Wirkung der Einflüsterungen des Tiribaze? Der historische Darius läßt sich schließlich zur Verschwörung verleiten. Anders in unserem Drama, in dem
Boisrobert zum ersten Male wesentlich von Plutarch abweicht.
Hören wir also den weiteren Verlauf!

Darie ist geneigt, Selbstmord zu begehen. Tiribase redet
dringender auf ihn ein und will ihn zum Vatermord treiben.
Über diese Zumutung ist Darie entsetzt. Tiribase sichert ihm
die Hilfe von dreißig[1]) Freunden zu. Der Prinz kämpft
mit sich. Vernunft und Tugend siegen. Mit Worten gedenkt
er den König zu bezwingen. Die Versuchung prallt an seinem
respect ab, ja er glaubt sogar. Tiribase habe ihn nur auf die
Probe stellen wollen.

Tiribase ist der Meinung. Darie werde ihn nun verraten
und entschließt sich daher, das Attentat möglichst schnell
auszuführen. Sein Bruder Praxes (unhistorische Figur!), der
die königlichen Gemächer bewacht, soll eingeweiht und den
Verschwörern — zur Erhöhung ihres Mutes — die Teilnahme
Darie's vorgespiegelt werden.

## IV. Akt.

Zu nächtlicher Stunde (2ʰ) will Praxes Tiribase und die
Verschwörer einlassen.

---

[1] Plutarch: y ayant ia grand nombre de coniurez de la partie.

Darie erhält von ihm (Plutarch) die Erlaubnis, Aspasie
nochmals zu sehen, angeblich um ihr Lebewohl zu sagen.
Der Prinz weiht nun die Geliebte in seinen Plan ein,
sie während der Nacht, unterstützt von 100 Freunden, zu
entführen. Er zieht einen Dolch, um sich zu töten, falls
sie sich sträube, mit ihm zu fliehen. Aspasie ist natürlich
trotz ängstlicher Bedenken bereit, zu fliehen oder zu     sterben.
Ein Geräusch aus dem Gemach des Königs verscheucht den
Liebhaber.

Diese ersten drei Szenen spielen vor und im Gemach der
Aspasie. Denn eine szenische Angabe sagt jetzt ausdrücklich
*dans la salle*. Übrigens ist dieser Aktanfang freie Erfindung
des Dichters, der erst im folgenden wiederum an Plutarch
sich anschließt. Dieser erzählt:

*.. l'un des Eunuques s'en aperceut qu'il l'alla descouurir au
Roy, et luy declara le moyen, comment ils [sc. Darius und Tiri-
bazus] auoient delibéré de le surprendre, estant bien certain qu'ils
auoient resolu entre eux de le tuer la nuict en son lict.*

Im Drama wird ein Eunuch des Tiribase zum Verräter[1].
Dem König gibt er über die Verschwörer Auskunft. Er
teilt außerdem mit, daß der Prinz ihr Anführer sei:

> *... ie riens d'entendre*
> *Certains discours confus, qui m'ont trop fait comprendre*
> *Que mon maistre ce soir brasse dans sa maison.*
> *Quelque dessin horrible et quelque trahison*
> *. . . . . . . . . . . . . . .*
> *I'ay veu qu'ils parloient tous et si confusement,*
> *Que ie n'ay receuilly que ces mots seulement.*
> *Il faut que cette nuit le throsne se renuerse.*

Wie verhält sich nun der König bei Plutarch?

*Artoxerxes ayant eu cet aduertissement, pensa qu'il ne falloit
pas du tout mettre à nonchaloir vne chose de si grande consequence
qui luy portoit danger de sa vie, et aussi que ce seroit trop le-*

---

[1] Der Verrat wird motiviert mit dem *respect*, den man den *Rois
sacrez* schulde:
> *Mais les Rois sont sacrez, leur gloire est immortelle*
> *On doit tout violer pour leur estre fidelle.*

*gerement fait d'adiouster si soudainement foy à l'Eunuque, sans auoir autre preune ou iudice.*

Auch unser Artaxerce ist für sein Leben sehr besorgt. Er sagt sogleich zu Ariaspe:

*Songeons, songeons mon fils à ce que ie doy faire*
*Pour preuenir le coup d'en enfant temeraire?*

Weniger leichtgläubig ist Amestris:

*Il est iuste qu'on reille à rostre seurté.*
*Seigneur, mais sans faiblesse et sans legereté,*
*Peut-on leur imputer en crime si damnable,*
*Sur la foy d'en témoin si peu considerable?*

Sie nimmt Tiribase und besonders Darie gegen den Verdacht des Hochverrats in Schutz. Immerhin: der König trifft Vorsichtsmaßregeln.

*Si aduisa de faire en ceste sorte,* sagt Plutarch. *Il commanda à l'Eunuque qui luy auoit donné l'aduertissement, qu'il se tint pres des coniuré: et qu'il les suiuist par tout pour sçauoir tout ce qu'ils feroient.*

Im Stück befiehlt der König dem Eunuchen:

*Bagas entre en ma chambre, et garde d'en sortir.*
*Que quelqu'en de ma part ne te rienne aduertir.*

Ariaspe aber wird beauftragt, die Verschwörer zu verhaften.

Die nächste Szene ist von Boisrobert wiederum frei erfunden.

Der König vermutet in Aspasie eine Mitwisserin der Verschwörung. Er läßt sie kommen und überhäuft sie sofort mit Vorwürfen. Aspasie, die glaubt, der König habe Kunde vom Entführungsplan, stutzt anfänglich. Dann aber merkt sie, daß von Mord die Rede ist. Sie verteidigt den Geliebten gegen die Anklage des Königs. Als sie Artaxerce um ein freimütiges Geständnis bittet, beschuldigt sie sich in ihrer Verzweiflung selbst, da sie fürchtet, der König suche nur nach einem Vorwand zur Vernichtung Darie's. Ariaspe meint, nun sei die Verschwörung erwiesen, der König ist aber scharf-

sichtig genug. Aspasie's Unschuld zu erkennen. In seiner
Vorsicht ersinnt er folgende List, um zu sehen, ob Darie an
der Verschwörung teilhat:

> *Voicy ce que ie croy qu'il est bon que ie face,*
> *I'ay dedans ma ruelle vn passage secret,*
> *Par où ie puis aller d'en certain cabinet,*
> *Dedans ma gallerie et me puis foire voye.*
> *Iusques hors du Palais sans que pas vn me voye,*
> *Tien là cent gardes prests et bien deliberez.*
> *Ie seray sur mon lict, et si les coniurez*
> *Entrent dedans ma chambre, auant que l'on m'outrage.*
> *I'auray du temps assez pour les voir au visage,*
> *Et pour sauter du lict au passage secret,*
> *Mes gardes qui seront dedans ce cabinet,*
> *Puniront les autheurs de cette barbarie.*

Hören wir, wie Plutarch schildert: *... et cependant il fit
percer la muraille de derriere son lict, où il fit faire en huys qui
se conuroit auec vne tapisserie.*

Eilen wir sogleich dem Drama voraus: *... et quand le
iour et l'heure furent venus que les coniurez auoient prins pour
leur assignation, ainsi que l'Eunuque le auoit de poinct en poinct
aduerty, Artoxerxes les attendit dessus son lict, et ne s'en leua
point qu'il n'eust veu au visage, et cognu certainement chacun de
ceux qui venoient de propos deliberé pour l'occire: puis quand il
les vit venir droit à luy les dagues nuës au poing, soudainement
il leua la tapisserie, et se retira en son arriere chambre, et serra
l'huys apres luy, criant à haute voix, Au meurtre.*

*Ainsi les coniurez ayans esté clairement veus et recognus par
luy sans auoir peu executer leur dessein, s'en fuyrent par où ils
estoient entrez, et dirent à Tiribazus qu'il aduisast de se sauuer,
pource qu'il auoit esté cognu, et eux s'escartans les vns çà, les
autres là, se sauuerent de vistesse: Mais Tiribazus fut prins sur
l'heure, apres auoir toutefois occis plusieurs des gardes du Roy, en
se defendant vaillamment: encores ne fut-il point saisy au corps
iusques à ce qu'il fut porté par terre d'en coup de iaueline qui luy
fut tiré de loing.* Darius wird ebenfalls gefangen, vor ein
Gericht gestellt, verurteilt und hingerichtet.

Die Ausführung des Anschlages bringt nun der

## V. Akt.

Die Verschworenen dringen unter Tiribase's Führung in das Gemach des Königs. *Je vous connoy!* ruft dieser, *«La chambre du Roy s'ouvre»*, sagt die Bühnenanweisung, *«et il paroist sur son lict gisant. El puis il disparoist par la porte secrette»*. Die Verschworenen fliehen, als der Anschlag mißlingt. Der König verfolgt sie, während Tiribase durch Amestris' Mitleid die Möglichkeit geboten wird, dem drohenden Schicksal, von den Soldaten niedergestochen zu werden, sich durch die Flucht zu entziehen.

In der Rettung des Königs erkennt sie die Hand der Götter. Ihre Liebe zu Tiribase reißt sie aus dem Herzen:

*Je renonce à ta flame, elle est trop criminelle.*

Der allgemeine Aufruhr hat auch Aspasie herbeigelockt. Unterdes kommt auch Darie mit seinen Anhängern, um die Geliebte zu entführen. Er glaubt sich verraten, da er sich von Soldaten umringt sieht. Tiribase ist mittlerweile doch gefangen genommen worden. Der König erscheint wieder. Als er den Prinzen unter den Verschwörern erblickt, versetzt er ihm einen Stich in die Brust. Erst jetzt erfährt Artaxerce den wahren Sachverhalt. Der über Tiribase erbitterte Darie will auf den Verschwörer losstürzen, um ihn niederzustechen, aber die Kraft verläßt ihn — er sinkt für tot nieder. Man trägt ihn hinweg.

Tiribase legt nun, von Gewissensbissen gepeinigt, ein Geständnis ab und erwartet reumütig Nachsicht von der Großmut des Königs. Dieser aber befiehlt, ihn, der ihn zum Mörder seines Sohnes gemacht hat, dem Henker auszuliefern und ihn zu Tode zu martern.

Er ist trostlos und will Selbstmord verüben. Die Reue des unglücklichen Vaters entwaffnet auch Aspasie's Groll; sie hält ihn von seinem Beginnen ab und verzeiht ihm, um selbst — dem Leben zu entsagen. In diesem Augenblick taucht der totgeglaubte Darie auf.

Er ist von Arsame benachrichtigt worden, daß Artaxerce sich
entleiben wolle und, da seine Wunde sich als ungefährlich erwiesen hat, zur Rettung des Vaters herbeigeeilt. Von dieser
kindlichen Liebe ist der König gerührt. Darie billigt sogar
die gegen ihn geübte Strenge. Noch tiefer gerührt gibt ihm
Artaxerce die Geliebte und das halbe Reich. Unter Glück-
wünschen für das Liebespaar beschließt er die Tragikomödie
mit den Worten:

> *Qu'apres la guerison de mon fils on ne voye*
> *Que festins dans ma Cour, que bals, que feux de ioye![1]*

## Quelle.

Daß der Kern unseres Stückes Plutarch entlehnt sein
muß, ergibt sich aus der obigen Analyse. Der Dichter benutzte zweifellos, nicht nur „wahrscheinlich", wie Tenner p. 94
meint, die Übersetzung Amyot's[2]. Dies geht aus den auf-
fälligen wörtlichen Übereinstimmungen hervor (vgl. z. B. p. 30
unten).

Mit den Darius-Dramen de la Taille's und Hardy's hat
unser Drama nichts zu tun[3].

Nun gibt es, wie wir oben (S. 7) gesehen haben, eine
italienische Tragikomödie mit dem Titel *Dario coronato* vom
Jahre 1611. Der Gedanke, daß Boisrobert dieses Drama kannte
und benutzte, liegt sehr nahe, wenn wir Lotheissen's Behauptung
zustimmen, daß Boisrobert „seine Stoffe nahm, wo er sie fand
und die Spanier, die Italiener, und das alte französische Theater
plünderte"[4]. Aber die bloße Existenz jenes obskuren Stückes

---

[1] Tenner sagt am Schluß seiner Inhaltsangabe (p. 93 : „Artaxerxes wird für seinen Edelmut durch die treue Liebe der Amestris
belohnt." Er muß dabei „zwischen den Zeilen" des Dichters gelesen
haben.

[2] Von vornherein ist die Wahrscheinlichkeit, daß B. auf das grie-
chische Original zurückging, nicht groß, denn «*B. n'étoit point Scavant*»
(Goujet XVII. 77) und «*l'érudition n'avait jamais été son fort*»
(Hippeau, p. 118).

[3] Vgl. Tenner, l. c. p. 93.

[4] *Gesch. d. fr. Lit.* I, 148.

ist eine zu schwache Stütze für die Annahme einer Beziehung zwischen Boisrobert und Domenici, zumal wir nicht wissen, ob der Italiener den gleichen Stoff behandelt hat.

Tenner (S. 94) zitiert für Aspasia als mutmaßliche Quelle Plutarch's *Vita Periclis*, cap. 24, wo es heißt, daß sie von Cyrus wegen ihrer Keuschheit zur rechtmäßigen Gemahlin erhoben wurde.

Diese Ansicht ist nicht haltbar. Die ausführlich erzählten Schicksale der Aspasia, wie sie in der ersten Szene des ersten Aktes wiedergegeben sind, stammen vielmehr aus Aelian's *varia historia* (s. Ausg. v. Hercher, p. 384). Zum Beweis diene folgende Gegenüberstellung:

| Aelian. | Boisrobert. |
|---|---|
| Aspazie wurde dem Cyrus zugeführt. Wegen ihrer Keuschheit empfand er bald die feurigste Liebe für sie. | Aspasie (I, 1): |
| | *Quand le raillant Cyrus alors qu'il se fit Roy* |
| | *De mille obiets qu'il vid n'aima iamais que* |
| | *moy . . .* |
| Diese wurde auch von Aspazie erwidert. Ihre Verbindung glich einer griechischen Ehe. | *Tandis qu'il ranquoit tout, flechit soubs ma* |
| | *vertu* |
| | *Qu'enfin il me fit Reyne à l'honneur de la* |
| | *Grece.* |
| „*Quando vero Cyrus in proelio contra fratrem* | *Quand apres ce combat qui finit leurs debas,* |
| *periit, et castra ejus* | *On m'apporta Cyrus mourant entre mes* |
| *fuerunt capta, illa etiam* | *bras* |
| *cum reliqua preda capta* | *Quand tout autour de moi ie voyois . . .* |
| *est, non fortuito tamen,* | *. . . la mort et l'esclavage* |
| *neque ut incideret in hos-* | *Quand . . .* |
| *tes, sed requisirit eam* | *Ie courus risque encor de perdre mon hon-* |
| *multa cum cura rex Arta-* | *neur . . .* |
| *xerxes: famam enim ejus* | Amestris: |
| *et virtutem norat.* | *Cette vertu qu'en vous Cyrus auoit cherie* |
| [*Asp.*] *lugebat . . . Cyrum* | *Eut le mesme pouuoir sur l'esprit de Darie* |
| *vehementer . . . statim-* | *Pour vous ce beau vainqueur dés le premier* |
| *que Artaxerxes ardebat* | *aspect* |
| *eam, et contabescebat, et* | *Eut les mesmes desirs et le mesme re-* |
| *primam feminarum duce-* | *spect.* |
| *bat, ac summopere colebat,* | Aspasie: |
| *per ea, quibus gratiam ab* | *. . . ces rains attrais . . .* |
| *illa inire studuit, con-* | *. . . de Darie on les a veus aimez.* |
| *fidens fore ut ei persua-* | *Je captire long-temps ce doux Roy de mon* |
| | *sort.* |
| | *Auant qu'il arouast son amoureux transport* |

<table>
<tr><td>

deret Cyri quidem obli-
risci, doceret autem se
nihil illo minus amare. Et
spei quidem potitus est,
sed sero ac tarde.

</td><td>

Il me traita de Reyne...
Voyant que pour Cyrus ie fondois toutes en
pleurs
Il cercha tous moyens d'alleger mes douleurs
Il permit à mon cœur d'honorer sa memoire
Chacun disoit...
Que i' estois l'obiet seul des ardeurs de son
ame
De ma perte à la fin ie perdis connois-
sance.
Ie l'aime ie l'auouë...

</td></tr>
</table>

Sie schildert dann, wie lange es gedauert habe, bis sie ihr Liebesgeständnis machte.

Plutarch's Angaben sind kürzer als die des Aelian. Von dem Liebesverhältnis des Artaxerxes und Darie berichtet er lediglich die nackte Tatsache. Nur Aelian bringt Einzelheiten. Daher kann Plutarch als Quelle nicht genügen.

Boisrobert folgt im wesentlichen, was Aspasia betrifft, der historischen Überlieferung. Einige Änderungen müssen jedoch festgestellt werden.

Cyrus war nie König; sein Versuch, es zu werden, scheiterte in der Schlacht bei Cunaxa. Daß er in den Armen Aspasia's gestorben sei, ist nirgends berichtet. — Boisrobert übertrug auf den Prinzen, was Aelian von Artaxerxes erzählt. Er idealisiert seinen Helden und die Geschichte, ein Verfahren, das poetisch sehr wohl berechtigt ist, wie wir überhaupt an der Art der Änderungen der historischen Wahrheit erkennen, welches Gewicht Boisrobert auf die Ausspinnung von Liebesgeschichten legt, wie sie die treibende Kraft im Stücke bilden.

Die Quellenfrage im engeren Sinne ist mit dem Nachweis des Ursprungs der Fabel des Stückes als gelöst zu betrachten.

In einem weiteren Sinne jedoch dehnt sich das Problem aus zu der schwierigeren, aber auch reizvolleren Frage: Warum hat der Dichter den gegebenen Rohstoff so und nicht anders bearbeitet? Warum formte sich — dies die entscheidendste Frage — der gewiß düstere und tragische Tatbestand zu einer Tragikomödie, anstatt zu einer Tragödie? Ein jedes Kunst-

werk ist ein Ausdruck des Schöpfers und der auf ihn und
durch ihn wirkenden Zeitrichtung.
Wir sehen an dieser Stelle davon ab, die einzelnen Merkmale der „Tragikomödie" an unserem Stück nachzuweisen. Es
genüge die Feststellung, daß es geradezu als Typus dieser
Gattung gelten darf. Reynier, von dem bei der Besprechung
des *Darius* von Th. Corneille noch die Rede sein wird, und
Tenner [1]) haben über die Eigentümlichkeiten der Tragikomödie
ausführlich gehandelt.
Bei beiden treten jedoch bei der Fülle der Einzelheiten
m. E. die großen historischen Gesichtspunkte zu wenig hervor.
Wir wollen daher versuchen, dem Verständnis des Stückes
dadurch näher zu kommen, daß wir in großen Zügen die in
ihm wahrnehmbaren persönlichen Momente und herrschenden
politisch-sozialen Zeitströmungen kennzeichnen.
Vor allem ist die **Persönlichkeit des Dichters**
in Betracht zu ziehen. Dem Wesen des leichtlebigen, frivolen
Abbé's, des „*bouffon*" eines Richelieu, lag das wahrhaft Tragische
fern [2]. „Das tragische Ende des Darius wäre einem Dichter
wie Racine als ein äußerst dankbarer Stoff erschienen" [3]).
Nehmen wir dazu den **der Tragikomödie zugewandten
Geschmack der aristokratischen Kreise**, ließ sich
etwas anderes erwarten, als die Schaffung einer Tragikomödie,
die mit den tragischen Eigenschaften nur spielt, ohne ihre erschütternden Folgen — Tod und Verderben — voll auswirken
zu lassen?
In dieser unorganischen, den einheitlichen ästhetischen
Gesamteindruck zerstörenden Mischung liegt m. E. der
**Grundfehler** der Tragikomödie [4]). Sie ist der innere

---

[1]) Tenner, l. c., p. 158 ff.
[2]) Vgl. Tenner, l. c., p. 158.
[3]) Tenner, l. c., p. 95.
[4]) Beachtenswert ist die Äußerung Nisard's (II, 98), der folgendes
mit unserer Auffassung übereinstimmendes Urteil abgibt: *Il (P. Corneille) a créé toutes les formes du poème dramatique ... On lui fait
honneur d'une troisième création,* fährt er mit leiser Ironie fort, *la tragicomédie, aujourd'hui appelée du nom spécieux de drame, afin de déguiser
le vice original du mélange des deux genres, qui en fera toujours
un genre douteux.*

Grund, warum wir heutzutage bei der Lektüre ähnlicher
Dramen aus jener Zeit (Mairet, Rotrou, du Ryer, Scudéry,
Th. Corneille u. a.) nur ein Lächeln übrig haben, anstatt vor
Rührung zu weinen wie die *beaux yeux de la cour*.

In diesem Sinne konnte Labitte [1] von dem *Couronnement
de Darie* sagen, er sei eine *ridicule histoire de la rivalité d'un
père et d'un fils, le tout entremêlé de coups de poignards, d'inter-
minables tirades* [2] *et de confidences déclamatoires* und fragt weiter:
... *comment toutes ces tragi-comédies, sans gaité, sans verve ...
suffisaient-elles à exciter l'admiration du cardinal?* [sc. de Ri-
chelieu].

Labitte wollte damit offenbar ein rein ästhetisches Urteil
vom Standpunkt modernen Empfindens aus fällen, aber
nicht, wie Tenner p. 93 meint, zum Ausdruck bringen, daß
der Stoff erfunden sei [3].

Nach dieser kurzen Abschweifung kommen wir zu einem
zweiten Punkt, dessen Aufhellung das Eindringen in den Geist
des Stückes erleichtert.

Der *Couronnement de Darie* ist ein getreues Spiegelbild
des Absolutismus, der unter Richelieu's zielbewußtem
Regime in Frankreich sich mehr und mehr entfaltete.

Er erklärt auch den Umstand, daß Boisrobert einige von
Plutarch vorgezeichnete Charaktere fast unverändert herüber-
nehmen konnte: denn zwischen dem typischen orientalischen

---

[1] *Revue de Paris*, 1839.

[2] Folgende Zusammenstellung der Versanzahl einzelner *tirades* gibt
Labitte in diesem Punkte recht: Akt I. 40, 72; II. 58; III. 66, 40; V. 36.

[3] Bei dieser Gelegenheit wollen wir einen Blick auf andere zeitlich verschiedene Beurteilungen des Stückes werfen: die Brüder Parfaict und Moréri, *Grand. Dict.* (1740) äußern sich überhaupt nicht
kritisch. — Mouhy, *Tabl. dram.*, p. 65 — wo irrtümlich das Stück als
*tragédie* figuriert — und Mouhy (1780), *Abrégé* I, 126, sagt lakonisch:
*foible, sans art; et bien ennuyeuse.* — Weit gerechter La Vallière's
*Bibl. d. th. fr.* (1768) II, 392: *Cette pièce est bien conduite et bien versifiée.*
Zwei Stellen werden zitiert: I, 1 (p. 2) und III. 3 (p. 50): Soleinne
(1843) I, 241, allgemein: ... *ses tragédies ne manquent pas de beaux
vers et d'idées dramatiques*; Livet, *Précieux* (1859), p. 361 nennt den *Cour.
d. Dar.* *une des meilleures pièces* von B., was nicht zu viel gesagt ist (vgl.
Tenner, l. c., p. 96 f.). Endlich: Lucas (1862) I, 51 mit ungerechter
Übertreibung: *Les pièces de B. sont totalement dépourvues de mérite.*

Despotismus und dem absolutistischen Ideal Richelieu's herrscht eine gewisse innere Verwandtschaft. Artaxerce ist der Vertreter der unumschränkten Monarchie. Er ist ganz durchdrungen vom Bewußtsein seiner Gottähnlichkeit (II. 3):

*Que qui se prend aux Rois il attaque les Dieux.*

Starke menschliche Fehler — wie Grausamkeit. Ungerechtigkeit, Eifersucht und Lüsternheit — mischen sich mit gleich großen Vorzügen. Den Einflüsterungen des Ariaspe bleibt er unzugänglich; eine ungewöhnliche Gefühlsweichheit. Reue, Kindesliebe und Großherzigkeit treten bei ihm hervor, nachdem er seinen Irrtum eingesehen und seine Verblendung abgestreift hat. Kurzum: „Sein Charakter besteht aus einer wunderbaren Mischung von Brutalität und Edelmut" [1].

Das Publikum, das der Aufführung unseres Stückes beiwohnte, schätzte den Gehorsam als des Untertanen heiligste Pflicht. Ihn gebrochen zu haben, ist das schwere Verbrechen des Verschwörers Tiribase. Deshalb wird er hart gestraft, trotz seiner Reue und trotzdem er zum Hochverräter nicht aus Ehrgeiz, sondern aus Liebe wird. Dieser Grundzug seines Wesens macht ihn zum Abbild des Plutarch'schen Tiribazos. Er ist von Natur nicht schlecht. Man halte die von den beiden Autoren gegebene Charakteristik gegenüber:

| Plutarch: . . . *non qu'il fust de nature homme trahistre ne seditieux, mais bien estourdy et leger . . .»* | Boisrobert III. 5, Darie zu Tiribase: «*Mais c'est pour m'esprouuer que vous l'auez fait naistre Je vous accuserois si ie vous croirois traistre, Mais ie connoy vostre ame et vostre esprit leger.»* [2] |
|---|---|

---

[1] Tenner, l. c., p. 96.

[2] Tenner wundert sich mit Recht über die „Gutgläubigkeit" und „Einfalt", mit der Darius meint, Tiribase wolle ihn nur auf die Probe stellen. Die Motivierung hierfür bleibt Boisrobert schuldig. Aber ein Blick auf die aus Plutarch angezogene Stelle erklärt den psychologischen Zusammenhang. Die Treue des historischen Tiribase galt beim Hof des Königs als unerschütterlich. Daran dachte wohl B. und er läßt deshalb in seinem Helden Darie einen Zweifel an T.'s gute Absicht gar nicht aufkommen. Seine „Einfalt" erscheint uns nun weniger kraß.

Zur Ergänzung sei auf das Charakterbild hingewiesen, das Amestris von ihm (T.) entwirft (IV. 4).

Der Held des Dramas ist das Gegenbeispiel des verräterischen Höflings. Er ist ein ideales Musterbild der Treue. Uns erscheint sein Schicksal — die Verwundung durch den König — hart. Darie selbst denkt, wie wir oben sahen, anders darüber. Sein waghalsiges Unternehmen mußte gesühnt werden.

Die Möglichkeit der Kontrastwirkung mochte bei B. zur Änderung der Gestalt des Darius mitgewirkt haben in dem Sinne, daß dieser trotz der Versuchung durch Tiribase in seiner Treue verharrt. Der Plutarch'sche Darie ist übrigens a u c h im Grunde gutmütig.

Der dritte Faktor, den wir zur Würdigung des Dramas hereinziehen müssen, ist die damals herrschende L i e b e s - u n d G e s e l l s c h a f t s m o r a l. Es wurde bereits erwähnt, daß die Liebe das Hauptmotiv im Stücke ist. Wir erkennen verschiedene Arten:

Der 60jährige König, *ce trone gluet*, wie Aspasie sagt, liebt wie ein französischer König seine Maitresse liebt; sie ist weniger ein Herzensbedürfnis, als ein Spielzeug seiner Wollust, ein *plaisir*, dessen Verlust er wie ein Kind beweint, den er aber schließlich doch ohne große Mühe überwindet.

Darius und Aspasie vertreten die Liebe in ihrer reinsten und edelsten Gestalt[1]. Sie lieben sich aufrichtig, doch hat die Art, wie sie dieselbe äußern, etwas zeremoniell-höfisches und süßlich-erkünsteltes. Nur bisweilen vernehmen wir den warmen, natürlichen Ton der Liebe. Wie lange dauert es, bis die Angebetete wagt, der aufkeimenden Neigung Nahrung zu geben oder gar sie zu gestehen! Der Geliebte ist weniger

---

[1] Tenner's Auffassung (p. 96): „Wie die Romanheldinnen redet Aspasie viel von ihrer Ehre; den Darie liebt sie anscheinend nur darum, weil er sie zur rechtmäßigen Gattin erheben will" halten wir für schief. Gerade sie ist psychologisch am wahrsten erfaßt und dargestellt. Sie macht einen ebenso sympathischen Eindruck wie ihr Vorbild bei Aelian. Sie liebt den Helden vornehmlich wegen seines Zartgefühls und seiner Großmut:

*Ie l'aime ie l'avoue estant si genereux.*

5lessrelessrawlessraw

schüchtern. aber auch ihn zwängt der herrschende Liebes-
kodex — man denkt unwillkürlich an den heroisch-galanten
Roman — in gewisse Verhaltungsmaßregeln. deren Außer-
achtlassung ihm die Geliebte entfremden würde.

Tiribase. auch hierin Daries Gegenstück, verletzt die
(ungeschriebenen) Regeln. Seine Liebe ist zu wenig reserviert,
sie wird sogar *criminel* und darum erkaltet das Herz der
Amestris. die als Gemahlin des Königs die ihr gezogenen
Schranken nicht überschreitet.

Auch die **Liebessprache** atmet den Geist einer Zeit.
in der die Preziösen des Hôtel de Rambouillet die herrschenden Auffassungen in die entsprechende sprachliche Form
gossen. Nur einige Beispiele zur Erläuterung der manierierten
Art. mit der man von den Reizen der Geliebten spricht: *cher
abregé des merueilles des Cieux; ma plus belle moitié;*

Darie JV. 2:
... *ces beaux yeux.*
*Sous la clarté desquels le iour m'est odieux.*

Artaxerce IV. 5:
*Deux larmes de ces yeux où tant de grace abonde.*
*Suffiroient pour lauer tous les crimes du monde.*

Von diesem konventionellen Merkmal abgesehen. ist der
**Vers** und die **Diktion** des Stückes sehr rühmenswert. was
auch von den Literarhistorikern allgemein zugestanden wird [1].

Wir haben endlich auf einen **vierten Punkt** hinzu-
weisen: „Unser Stück fließt zum Teil aus einer damals stark
hervortretenden literarischen Strömung. Wir meinen den
Einschlag jener Motive. die vom **spanischen Theater.**
insbesondere aus der sogenannten Degen- und Mantelkomödie
auf die französische Bühne übergegangen sind. Dieser Gesichtspunkt erklärt fast alle jene Teile des Dramas. die sich auf
die direkt vorliegenden Quellen nicht zurückführen lassen und
wie Erfindungen des Dichters aussehen. Und doch lagen
Motive. wie das der Entführung. „das ritterliche Ehrgefühl

---

[1] Vgl. Labitte. l. c., p. 59; *Bibl. d. th. fr.* II, 392; Livet. l. c.,
p. 361: Tenner. l. c. p. 96 ff.

und die feurige Galanterie" des Geliebten, die Vorliebe für
das Intriguenspiel, für Überfälle und Zweikämpfe (Darie und
Ariaspe), die Wiedererwachung des totgeglaubten Helden u. a.
gewissermaßen in der Luft und wurden nicht nur von Boisrobert, sondern auch von seinen geistesverwandten Dichter-
kollegen ganz typisch verwendet [1].

Das persönliche Verdienst des Dichters besteht in der
geschickten Verwertung dieser Lieblingsmotive, von denen,
wie wir sehen werden, manche auf spätere Bearbeiter des
nämlichen Stoffes vorbildlich gewirkt haben.

Ein Rückblick auf die Einzelteile unseres Stückes läßt
in ihm eine Kristallisation antiker und moderner
Elemente erkennen.

Antik ist die Fabel nebst ihren mythischen Zutaten (besonders des Götterkults: Diana, Mars, Venus, usw. III, 3).

Der Geist ist teils antik-modern (Absolutismus) teils rein
modern (Liebesempfindungen, Stil, höfische Sitten: spanische
Motive). Diese — übrigens unharmonische — Mischung
antiker und moderner Elemente ist eine merkwürdige Be-
stätigung des Labitte'schen Wortes:

«*Il ne faut chercher nulle part, dans l'art dramatique du règne
de Louis XIII, l'observation exacte des temps et des lieux . . .*» [2]

Erwähnt sei noch, daß die Einheiten gewahrt sind.

Daß der absolute Wert des *Couronnement de Darie*
gering ist, werden unsere Darlegungen gezeigt haben, nicht zu
unterschätzen ist der relative, historische Wert des Stückes.
Es ist in seiner Art und für seine Zeit gut gelungen und
regte zur Behandlung durch andere Dichter an [3].

---

[1] Vgl. Suchier, p. 423.

[2] *La Littérature sous R.*, p. 53.

[3] Auch ins Ausland drang das Drama. Es wurde ins Holländische
übertragen und existiert in 2 Ausgaben (1651 u. 1666), vgl. Tenner, p. 97.
*DE / KROONING VAN / DARIVS TREVRSPEL / Gerymt door /
PIETER DVBBELS INVIAVIRTVTI NVLLA EST VIA / Gespeelt
op d'Amsterdamsche Schouwburg / den 14. Augusto, in't jaar 1651 / t'Amsterdam / By Loderijk Spillebout, Boeckverkoper in de Kalverstraat
1651, in-4.

Aus diesem Grunde vor allem mußten wir seiner Besprechung einen ziemlich großen Raum zugestehen. Wir glaubten auch durch Vorwegnahme verschiedener Einzelheiten das leichtere Verständnis der folgenden Analysen anzubahnen, die wir möglichst kurz gestalten werden.

## 2. Magnon.

*Jean Magnon: Artaxerxe.*

*Artaxerxe Tragédie, Representee par l'Illustre Theatre*

*A Paris Chez Cardin Besogne, au Palais au haut de la montée de la sainte Chapelle, au Roses vermeilles M.DC.XLV* priv. vom 11. Juli 1645; achev. d. impr. am 20. Juli 1645 [1]). Das Stück ist gewidmet dem Monseigneur de Chaudenier, Conseiller du Roy, En ses conseils d'estat et Privé, Seigneur Temporel et Spirituel de Tournus, et Abbé du petit Cisteau, dem sich Magnon, wie Parfaict [2]) angibt, zu Dank verpflichtet fühlte. Der Dichter bezeichnet es selbst als sein Erstlingswerk. Seine große Seltenheit, die Soleinne [3]) hervorhebt, mag darauf zurückzuführen sein.

Soleinne, der für obskure und vergessene Autoren gerne eine Lanze einzulegen scheint — er tat es z. B. für Boisrobert — schreibt bezüglich Magnon [4]):

*Magnon est encore un de ces auteurs éclipsés dans les rayons de la gloire de Corneille: il a écrit de belles scènes, il a trouvé de beaux vers et pourtant son nom est à peine connu [5]).*

[1]) Mouhy. Abrégé II, 211 fälschlich 1647.
[2]) Hist. d. Th. fr. VI, 376, a.
[3]) Bibl. dram., p. 271: «Art la plus rare de ce recueil.»
[4] Bibl. dram., p. 271: vgl. I, 241.
[5] Die Grande Encycl. und Suchier bringen nicht einmal seinen Namen.

In der Tat sind wir nur spärlich über sein Leben und Wirken unterrichtet[1]. Er stammte aus Tournus, einem Städtchen bei Mâcon: sein Geburtsjahr fanden wir nirgends angegeben; er studierte bei den Jesuiten in Lyon, war dortselbst kurze Zeit Advokat und ließ sich dann in Paris nieder, wo er sich durch einige Theaterstücke bekannt machte[2]. Später wurde er des Theaters überdrüssig und zog sich von ihm zurück, um seine Arbeit „dem Ruhme Gottes" zu weihen. — Im Jahre 1662 starb er durch Mörderhand.

Von besonderem literarischem Interesse ist Magnon's Freundschaft mit Molière. — Die Brüder Parfaiet[3], gestützt auf eine *Mémoire sur la Vie et les Ouvrages de Molière, impr. à la tête de ses Œuvres, édition de 1734*, reproduzieren den dort enthaltenen Bericht über den Eintritt des jungen Poquelin in das Illustre Théâtre, welches bekanntlich 1645 von den Béjart geleitet wurde und zu dessen Hauptschauspielern er gehörte. Anfänglich spielte diese Gesellschaft zu ihrem Vergnügen und hatte auch Erfolg; später jedoch verlegte sie ihr Lokal, suchte durch ihre Kunst Geld zu verdienen, ihr neuer Plan glückte aber nicht. Für diese Truppe lieferte nun Magnon unseren *Artaxerxe*. Erst später wurde das Drama auf einem öffentlichen Theater gespielt.

Leider lassen sich über den theatralischen Erfolg des Stückes keine bestimmte Angaben machen. Es scheint beifällig aufgenommen worden zu sein, da es zur Gründungszeit der Truppe gespielt wurde, während der, wie wir hörten, das Unternehmen vom Glück begünstigt war. Auch die Tatsache spricht dafür, daß Magnon noch im Jahre 1660, obwohl er

---

[1] Über sein Leben vgl. Parfaiet, *Hist.* VI. 376 und die *Nouv. Biogr. gén.* (zum Teil aus P. geschöpft).

[2] Sieben Theaterstücke erschienen im Druck: *Artaxerxe* 1645; *Josaphat* 1647; *Séjanus* 1647; *Le mariage d'Oroondate et Statira ou la conclusion de Cassandre* 1649; *Le grand Tamerlan et Bajazet* 1648; *Jeanne de Naples* 1656; *Zénobie* 1660. Unvollendet blieb ein großes Gedicht: *La science universelle*, das 10 Bände mit je 20000 Versen umfassen sollte (s. Graesse IV, 338). Brunet III, 1299; Papillon. *Bibl. etc.* II, 6 gibt an, daß M. mehrere Tragödien im Manuskript hinterlassen habe.

[3] *Hist. d. th. fr.* VI. 371 ff.

schon 1654 der dramatischen Muse Lebewohl gesagt hatte.
für seinen Freund Molière ein zweites Trauerspiel (Zénobie,
*Reyne de Palmire*) lieferte, das von der im Jahre 1658 ge-
gründeten „troupe de Monsieur" aufgeführt wurde [1], aber
keinen Erfolg gehabt zu haben scheint [2].

Der nun folgenden Analyse des Stückes sei zum besseren
Verständnis eine k n a p p e I n h a l t s a n g a b e vorausgeschickt [3].

Darie und Ochus wollen beide Nachfolger ihres Vaters, des Königs
Artaxerxe, werden. Dieser entscheidet zugunsten Darie's. Ochus ist
einverstanden. Er gesteht dann seinem Bruder, daß er aus Liebe zu
Aspazie nach dem Thron gestrebt habe und wünscht, daß Darie sie bei
der Krönung für ihn erbitte. Darie liebt selbst die Aspazie, verschweigt
dies aber und fordert sie seinem Versprechen gemäß tatsächlich für
Ochus. Nun ist aber der König selbst in Aspazie verliebt und ver-
weigert sie für Ochus. Allein er muß sie nach dem Gesetz hergeben,
als sie Darie für sich selbst verlangt. Ochus verzichtet auf Aspazie.

Von Tiribaze beeinflußt fordert sie Artaxerxe später wieder zurück.
Tiribaze strebt nämlich nach der Krone aus Rache für die Verweigerung
der Amestris. Er will Vater und Söhne entzweien. Auch Ochus hetzt
er gegen Darie auf. Dem König redet er ein, Darie trachte ihm nach
dem Leben. In Wirklichkeit unternimmt Darie nichts gegen das Leben
des Königs, sondern will mit der Geliebten fliehen. Er wird verhaftet.
Über seinem Haupte schwebt die Todesstrafe. — Da stellt sich durch
Ochus seine Unschuld heraus. Tiribaze sieht seine Pläne scheitern. Er
begeht Selbstmord. Aspazie wird mit Darie vereint.

## Analyse.

### I. Akt.

Szene: in Pazargades im Gemach des Königs.

Artaxerxe ist des Thrones müde. Schon streiten sich
seine zwei Söhne um die Nachfolge. Das erinnert ihn an
seinen einstigen Bruderkrieg mit Cire, der seine Herrschaft

---

[1] Soleinne gibt ungenau 1659 als Gründungsjahr an, während
die Truppe schon am 3. November 1658 ihre öffentlichen Vorstellungen
begann (vgl. *Grands Ecriv.*, *Molière* I, XV.

[2] Vgl. Parfaict, l. c., VIII, 328 f.

[3] Vgl. das Resumé von Parfaict, l. c., VI, 371 ff. mit zwei
extraits I u. IV, 1); ferner: *Annales dram.* I, 365 (von Parfaict abgedruckt).

unruhig und unglücklich gestaltet habe. Seine Mutter Parisate habe nämlich ihren Lieblingssohn Cire auf den Königs-
thron bringen wollen. Cire.

*«qui soubs ceste couleur pretendit à l'Empire*
*Qu'il estoit fils de Roy, moy celuy n'en sujets».*

Schon dieser Anfang führt uns auf den Boden der
Plutarch'schen Lebensbeschreibung. Sie erzählt den Bruder-
kampf ausführlich, ebenso die Bestrebungen der Parisate.
Artaxerxe von der Nachfolge zu verdrängen: *«car elle disoit*
*auoir enfanté Arsicas [= Artaxerxe.] auant que Darius son mary*
*fust Roy, et Cyrus depuis qu'il estoit venu à la Couronne.»*

Von Aspazie hören wir weiter vom Rückzug des Cire
nach Lydien.

Auch Plutarch erwähnt dies: *«Artoxerxes le fit renuoyer*
*en son gouuernement».* Er war nämlich *gouuerneur de la Lydie*.

Auch Aspazie's Hinweis auf ihr Liebesverhältnis mit Cire
und auf dessen Tod in der mit Beihilfe der Griechen ge-
lieferten Schlacht stimmt mit Plutarch's Angaben[1].

Der König klagt über sein häusliches Unglück, nach dem
Aspazie ihr Leid berichtet hat:

*Ma mere par vengeance empoisonna ma fame.*
*Les manes de mon frere estoient trop irritez*
*Elle les satisfit par mille cruautez.*
*Cette forte amitié qu'elle eut tousiours pour Cire*
*La fit apres sa mort sortir de mon Empire,*
*Elle porta partout l'ardeur de se ranger,*
*Et ie luy ey choisir en sejour estranger.*
*Où sa mort me rangea de celle de mon frere,*
*Par qui ie fus rangé de celle de ma mere.*

Ganz ähnlich erzählt Plutarch von Cyrus' feindseliger
*«entreprinse, dont toute la maison du Roy fut fort troublee. On*
*reiettoit la plus grande partie de la culpe d'auoir suscité ceste guerre*
*sur la mere du Roy ... Parysatis, qui estoit femme aigre et vindi-*
*catiue, et qui gardoit fort son courroux, se prit à haïr Statira*

---

[1]) Magnon macht aus Aspazie eine *princesse de Lydie*, während sie,
wie oben erwähnt, eine Jonierin bürgerlichen Geblüts war.

|die Gemahlin des Artax!] *si cruellement, qu'elle chercha . . . par tous moyens de la faire mourir.*

Nach Deinon vergiftete sie ihre Feindin während des Kriegs, nach Ktesias' Lesart erst nach demselben. Der letzteren schließt sich Plutarch an und erzählt deshalb an späterer Stelle die Vergiftungsaffaire ausführlich. Parysatis' Strafe bestand darin, daß sie Artaxerxes *«confina en Babylone»*. Daß sie dort gestorben sei, ist freie Angabe des Dichters, der offenbar poetisches Gerechtigkeitsgefühl besitzt.

Amestris schiebt auf Tiribaze alle Schuld am Unglück. Auch der Zwist der Prinzen sei sein Werk. Er strebe nach der Krone. Ihre Hand sei sein Ziel, weshalb sie fortwährend von ihm belästigt werde. — Der König ist sich der Verwegenheit des Höflings wohl bewußt, bittet aber alle, ihn wegen seiner geleisteten großen Taten zu ertragen.

Tiribaze kommt und berichtet, der Streit der Prinzen beunruhige das Volk. Der König solle ihm ein Ende machen. Artaxerxe sichert sein Einschreiten zu. Tiribaze befürwortet die Wahl Darie's. Amestris ist für Ochus[1]; der König gegen ihn, denn:

> |Ochus| *est conseillé par quelques mescontens.*
> *Ce sont hommes de cour qui font valoir le temps,*
> *Des esprits aveugles dans leurs propres affaires.*

Der Hinweis auf die unzufriedene Partei des Ochus erinnert an folgende Stelle bei Plutarch: . . . *ce debat se demenoit mesme entre ses amis* |sc. d'Artax.] *et personnes de grande qualité . . . Ochus en avoit d'autres à la cour qui tenoient aussi son party.* Beim Throustreit des Cyrus erwähnt er die unzufriedenen Elemente am Hofe: *ceux qui désiroient les nouvelletés et qui ne pouvaient demeurer en paix.*

Tiribaze malt in den schwärzesten Farben das Unheil, das Persien aus einem Bruderkrieg erwachsen würde. Schon sieht der geängstigte König sein Land in den Händen fremder Eroberer und erinnert sich eines Orakelspruchs, das den

---

[1] Ein Grund hierfür ist nicht angegeben. Dachte der Dichter daran, daß bei Plutarch Atossa die Wahl des Ochus begünstigt?

Untergang verkündet habe. Er betet zu den Göttern um Abwendung des Unheils.

Magnon hält sich hier im Gegensatz zu Boisrobert — an Plutarch. Der König entschließt sich aus Furcht vor inneren Kriegen, seinen Sohn Darie zum Nachfolger zu wählen, während es bei Boisrobert nur geschah, um den beleidigten Sohn für die Wegnahme der Geliebten zu entschädigen. Die Söhne sind auf Befehl des Vaters herbeigekommen. Mißmutig macht ihnen Artaxerxe Vorhalt über ihren ehrgeizigen Streit. Beide verteidigen ihre Rechte. Darie stützt sich auf das ewige, göttliche Recht der Erstgeburt:

*J'aspire au mesme honneur qui vous est arrivé.*

Denselben Grund machen bei Pl. die Parteigänger des Darius geltend: «*Les plus raisonnables vouloiet, que comme luy par le droit d'aisnesse auoit succedé à son pere au royaume, aussi il le laissast apres sa mort à son fils aisné, qui auoit nom Darius*».

Ochus bekämpft das Erstgeburtsrecht als ein unheilvolles Gesetz, das schon monarchische Staaten zerrüttet habe, die Wahlfreiheit des Volkes beschränke und die Untertanen zur Erduldung tyrannischer Ausschreitungen zwinge. Trotzdem stellt er sich auf den Standpunkt, daß die Erstgeburt entscheide, denn:

*Les Dieux seuls sont sur nous dans le rang où nous sommes,*
*Et de nous seuls depend la fortune des hommes.*

Er beruft sich demzufolge auf den Umstand, daß er ein Sohn des Königs sei, ein Prinz von Geblüt (*un vrai Prince du sang*). Darie aber ein Sohn des Untertanen Artaxerxe. Diesen Einwand des jüngeren Bruders finden wir bei Cyrus! (s. o.)

Der König entscheidet natürlich für Darie:

*Tu succedes, mon fils, aux droits de nos Monarques*
*Et ie t'en veux donner les necessaires marques*[1].

---

[1] Der Ausdruck *marques necessaires* und *les marques de l'Empire* III, 5) scheint von Boisrobert herübergenommen zu sein.

Ochus verpfändet Ehre und Leben dafür, daß er sich diesem Entscheid fügen wolle. Glücklich über die Einigung kündet Artaxerxe die feierliche Krönung des Darie an. Es folgt eine Unterredung zwischen den beiden Prinzen. Wir hören zunächst von ihrer Antipathie gegen den gehaßten und gefürchteten Tiribaze. Ochus erbittet sich sodann von Darie eine Gunst. Gerne ist dieser zur Gewährung derselben bereit, ist aber unangenehm überrascht zu hören, daß Aspazie Ochus' Begehr ist. Dieser bekennt offen, daß er aus Liebe zu ihr, nicht aus Ehrgeiz den Streit um die Krone entfacht habe, auf die er um Aspazie willen gerne verzichte. Darie solle sie nun kraft des Gesetzes vom König für ihn fordern. Darie verspricht dies.

In einem Monolog äußert sich Darie über das verhängnisvolle Zusammentreffen: Auch er liebt Aspazie über alles. Eigennützige Interessen bekämpft er im Keim und entschließt sich, die Geliebte in edlem Wettstreit zu erringen:

> *Tous deux ambitieux, et tous deux amoureux,*
> *Par tout entreprenons en combat genereux.*

Der Knoten ist also geschürzt.

## II. Akt.

Artaxerxe sichert dem Darie endgültig die Nachfolge zu und beauftragt Tiribaze mit der Verbreitung des königlichen Entschlusses. Ochus wird

> *gouverneur des costes de l'Empire*
> *Gouvernement qui fut l'apanage de Cire.*

Ein Blick in Plutarch bestätigt uns, daß: *Cyrus gouverneur de la Lydie* (s. o.) *e lieutenant general du Roy en toutes les prouinces basses et maritimes de l'Asie* wurde — ein neues Beispiel, daß der Dichter seinen Personen willkürlich Dinge, Taten, Eigenschaften anderer zuschreibt.

Darie wird nun aufgefordert, eine Gunst zu erbitten. Artaxerxe sichert im voraus die Gewährung eidlich zu. Darie fordert die Aspazie für — Ochus. Kurzweg lehnt Artaxerxe dieses Verlangen ab. Nun erbittet Ochus selbst die Geliebte zum Lohn für seine Nachgiebigkeit im Thronstreit. Er habe Cire's Beispiel nicht nachgeahmt, sondern aus Liebe zu einer List gegriffen. Der König läßt sich nicht einschüchtern, auch nicht durch den moralischen Druck, den Oehns durch eine Andeutung der gefährlichen Macht der Liebe ausüben will. Darie darf nur für sich selbst etwas fordern. Auf wiederholtes Drängen — wie bei Boisrobert! — und nach nochmaliger eidlicher Beteuerung, den Wunsch zu erfüllen, bewegt Artaxerxe seinen Sohn Darie, Aspazie zu fordern. Der König ist empört[1]. Er bereut seinen unüberlegten Eid. Er bietet seinen Rivalen die Teilung der Herrschaft an. Darie geht auf seine Bitte, Aspazie zurückzugeben und ihn vom Schwur zu entbinden, nicht ein: nur Götter könnten Eide lösen. Artaxerxe will es durch eigene Kraft tun. Obwohl ihn Darie vor Verletzung der Eide, der Gesetze und vor Gotteslästerung warnt, läßt sich der König zu ketzerischen Äußerungen hinreißen. Aspazie ist unterdes auf Befehl des Königs herbeigeeilt. Sie wird, ohne zu wissen, um was es sich handelt, von Artaxerxe befragt, ob ein „blindes Versprechen" für ihn verbindlich sei. Aspazie bejaht die Frage und begründet ihre Ansicht. Artaxerxe entsagt ihr darauf.

Also auch Magnon überläßt, wie Plutarch und Boisrobert, die Entscheidung Aspazie. An letzteren erinnern die Worte des Königs:

[1] *Ha! cruels, vos desirs*
*En veulent sans respect iusques à mes plaisirs*

. . . . . . . . . . . . . . . . .

*Sçauant ordre qui fais la suitte de mes maux.*
*Que tu composes bien vne fascheuse vie.*
       . . . *voulez-vous m'arracher*
*Vous diray-ie la vie . . . ?*

dazu II, 2): *ô trop seuere loy!*

Diese nämlichen Gedanken finden sich schon bei Boisrobert
II, 3: *Voyez cet insolent que i'ay tenu si cher,*
     *Qui court aueuglement où l'amour le conuie.*
     *S'attaque à mes plaisirs, et se prend à ma vie,*
     *O loy dont i'ay senty le coup iniurieux,*
     *Dure et seuere loy . . .*

*Je n'abuseray point de ma toute-puissance*
*C'est de vous* [sc. Asp.] *que despend l'effet de mon arrest*
. . . . . . . . . . . . . .
*Mon pouvoir ne va pas iusques sur les espris.*

Bei Boisrobert sagt er: (II 2):

*Agir dessus les cœurs, forcer les libertez,*
*Je ne puis sans passer pour tyran de l'Asie.*

Aspazie gesteht ihre Liebe zu Darie, erzählt die Geschichte dieser Liebe, wie sich nämlich nach dem Tod des Cire der König und der Prinz gleichzeitig in sie verliebt hätten. Sie sei sich ihrer Dankesschuld gegen Artaxerxe, bei dem sie die Stellung einer Fürstin (Souveraine) einnehme [1], wohl bewußt, und darum hätten sie beide (Aspaasie u. Darie) die Geheimhaltung ihres Liebesverhältnisses bis zu einer günstigen Gelegenheit beschlossen. Der König gibt nun abermals nach. Ebenso Ochus.

Diesen unglücklichen Augenblick, in welchem der König selbst auf Liebesglück verzichten muß, wählt Tiribaze zur Werbung um Amestris. Er erfährt eine scharfe Abweisung bei Artaxerxe.

Magnon läßt also w ä h r e n d des Spiels den späteren Verschwörer vom König beleidigen, während bei Plutarch und Boisrobert der Anlaß zurückliegt. Dramatisch bedeutet die Änderung und Abweichung vom historischen Bericht einen Fortschritt, da unmittelbar nach der Kränkung der Zorn des Tiribaze glaubhafter und wirksamer zum Ausdruck kommen muß.

Über die Zurückweisung ist der allmächtige Minister natürlich sehr gereizt und beklagt sich — teilweise mit bitterer Ironie — bei Amestris über die unerwartete Behandlung. Amestris aber verfährt nicht besser mit ihm. Als er seine Verdienste hervorkehrt, hält sie ihm vor, daß die ihrigen ein

---

[1] Man beachte, daß hier der König Aspazie würdiger behandelt als bei Boisrobert, ferner, daß Magnon, mit größerer poetischer Geschicklichkeit als B., das Sichverlieben des Vaters und Sohnes in Aspazie zeitlich zusammenfallen läßt.

Opfer seiner Verschlagenheit geworden seien und raubt ihm
jede Hoffnung auf eine Vermählung mit ihr:

> *Tous vos grands coups d'Estat, l'exil de Parisate,*
> *La retraite du fils, la mort de Masabate,*
> *Et mille autres attentats qui vous sont odieux*
> *Estoient-ils des objects à divertir mes yeux?*

Hier wiederholt sich eine Beobachtung, die wir schon
oben zu machen Gelegenheit hatten: auf den bösen Tiribaze
werden Verbrechen gehäuft, an denen er (nach Plutarch)
ganz unschuldig ist, wie z. B. an der grausamen Tötung des
*Masabate, qui avoit coupé la teste et la main à Cyrus.* — Diesem
„Prinzip der freien Übertragung" — wie wir es kurz nennen
wollen, werden wir im Lauf unserer Untersuchung noch öfter
begegnen. —

In einem Monolog kommt der ohnmächtige Zorn des
Tiribaze zum Ausdruck. Er kündet Rache an.

So entspinnt sich eine neue Verwicklung.

### III. Akt.

Der König tritt mit Tiribaze auf. Dieser stachelt ihn
auf gegen Darie:

> *Seigneur, son action me semble bien hardie,*
> *Vous vous devriez ranger de cette perfidie,*
> *Et vous monstrer jaloux de vostre auctorité*
> *Ce mespris fera naistre une autre indignité*
> *Artaxerxe: J'excuse son amour . . .*

Ganz ähnlich sind die Gründe, mit denen bei B. Ariaspe
operierte (II 3):

> *Cet amour temeraire en veut à vos estas.*
> *Le traitre avec le titre vsurpe la puissance,*
> *Puisqu'il ose à vos yeux prendre tant de licence.*
> *Le Roy: Non, non, ie luy pardonne, il a tres iustement*
> *Suivy son genereux et noble sentiment.*

Artaxerxe, dem der Vorwand seiner Liebe zu Aspazie
zur Wegnahme nicht genügt, verlangt einen Scheinvorwand.

um aus einem Verbrechen eine Tugend zu machen. Tiribaze
redet ihm nun in sophistischer Weise ein, die Könige hätten
ein Recht. Gesetze nach ihrem Belieben auszulegen. Darie's
Liebe — so solle der König vorgeben — sei dem Staatswohl
gefährlich, denn Prinzen sei eine Vermählung mit Aus-
länderinnen verboten. Artaxerxe sträubt sich zunächst gegen
diese trügerischen Einflüsterungen. Tiribaze beruft sich auf
den Himmel, der seine lauteren Absichten kenne: Er halte
eben unter Umständen blutige Gewalt für das einzig nützliche
Staatsprinzip. Artaxerxe wird so vor die Alternative: Milde
oder Gewalt gestellt. Seine gutmütige Natur unterliegt. Liebe
wandelt sich in Haß: seinen Leidenschaften läßt er freies
Spiel. Tiribaze schürt sie noch mehr. Artaxerxe, obwohl
nochmals vor dem Entschluß, Gewalt anzuwenden, zaudernd,
betraut doch schließlich seinen Minister mit der Überbringung
des Befehls zur Rückgabe der Aspazie. Der verschlagene
Höfling aber veranlaßt den König, Ochus zu Darie zu senden.

In einem (zweiten) Monolog äußert Tiribaze seinen tiefen
Haß gegen den undankbaren [1]) König und Amestris. Er will
nochmals vor seinem eigenen Untergang seine ganze Macht
entfalten. Gegen das gesamte Königshaus und Persien richtet
sich seine Rache. Der Sohn soll zum Sturze des tyrannischen
Vaters mithelfen. Ja, sogar die Griechen will er ins Land rufen:

*Que ce fameux Colosse à mes yeux se renverse!*

Darie und Aspazie, die dazukommen, wiegt er in
Sicherheit.

Die beiden genießen ihr Liebesglück. Aspazie allerdings
ist nicht frei von unglücklichen Ahnungen. Sie schwören sich
gegenseitige Treue.

Ihr Glück erleidet alsbald eine empfindliche Störung.
Ochus kommt und überbringt, nicht ohne vorher in langer
Rede den Bruder schonend vorzubereiten, seinen Auftrag.
Der im folgenden sich entwickelnde Streit der Brüder, sowie

---

[1]) *Ton regne est asseuré, i'ay calmé la tempeste.*
*Diuerty les perils qui menaçoient ta teste.»*
In der Tat hat der historische Tiribaze dem König zweimal das
Leben gerettet!

die Beschwichtigung durch Aspazie ist im wesentlichen wie
bei Boisrobert [1].

Amestris klärt den erbitterten Darie darüber auf, daß
der König selbst die Aspazie zurückfordere. Sie bewegt ihn
dazu, gemeinsam bei Artaxerxe Fürbitte einzulegen.
Darie's innerer Kampf zwischen Rachewut und Kindes-
pflicht kommt in einem Monolog zum Ausdruck. Der Gedanke an Mord flößt ihm Entsetzen ein. Er fürchtet einen
Unschuldigen zu treffen. Darum entschließt er sich Aspazie
zu entführen [2]. —

[1] Man vergleiche folgende Stellen!

| Boisrobert (III. 2): | Magnon: |
|---|---|
| *Ariaspe:* ... *ie ne fay rien que* | *Ochus: Ie la dois emmener, mon* |
| *par ordre du Roy* | *ordre le commande* |
| . . . . . . . . . . | |
| *Darie:* ... *Donc où la menes-tu?* | *Darie: Secret ressentiment, qu'est-* |
| *Frere denaturé sous le rice abbatu,* | *ce que i'apprehends?* |
| *Ah ie roy bien que c'est. Tu me* | . . . . . . . . . . |
| *portes envie.* | *Le Roy te l'a donnée, et tu viens me* |
| *Ma gloire te deplaist, tu veux m'oster* | *l'oster* |
| *la vie.* | |
| *Et ce lâche moyen te semble le plus* | *Execute, perfide, rn ordre si fatal,* |
| *seur.* | *Des yeux dont ie te voy ie renoy* |
| ... *Traistre rends cette dame!* | *mon rival.* |
| | *Ochus: Madame, voudriez-vous ac-* |
| | *cepter ma conduite?* |
| | *Darie: Ha! traistre, à cet object* |
| | *ma colere s'irrite.* |
| | *Lasche, n'espreune point en dernier* |
| | *desespoir* |
| | . . . . . . . . . . |
| *Aspazie:* ... *Helas espargnez-vous,* | *Aspazie: Seigneurs, enissez-vous* |
| *Seigneurs, et dechargez sur moy* | *par la mort d'Aspazie* |
| *vostre courroux.* | *Eteignez dans mon sang le flambeau* |
| | *de l'Azie.* |

[2] Delaudine (p. 88) bemerkt zu Magnon's Drama: *Cest dans cette
piece que Darius, délibérant sur la mort de son père, débitoit ces deux
vers ridicules:*
»*Qui des deux, justes dieux, roulez-vous que je suive?
Il vivra ... non, qu'il meure ... Il mourra ... non, qu'il vive ...*«
Diese Worte scheinen demnach wegen ihrer Lächerlichkeit damals
unrühmlich bekannt gewesen zu sein.

Der Akt III. ist sehr stark von Boisrobert beeinflußt.
(Verdächtigung — Bruderzwist — Aspazie's Vermittlung —
Entführung.)

## IV. Akt.

Ochus ist über Darie so erbost, daß ihm seine selbstlos
geübte Tugend nun als Schwäche erscheint, die Darie aus-
nütze. Er will daher Aspazie und den Thron mit Hilfe der
Griechen gewinnen. Diese Absicht äußert er gegenüber
Tiribaze. Dieser rät ihm ein angeblich besseres Mittel an —
die Vernichtung des Königs. Davor scheut Ochus zurück.
«*La perte de Darie* — ?» forscht Tiribaze weiter, aber als er
sieht, daß Ochus' Liebe und Ehrgeiz dieser Gedanke zusagt,
erklärt er, der Mord sei zwar ein häufig gebrauchtes, aber für
den Urheber und Komplizen zu gefährliches Mittel. Er schlägt
ein leichter ausführbares vor: Ochus solle zwischen Artaxerxe
und Darie Mißtrauen säen. Beim geringsten Verdacht werde
der König seinen Sohn vernichten. Ochus geht auf den verführerischen Vorschlag ein, zumal ihm Tiribaze die Aspazie
als Preis in Aussicht stellt.

Der König fragt Ochus nach dem Erfolg seines Auftrags:
er fürchtet, in Darie's Zorn Widerstand gefunden zu haben.
Dessen Nachgiebigkeit versucht Ochus — genau wie Ariaspe
bei Boisrobert — als Heuchelei hinzustellen. Mißtrauisch erwidert Artaxerxe mit einem gewissen Scharfblick:

> *Tu conserves ton fiel, et tu juges de luy*
> *Comme on juge par soy du naturel d'autruy*
> *Toy, tu veux sa ruine, et luy celle d'un pere.*

Immerhin ist er geneigt, den „unglücklichen" Darie mit Milde
zu behandeln.

Aspazie wird nun von Amestris dem König zurückgebracht.
In der Aussprache zwischen beiden zeigt sich ihr Ahnenstolz
und die Mißgunst des Königs in hellem Licht. Artaxerxe,
der mit naiver Offenherzigkeit gesteht, er wolle sich wenigstens,
da er für sich nichts hoffen dürfe, durch Trennung der
Liebenden Erleichterung verschaffen, läßt ihr die Wahl
zwischen sich und Ochus. Aber er hat sich verrechnet. Denn

als Aspazie dem Ochus vorwirft, er sei ein treuloser, eigen-
nütziger Bruder, erwacht dessen gutes Gewissen wieder, und
er verzichtet auf Aspazie und auf die Krone:

> *Ouy, sur mon interest tu l'emportes honneur.*

Amestris ist über Ochus' Liebe und Freundschaft gerührt und
bittet den König um Nachgiebigkeit.

Nun tritt Darie auf und verlangt vom König die Geliebte
oder — den Tod. Der Vater bleibt verstockt, auch als ihn
die anderen mit Bitten bestürmen. Er läßt Darie eine kurze
Bedenkzeit und kündet ihm den Tod an.

Tiribaze, der allein mit dem unglücklichen Darie auf der
Bühne zurückbleibt, versucht nun auch ihm gegenüber seine
Überredungskunst. Darie solle am Vater blutige Rache
nehmen [1]. Dieser stößt aber den Verführer grimmig von
sich [2].

Die Erbitterung des Tiribaze ist infolgedessen aufs höchste
gestiegen. Seine Rachewut kennt keine Grenzen mehr. Mit
Ochus' Hilfe und in offener Gewalt will er den König und
Darie, schließlich auch seinen Komplizen Ochus ins Verderben
stürzen.

Diese Schlußszene entspricht auch der Schlußszene (IV, 6)
bei Boisrobert.

## V. Akt.

Darie macht sich bereits auf den Tod gefaßt. Von
Ochus' Absicht, eine zweite Unterredung beim König zu
wagen, verspricht er sich wenig Erfolg.

Auch bei Boisrobert eilt der Bruder (Arsame) zum Vater,
um dessen Mitleid zu wecken (III, 4).

---

[1] In Tiribaze's Worten schimmert die Plutarch'sche Darstellung
noch durch: Tiribaze bei Magnon:

> *Le temps est precieux, prenenez son ennie,*
> *Sa vie est vostre mort, sa mort est vostre vie.*

Plutarch: Tiribaze u. a.: ... *il estoit force qu'il fust Roy, ou
qu'il ne vescut point.* Hier wie dort spricht also Tiribaze von einer angeblichen Todesgefahr für D.

[2] Parfaict's Inhaltsangabe lautet fälschlich: *Darie au désespoir
se revolte par le conseil de ce traître.* vgl. VI, 371.

Da kommt schon Tissapherne, ein Offizier und fordert Darie den Degen ab.

Amestris tritt weinend ein. Darie erkennt daran, daß sein Tod beschlossen sei. Er nimmt Abschied von seinen Geschwistern und tröstet sie.

In großer Aufregung eilt der König herbei. Er ist empört, daß Darie ihn zu erwarten wage. Er ist nämlich der Meinung, dieser wolle ihn ermorden. Die Geschwister, die anscheinend von Darie's Schuld ebenfalls überzeugt sind, bitten für ihn um Gnade. Der aufs höchste geängstigte König aber ist entschlossen, äußerste Strenge walten zu lassen.

Darie's Schweigen deutet er als Bestürzung über den mißlungenen Anschlag. Gerade beginnt Darie sich zu verteidigen, da stürzt Aspazie herein und bekennt sich als die Schuldige, die ihren Geliebten angestiftet habe. Darum solle sie Artaxerxe mit dem Tod bestrafen oder mit Darie sterben lassen [1].

Dies Motiv der Selbstbezichtigung ist vom *Couronnement de Darie* übernommen.

Darie sträubt sich natürlich gegen das Ansinnen der Geliebten.

*Vines, belle innocente, ie ie mourray coupable.*

Er wolle sich gar nicht verteidigen, denn:

*Tout homme est criminel dès qu'il est miserable.*
*Dès qu'on Roy le soupçonne il se doit deffier.*
*Et negliger les soins de se iustifier.*

Ja, er beschwört sogar Aspazie, einen Geliebten nach seiner Wahl zu nehmen.

---

[1] Beachte die Übereinstimmung mit B.:

Magnon:

*Asp.: Vivissez deux Amans par vne mesme mort.*
*En viuans, en mourans, nous irrons de nous suiure.*
*Nous sommes trop unis, pour nous pouuoir suruiure.*

Boisrobert (V. 7):

*Acheuez costre ouurage en estouffant ma vie,*
*Nous ne faisions qu'vne ame, il viuoit tout en moy*
*Ie possede son cœur, ie possede sa foy.*

Der König gibt nun Tissapherne den Befehl. Tiribaze
herbeizurufen. Diesem Ankläger soll Darie Rede stehen.
*O Dieux, quel imposteur!* ruft dieser aus, als er den Namen
Tiribaze hört. (Auch diese Episode ist aus Boisrobert!) Denn
nun sieht er ein, welch ruchlosen Plan Tiribaze verfolgt.
Auch Ochus gehen die Augen auf. Er dankt den Göttern,
daß endlich die Geißel Persiens entfernt werde.

Tissapherne kehrt zurück und meldet, daß Tiribaze Selbstmord verübt und sterbend ein großes Geständnis abgelegt
habe. Er hätte vorausgesehen, daß Ochus seine Pläne aufdecken würde und es vorgezogen, sein eigener Richter zu
werden. Darie sei unschuldig.

Ochus enthüllt nun seine Mitschuld. Aus Mißtrauen gegen
seine (des Ochus) Unschlüssigkeit und Ängstlichkeit habe Tiri-
selbst die Rache vollführen wollen.

Darie erzählt nun seinerseits von Tiribaze's mißlungenem
Versuch, ihn zum Mord zu bewegen. Wir hören, warum er
sich nicht verteidigt hat.

*Enfin je fus l'object de toute sa vengeance*
*Et j'attiray sur moy le chastiment de tous*
*Trop heureux en mourant d'estre immolé.*

Auch Artaxerxe durchschaut endlich die ganze Intrigue.
Die Lösung liegt nahe: Ochus wird verziehen. Das Liebespaar erreicht sein Ziel. Alle wünschen Segen.

## Quelle.

Ein Rückblick auf unsere Analyse wird keinen Zweifel
darüber lassen, daß die Fabel, also das äußere Gerippe des
Stückes, eine freie Kombination der beiden Vorlagen Plutarch
und Boisrobert ist [1]). Gemeinsam ist demnach den beiden
Dramatikern das ursprüngliche Material. Nun ist es von
eigenartigem Interesse zu sehen, wie grundverschieden sich
beide zu ihrer Vorlage verhalten: Boisrobert, der lebenslustige,

---

[1]) Auch Parfaict macht darauf aufmerksam, daß die *tragédie*
*est la même, pour le fond du sujet, que le Couronnement de Darie*.
*Hist.* VI, 371.

oberflächliche, glatte und formgewandte Höfling, schafft ein
Drama, dessen Hauptreize in der eleganten Form und in der
lebendigen Handlung bestehen. Magnon lebte nicht in der
sonnigen Atmosphäre des königlichen Hofes. Seine oben besprochenen Lebensverhältnisse sprechen dafür, daß er eine
ernste Natur war, während sein fragmentarisches literarisches
Erbe, eine didaktische Dichtung über die gesamten Wissenschaften, (s. o. S. 35, Anm. 2) für seine Neigung zu wissen-
schaftlichen Gegenständen Zeugnis ablegt. So trägt auch sein
Drama einen ernsten, mehr von Geist als Poesie getragenen
Charakter.

Im *Artaxerxe* fehlen deshalb gerade die am *Couronnement
de Darie* gerühmten Vorzüge: die Handlung ist bei Magnon
viel weniger geschickt. Während Boisrobert es verstanden
hat, die dramatisch lebhafte Erzählung des Plutarch bühnen-
technisch sehr wirksam zu verwerten, geht Magnon diese
Fähigkeit im „*Artaxerxe*" ab. Der Anschlag auf den König
und die damit verknüpfte Entführungsszene kommen nicht,
wie bei Boisrobert, auf die Bühne. Es wird nur die Absicht
zu entführen bzw. zu rebellieren kund getan.

Magnon machte wahrscheinlich von Amyot's Plutarch-
übersetzung Gebrauch, die im Entstehungsjahre des Stückes
in neuer Auflage erschienen war [1].

Der Grundgedanke des Stückes, wenn man von einem
solchen sprechen will, ist der nämliche wie bei Boisrobert:
Lohn der Treue, Strafe der Treulosigkeit. Auf die Verherr-
lichung des Absolutismus läuft auch Magnon's Drama letzten
Endes hinaus: aber die Art, wie Magnon diese Idee durch-
führt, trägt durchaus die Züge der Persönlichkeit des Dichters.

Das Stück ist überwuchert von weitschweifigen Reflexionen,
die den Gang der Handlung hemmen und schwerfällig machen.
Obwohl die Liebe für die Fabel von ausschlaggebender
Bedeutung ist, verspüren wir im *Artaxerxe* von ihrem warmen,
beseligenden Hauche so gut wie nichts. In diesem Punkt
bildet er zum *Couronnement de Darie*, wo sich Gott Amor gar
zu breit machte, das förmliche Gegenstück. Über einige tri-

---

[1] Vgl. Graesse V, 367.

viale Redensarten kommt der Held und seine Geliebte (Darie
ist der eigentliche Held des Dramas!) kaum hinaus.
An die Stelle des Gefühls tritt der Gedanke.
Der Hang zum Raisonnement ist besonders beim König
zu finden. So sagt er z. B. über das vermeintliche Glück der
Herrscher (I. 1):

> La fortune des Rois n'est pas la plus heureuse,
> Quoiqu'un nom spécieux la rend si fameuse,
> Elle est de ces beautés qui ne plaisent qu'aux yeux
> Je souhaite un Empire à tous mes envieux.

Er moralisiert über das Geschick untreuer Vasallen und
böser Brüder (I. 1), stellt Erörterungen an über den Ehr-
begriff, klagt über die Vergänglichkeit alles Irdischen (I. 2),
vertritt die Willensfreiheit und nennt, was andere Verhängnis
heißen, den Willen zum Bösen (V. 4); er reflektiert über das
Wesen der Eide, über Tugend und Laster (II. 2) und stellt
den Grundsatz auf:

> L'Empire sur soi-même est le plus haut pouvoir.

In den Mund des Ochus legt Magnon Äußerungen poli-
tischer und staatsrechtlicher Natur (Wahl- und Erbreich); er
vertritt das Gottesgnadentum der Könige, sowie einen ge-
mäßigten Absolutismus, der auch dem Volke Mitregierung
sichert (I. 3).

Darie erkennt die Eitelkeit der Herrlichkeiten, der fausses
grandeurs, nach denen der Mensch strebt, und sieht in der
Resignation den wahren Sieg über die unbeständige For-
tuna (V. 2).

Von Interesse ist der moralische Standpunkt, den Aspazie
dem König gegenüber einnimmt (II. 2). Artaxerxe äußert
nämlich die Ansicht, Könige könnten sich über das Sitten-
gesetz hinwegsetzen, während die Untertanen an dasselbe ge-
bunden seien. Mit Recht weist nun Aspazie darauf hin, daß
das Volk zumeist aus Furcht vor Strafe seine Ehre wahre,
ein König aber sollte es aus Achtung vor der Ehre selbst tun:

> Un Roy s'y doit porter par de nobles objects,
> Et rechercher en luy par vne pure estime
> Ce que produit en eux le chastiment du crime.

4*

Die Lydierin wird also zur Vertreterin moderner Auffassungen über den Vorzug autonomer vor heteronomer Ethik gemacht.

Es scheint überhaupt, als ob Magnon nur zum Schein dem Absolutismus und seinen Konsequenzen fürs öffentliche und private Leben huldigt, seine wahren Meinungen aber in den Äußerungen seiner Nebenpersonen versteckt — ein Verfahren, das schon von Zeitgenossen, noch mehr aber zu Ende des 17. und zu Beginn des 18. Jahrhunderts gern angewendet wurde, um wenigstens pro forma im Rahmen der zeitgemäßen Autoritätsbegriffe zu bleiben.

Im Zusammenhang mit dem philosophischen Gepräge des Stückes steht ein anderer Zug, der den *Artaxerxe* vom *Couronnement de Darie* scharf unterscheidet.

Der Schwerpunkt der Handlung ist verschoben. Bei Boisrobert war die Liebe die Triebfeder, das Intrigenspiel tritt nur einmal in Kraft. Im *Artaxerxe* hat sich das Verhältnis umgekehrt. Der Verschwörer Tiribaze steht im Vordergrund. Er ist eigentlich die Seele des Stückes. Im *Couronnement de Darie* war er kein schlechter Charakter. Unser Tiribaze aber ist der Bösewicht comme il faut. Er ist der Sündenbock für alle Verbrechen, die in der königlichen Familie begangen worden sind. Der König steht völlig unter dem Einfluß des schlauen, tatkräftigen Ministers. Auch Ochus läßt sich von ihm täuschen und unheilvoll beeinflussen. Nur Darie hält seinen Versuchungen stand.

Tiribaze ist kraftvoller, trotz seiner Bosheit eine dramatisch wirksamere Figur als bei Boisrobert.

Der Charakter des Königs ist ebenfalls anders gefaßt als bei Boisrobert. Er ist nicht grausam und lüstern, sondern furchtsam, mißtrauisch und unselbständig, im Grunde gutmütig und nachgiebig.

«*Artaxerxe n'a pas assez de fermeté*», sagt Parfaict mit Recht[1].

Von Ochus meint er, „er spiele eine sehr untergeordnete Rolle". — Der Dichter behielt wohl nur zur Wahrung der

---

[1] *Hist.* VI, 371.

historischen Treue seine Figur bei. Es muß anerkannt werden,
daß sie organischer mit der Handlung verknüpft ist als ihr
schablonenhaftes Prototyp Ariaspe. Er ist ein edler Nebenbuhler. Magnon macht den Versuch, ihn einer psychologischen
Entwicklung und Wandlung zu unterziehen. Dieser Versuch
ist kläglich gescheitert. Wie lächerlich motiviert ist geradezu
sein plötzlicher Umschwung zur Partei des Tiribaze, wie un-
vermittelt die Rückkehr zu seiner wahren Natur!

Amestris' Rolle ist herzlich unbedeutend: «*absolument in-
utile*», meint Parfaict.

Am besten gezeichnet ist Tiribaze; auch das edle Liebespaar Darie und Aspazie ist relativ gut dargestellt. Beide sind
«*pleins de noblesse, et de beaux sentiments*» (Parfaict).

Im allgemeinen läßt sich das Streben nach psychologischer
Vertiefung der Charaktere wahrnehmen.

Der Aufbau, wie überhaupt die Form des Dramas, läßt
sehr zu wünschen übrig, besonders vom 4. Akt an. So z. B.
versteht man nicht recht, warum Darie verhaftet wird, warum
er keine Anstalten zur Verteidigung seiner Unschuld trifft.
Erst ganz am Ende des 5. Aktes kommt die Aufklärung.
Auch an sonstigen Unklarheiten krankt das Stück.

Die Lösung, deren Übereilung auch Parfaict tadelt, steht
formell hinter der des Boisrobert'schen Dramas zurück. Sach-
lich jedoch bedeutet der Selbstmord des Tiribaze einen Fortschritt.

Die Sprache ist herber und kräftiger als im *Couronnement
de Darie*, aber nicht so leichtflüssig und klar. «*La versification
en est faible, pleine d'inutilités et d'expressions basses*», schreibt
die Nouvelle Biographie.

Von allgemeinen Urteilen über den „Artaxerxe" nennen
wir Mouhy [1], der das Stück passabel findet, mit einigen einzelnen Schönheiten versehen. Parfaict [2] nennt es das beste
Stück des Dichters.

. Das Richtige trifft m. E. die Nouvelle Biographie [3], wenn
sie sagt, Artaxerxe sei *du moins mauvaise de ses pièces; ... la*

[1] *Tabl. dram.*, p. 25; *Abrégé* II, 211.
[2] *Hist.* VI, 371.
[3] Vgl. *Nouv. Biogr. gén.* Paris 1860 unter Magnon.

*plan en est . . . mal construit, à peu près dans le goût des pièces de Hardy . . . On lui reconnaissait pourtant de l'esprit et de l'imagination* [1].

Wenn auch im ganzen inhaltlich gegenüber Boisrobert ein Fortschritt zu verzeichnen ist, so haftet doch unserem Drama noch durchaus die Unreife des Erstlingswerkes an. Der literarische Wert desselben ist äußerst gering. Historisch jedoch ist der *Artaxerxe* deshalb von Bedeutung, weil ein größerer Dichter, zu dem wir uns später wenden, nämlich Crébillon, die im Stück ruhenden Keime und Ansätze weiter gebildet und zur Entfaltung gebracht hat.

## 3. Th. Corneille: Darius. 1659.

Das Drama, dem wir uns im folgenden zuwenden wollen, hat Thomas Corneille, den Bruder des großen Pierre Corneille, zum Verfasser. Die Tragödie *Darius* stammt aus seiner ersten literarischen Schaffensperiode und wird von Reynier [2], seinem modernen Biographen, unter die sogenannte „tragédie romanesque" gerechnet. In der Tat gibt es kaum ein Beispiel für die bezeichnete Gattung, das den im Drama herrschenden Zeitgeist und Modegeschmack typischer zum Ausdruck brächte.

Das Stück entstand im Jahre 1659 und wurde im gleichen Jahre aufgeführt und zwar, wie Parfaict [3] mitteilt, im Théâtre de l'Hôtel de Bourgogne [4].

Über den Erfolg sagt Reynier [5]: *Darius, tragédie fort médiocre, réussit passablement, mieux que l'auteur n'avait osé l'espérer.*

Der Held unseres Stückes ist Darius III. Codoman (s. Stammtafel). Corneille, von der Geschichte abweichend, macht ihn zu einem Sohne des von Artaxerxes II. hingerich-

---

[1] Vgl. auch Vapereau, *Dict. univ. d. litt.*, p. 1301.
[2] Thom. Corneille, p. 134.
[3] *Dict. d. Th. d. Paris.*
[4] Vgl. Beauchamps 2, 197; Mouhy, *Abrégé* I, 126 (Bd. II ist in seinen Angaben sehr fehlerhaft und oft mit Bd. I widersprechend).
[5] Thom. Corn., p. 19.

teten Darius, also des in den vorhergehenden Dramen behandelten Darius.

Obwohl Parfaict[1]) auf die Verwandtschaft des Stoffes
mit dem unsrigen aufmerksam macht, ließ sich Tenner[2]), vermutlich weil der Held mit dem Darius der besprochenen
Dramen nicht identisch ist, zu der Behauptung verführen,
daß Corneille's *Darius* mit dem *Couronnement de Darie* „nichts
gemein" habe.

Zur Lösung des Widerspruchs unterzog ich auch Corneille's Drama einer eingehenden Untersuchung. Thomas
Corneille hat als Zeitgenosse und *rival heureux de Boisrobert*[3])
dessen Stück ebenso genau gekannt wie Magnon's *Artaxerce*.
Sollte man daher nicht a priori irgendwelche engere Beziehung
zwischen den drei Dramen vermuten dürfen? Wir werden,
wie vorweggenommen sei, auch Corneille's Tragödie zwanglos
in die Kette unserer „Achämenidendramen" äußerlich und
innerlich einreihen können.

Zur Orientierung über den Inhalt verweise ich auf die
Darstellung der *Annales dramatiques* (siehe Anhang!).

Die nun folgende Analyse wird im wesentlichen nur
jene Stellen des Dramas hervorheben, bei denen mehr oder
weniger deutliche Anklänge an Boisrobert und Magnon wahr-
zunehmen sind, oder die bei späteren Stücken noch in Betracht kommen.

## 1. Akt.

Aus einem Zwiegespräch zwischen Amestris und Megabise, der sie liebt, hören wir, daß der König Ochus seinen
Bruder Darius (vor 20 Jahren (1, 2)) durch den Vater des
Megabise hat beseitigen lassen. Es geht das Gerücht, der
totgeglaubte Prinz sei wieder aufgetaucht. Amestris wünscht
von Megabise Aufklärung darüber; ihr Ziel ist eine Vermählung des Darius mit der Tochter des Ochus und so eine
friedliche Wiedereinsetzung in seine Rechte als Erstgeborener.

---

[1]) *Dict. d. Th. d. F.* a. 1641.
[2]) Boisrob. etc., p. 93.
[3] Thom. Corn., p. 331.

Dem nach dem Thron begierigen Megabise (Monolog)
bringt Bagoas die Nachricht, daß die Freunde dem König
den Tod geschworen hätten. Megabise entschließt sich nun,
als Darius sich auszugeben. Nur der tapfere, allgemein beliebte Codoman macht ihm noch Bedenken. Er will ihn daher
zu seiner Partei ziehen.

Er läßt sich durch den Gedanken, daß Amestris ihm als
Mörder ihre Hand verweigern würde, nicht abhalten:

*Ah, que pour nos esprits l'Amour a peu de force,*
*Quand de l'ambition ils ont goûté l'amorce!*

Da er sich einbildet, bei Amestris Liebe gefunden zu
haben, treibt ihn sein Hochmut weiter: zum Thron, den er
durch ein Verbrechen erlangen will.

Der König ist nicht, wie Statira, seine Tochter, durch
das Gerücht beunruhigt, da er ja fest glaubt, daß Darius
nicht mehr lebt, aber dem Betrüger oder seinem Mithelfer
droht er furchtbare Todesstrafe.

Er vertraut auf die Hilfe Codoman's, *ce Heros indomptable.*
Den *Inconnu* will er belohnen und zwar durch die Vermählung
mit Cleone, der Schwester des Megabise (der Tochter des
Tiribaze!).

Dieser Plan des Königs erschrickt Statira heftig: sie
liebt, trotz ihres Stolzes auf ihren hohen Rang, den „unbe-
kannten" Codoman.

Sie hat keine Hoffnung, aber Amestris nährt ihre Begeisterung für Codoman. Als dieser von der Geliebten des
Königs Absicht erfährt, entschließt er sich, ihm durch eine
Erklärung seiner Liebe zu Statira zuvorzukommen, obwohl
ihn die Geliebte vor diesem kühnen Schritt warnt:

*La moindre ambition est un crime d'Etat.*

## II. Akt.

Amestris begünstigt den Megabise nur, um zu verhindern,
daß er *n'élevât les yeux à la Princesse.* Als Codoman ihre Absicht merkt, bekennt er sich als den wahren Darius und be-
teuert, daß er mit dem Gerüchte nichts zu tun habe.

Amestris hofft. den König mit Unterstützung des Megabise. von dessen Verschwörung sie natürlich keine Ahnung
hat. umzustimmen.

Es folgt nun eine Szene zwischen Ochus und seinem
Günstling Codoman. Der König hört seinen Rat, wie den
aufrührerischen inneren und äußeren Feinden (Cadusier) zu
begegnen sei. — Als Lohn für seine Dienste soll nun Codoman etwas fordern. Wie bei Boisrobert und Magnon weigert
sich Codoman zunächst. Der König drängt in ihn. Er verlangt endlich — Statira. Ochus ist empört:

(II, 3) *«Un peu de nom acquis rend votre audace extrème.*
*Mais en vous emportant au-delà de vous-même*
*Gardez qu'il ne me force à vous faire rentrer*
*Dans ce honteux néant dont j'ai su vous tirer.»*

Diese Abweisung erinnert an II, 3 bei Magnon, wo
Amestris die Werbung des Tiribaze ausschlägt:

*« Vous ressouvenez-vous des lieux d'où vous sortez,*
*Que vous pouvez descendre au lieu que vous montez:*
*Que la main qui vous fit a droit de vous destruire,*
*De remettre au néant le premier de l'Empire,*
*Et vous osez pretendre à des filles de Roy?»*

Wie bei Magnon (III, 7) folgt auch hier der Beleidigung
durch den König ein Monolog des tief gekränkten Codoman.
ein seelischer Kampf zwischen Zorn und Liebe. Letztere
siegt auch bei unserem Helden. Er will nun erst recht dem
König dienen und den Urheber des Gerüchts ausfindig machen.

Wie bei Boisrobert (III, 5) vertraut er dem Verschwörer
(Megabise) seinen Schmerz an (II, 5).

Ihm enthüllt er sein Geheimnis, er sei Darius. Er versucht nun, Codoman zur Beihilfe zum Sturz des Königs zu
verleiten und stellt ihm Statira in sichere Aussicht:

*C'est l'unique moyen d'acquerir la Princesse.*
*Sa foi de cet effort sera le digne prix.*

Auch Tiribaze sagt zu Ochus Ähnliches (Artaxerxe IV, 1):

*Toute action est belle à qui l'on offre un prix,*
*Aspasie est le vostre.*

Codoman schreckt natürlich vor dem Ansinnen des Megabise zurück, erklärt sich jedoch noch nicht offen gegen den
Verschwörer.

Diese Szene (II. 5) entspricht IV, 5 bei Magnon (Motiv
der Versuchung zum Verrat).

Als Megabise hört, daß Statira für ihn bestimmt sei,
entschließt er sich, die Verschwörung aufzugeben, da er ja
ohne Verbrechen den Thron erlangen kann. Codoman gibt
sich ihm darauf zu erkennen. Der Kampf um Statira wird
sich nun, da der Betrüger nichts gesteht, zwischen dem wahren
und falschen Darius abspielen.

Megabise fürchtet nicht, daß ihn Codoman verraten
werde, da ihm ja die Namen der Verschwörer unbekannt
seien. Er verläßt sich auf seine 100 Freunde. Es besteht
also zwischen dieser Szene und der bei Boisrobert, wo Tiribaze aus Angst vor Verrat durch Darius die Ausführung des
Attentats beschleunigt, eine kleine Abweichung. Gemeinsam
ist jedenfalls beiden Szenen der dem Verschwörer sich auf-
drängende Gedanke an einen möglichen Verrat durch Darius
bzw. Codoman.

## III. Akt.

Ochus ist der Meinung, Codoman strebe nach dem Thron.
Er macht daher seiner Tochter Statira heftige Vorwürfe, daß
sie dem Ehrgeizigen ihre Gunst schenke. Gegen die Verdächtigung des Geliebten nimmt Statira letzteren mit dem
gleichen Einwand in Schutz, wie Amestris bei Boisrobert.

Man vergleiche daraufhin:

Boisrobert IV. 4. *Amestris:*

*S'il auoit en dessain contre personne,*
*Pouuoit-il pas sans peine esurper*
*la Couronne*
*Alors que de Cyrus il fut victorieux,*
*Et qu'il reuint icy puissant et glo-*
*rieux?*

Corneille III. 2. *Statira:*

*Dans l'Egypte où pour vous il traîna*
*la victoire,*
*Son cœur de ses exploits ne voulut*
*que la gloire,*
*Et si du Diadème il eût été jaloux,*
*N'eût-il pas fait pour lui ce qu'il y*
*fit pour vous?*

Ihre Reden sind fruchtlos: Ochus versucht, ihre Heirat
mit Megabise dadurch zu erzwingen, daß er ihr im Fall der
Weigerung den Tod des Geliebten androht.

## IV. Akt.

Statira ist im Begriff, dem verhaßten Megabise zur Vermählung im Tempel zu folgen — da wird der Verschwörer
plötzlich verhaftet.

Der König kommt und fordert den Verhafteten zur Verteidigung auf. Er solle um Gnade bitten. Ochus hält ihn
allerdings dafür zu stolz.

Dieser Moment erinnert stark an Magnon, wo Artaxerxe
den verhafteten Darie zur Rede stellt (V, 4).

| Magnon. *Artaxerxe:* | Corneille. *Oehus:* |
|---|---|
| Ce n'est pas le remords qui te rend si pensif, | Non, quand son repentir croiroit obtenir tout, |
| Qui t'arrache de l'ame en sentiment si vif. | L'orgueil de sa grande ame ira jusques au bout. |
| . . . . . . . . . . | Remarquez sur son front quelle insolente audace, |
| C'est d'auoir pu faillir cette illustre entreprise. | |
| . . . . . . . . . . | Ayant manqué le coup, porte encor la menace |
| Et la honte du crime approche trop du lasché. | Voyez peinte en ses yeux par un secret transport |
| C'est le dernier essay d'en traistre mal-heureux | L'avidité du Trône, et l'ardeur de ma mort. |
| De faire voir en cœur egal et genereux. | |

Ochus ist nämlich von dem schändlichen Plan des Megabise unterrichtet.

> *Parle enfin, Ingrat, parle, et m'ose démentir!*

ruft er ihm zu. Auch Artaxerxe fordert schließlich den An-
geschuldigten zur Widerlegung auf.

Megabise spielt kühn die Rolle des Darius weiter. Ochus
dankt dem Codoman für seine Dienste und tut ihm Abbitte
wegen der Verdächtigung seiner Gesinnung.

Megabise soll ins Gewahrsam geführt werden. Codoman
erhält den Auftrag, das Volk zu beschwichtigen, das sich für
den angeblichen Darius zusammengerottet hat.

## V. Akt.

Das Volk ist, wie wir von Statira hören, in Aufruhr: es fordert die Wiedereinsetzung des vermeintlichen Darius (Megabise) und seine Vermählung mit Statira. Codoman beschwichtigt das Volk. Er gibt sich endlich der Geliebten zu erkennen. Seiner Sorge, wie er seine Identität mit dem totgeglaubten Darius nachweisen könne, wird er bald enthoben. Als nämlich Megabise ihn als Betrüger erklärt, zieht Amestris ein Schriftstück hervor, das ihr Tiribaze einst übergeben hatte. Es bestätigt, daß Codoman der wahre Darius ist. Megabise gibt sein Spiel verloren. Wie im *Couronnement de Darie* wird der Betrüger zu grausamer Strafe verdammt.

Das Stück endet wie bei Boisrobert und Magnon mit der Verlobung des Darius mit Statira (und der Amestris mit dem prince des Cadusiens).

## Quelle.

Einen Begriff, wie weit sich die *tragédie romanesque* vom historischen Drama entfernt, ergibt eine Untersuchung über die historischen Bestandteile des Stückes, die wir nun ausscheiden werden:

I, 2: Ochus beseitigt nach dem Tod seines Bruders Darius die Kronprätendenten (seine Brüder, Darius' Frau und dessen Sohn, unseren Codoman: historisch belegt ist nur die Beseitigung der jüngeren Brüder!).

Neben seinen *biches fureues*, die sich der Tyrann [1] zu schulden kommen ließ, werden auch die Krönung und der Tod des Darius erwähnt:

*Bagoas: Il eut les eaux de tous quand son père Artaxerxe*
 *Le daigna, comme Ainé, couronner Roi de Perse,*
 *Et si jusqu'à ses jours sa fureur s'étendit,*
 *Ochus fut crû l'auteur du coup qui le perdit.*

---

[1] Auch Plutarch erwähnt am Schluß seines Artaxerxes die Grausamkeit des Ochus, «qui en cruauté et inhumanité surpassa tous les hommes du monde».

(Ochus' Mitschuld am Tode seines Bruders Darius ist nicht beglaubigt!)

I. 3 ist die Rede von Codoman's Heldentaten:

*Ochus: Codoman est toujours le soutien de nos armes . . .*
*Depuis qu'un bon destin aux Persans favorable*
*Arrête parmi nous ce Héros indomptable,*
*Nos plus fiers Ennemis et battus et défaits*
*Semblent de tous côtes n'aspirer qu'à la paix.*

II. 3 heißt es, die *Cadusiens battus en tant de guerres* seien aufrührerisch. Codoman ist bereit, gegen sie zu kämpfen. — In der gleichen Szene spricht Codoman, allerdings mit etwas poetischer Übertreibung von seinen dem König Ochus geleisteten Diensten:

*D. trois Sceptres voisins j'ai fait votre conquête,*
*Sur cent peuples par moi vous régnez aujourd'hui, . . .*
*L'Egypte, l'Arménie en rendront temoignage.*
*De mes nobles travaux ce sont les dignes fruits.*

Historisch ist schließlich auch die Heirat des Codoman mit Statira (s. Stammtafel!).

Alle diese angeführten Tatsachen, so gering sie auch sein mögen, weisen in ihrer Quelle mit Sicherheit auf den Geschichtsschreiber Justin hin, dessen *Epitoma Historiarum Philippicarum Pomp. Trogi* sie entnommen sein müssen, zumal nur dort (lib. X. 3, 3) Darius der Beiname Codomannus gegeben ist [1].

In lib. X. 1 u. 2 ist unsere Fabel von der Krönung und Verschwörung des Darius, sein Tod und der des Königs Artaxerxes erzählt.

Es folgt dann wörtlich in lib. X. 3:

*Hereditas regni Ocho tradita, qui timens parem coniurationem regiam cognatorum caede et strage principum replet, nulla, non sanguinis, non sexus, non aetatis, misericordia permotus, scilicet ne innocentior fratribus parricides haberetur. Atque ita veluti purificato regno bellum Cadusiis infert.*

---

[1] Vgl. Pauly, *Encycl.* 4. 2. p. 2205.

*In eo adversus provocatorem hostium Codomannus quidam
cum omnium favore processit et hoste caeso victoriam suis pariter
et prope amissam gloriam restituit. Ob haec decora idem Codomannus praeficitur Armeniis.*

(Im Prologus zum 10. Buch, p. 254 heißt es: *[Ochus]
Aegypto bellum ter intulit.*)

*Intericeto deinde tempore post mortem Ochi regis ob memoriam
pristinae virtutis rex a populo constituitur, Darei nomine, ne quid
regiae maiestati deesset, honoratus.*

Den Namen Statira entlehnte Corneille aus Plutarch's
Alexander 30; denn nur dort ist ihr Name als Gemahlin des
Darius Codomannus erwähnt[1]).

Der Name Barsine (Vertraute der Statira) kommt bei
Justin an mehreren Stellen vor: XI. 10. 2; XIII. 2. 7; I. 9. 9.

Auch Oropastes findet sich in Justin (I. 9. 9). Er ist
im Stück *Capitaine des Gardes d'Ochus.*

Bagoas endlich, der Vertraute des Megabise, der sich
bemüht, den Megabise als Darius auf den Thron zu erheben,
ist ebenfalls eine historische Persönlichkeit. Er machte tatsächlich, wie Curtius und Diodor[2]) in gegenseitiger Ergänzung
erzählen, den mit ihm befreundeten Darius Codomannus zum
König, nachdem er vorher den König Ochus, dessen Sohn
Arses und andere Mitglieder des königlichen Hauses beseitigt
hatte. Ob Corneille aus Curtius oder Diodor seinen Namen
genommen hat, läßt sich natürlich nicht mit Sicherheit sagen.
Die Wahrscheinlichkeit spricht für den Lateiner.

Als Quellen für Corneille müssen also gelten: Justin,
Boisrobert und Magnon.

Nachdem wir die Fäden, welche den *Darius* mit dem
*Couronnement de Darie* und dem *Artaxerxe* verknüpfen, auf-
gedeckt und den geschichtlichen Untergrund von den dichte-
rischen Zutaten getrennt haben, ist im wesentlichen das für
unsere Aufgabe Wissenswerte gesagt.

Unter allen Stücken, die wir eingehend betrachten, hat

[1]) Ibd. 4, 2, p. 2210.
[2]) Qu. Curtius VI, 3, 12; ferner: Diod. XVII, 5.

der *Darius* Corneille's die losesten Beziehungen zu den zeitlich vorangehenden und folgenden Dramen.

Noch mehr als Boisrobert's Stück ist, wie schon angedeutet wurde, der *Darius* im Banne einer ganz bestimmten
Geschmacksrichtung im Drama gehalten.

Die Handlung ist romantisch angehaucht. Der schon
wiederholt erwähnte Reynier kennzeichnet als wesentliche
Merkmale der *tragédie romanesque* eine Reihe von Eigenschaften, die sich auch im *Darius* nachweisen lassen.
Wir erwähnen nur einige:

1. Die Unterschiebung eines Kindes (Tiribaze zieht den
Prinzen auf und gibt ihn später als eigenen Sohn aus!) —
dessen Wiedererkennung. Der Held (Darius!) ist ein junger,
tapferer Heerführer; er liebt die Königstochter hoffnungslos;
ein wunderbarerweise aufgefundenes Schriftstück läßt ihn
schließlich als berechtigten Thronerben erkennen, worauf ihm
natürlich Geliebte (und Herrschaft) zugesprochen werden.

2. Ein Volksaufstand beschleunigt die Lösung des Stückes.
Seine Inszenierung geht von einem Verschwörer aus (Megabise!): der junge Prinz (Darius!) dämpft ihn wieder.

3. Typisch gehalten sind auch die einzelnen Figuren:
Die stolze und großherzige Prinzessin (Statira!) mit ihrer
aufrichtigen, aber „preziösen" Liebe.

Wie Darius Codoman die Hauptzüge seines Charakters
mit seinen dramatischen Vorbildern, besonders dem des Darie
im *Couronnement*, gemeinsam hat (Tapferkeit, Treue, Liebe),
so ist Statira eine Zwillingsschwester der Aspazie bei Boisrobert. Ihre Liebesempfindungen sind nur noch konven-
tioneller.

«*Cet amour*», sagt Reynier p. 139, mit Hinblick auf Statira, *si éloigné de la nature, qui marche docilement à la suite de
l'estime et commence toujours par se mettre d'accord avec la raison,
c'est bien l'amour à la mode, dont les romans ont réglé tout le
progrès.*»

Wir erwähnen ferner den Verräter (Megabise), seinen
Ehrgeiz und seine erheuchelte Liebe. Er ist verächtlich als
*criminel d'Etat et criminel d'amour* (dieser Ausdruck findet
sich nicht nur bei Corneille, aus dem ihn Reynier entnimmt,

sondern auch im „*Artaxerxe*" des Magnon, wo ihn Tiribaze
gebraucht.)

Der König ist gewöhnlich gutmütig, im *Darius* macht
aber Ochus eine Ausnahme von der Regel.

Die gutmütige Schwester des Königs hingegen ist in
Amestris vertreten; sie heiratet auch am Schluß einen ihr
völlig fremden Prinzen.

Das Interesse, das uns Stücke wie *Darius* einflößen, ist
ein rein historisches. Obwohl später geschrieben als das
*Couronnement de Darie* und *Artaxerxe*, ist der *Darius* von der
persönlichen Eigenheit und Eigenart seines Verfassers kaum
berührt. Der Autor tritt hinter dem Werk völlig zurück.
Die *tragédie romanesque* ist, wie Reynier [1] treffend bemerkt,
eine sehr kindliche Tragödie, deren Figuren weniger lebendige
Wesen als etikettenbehangene Puppen sind.

Ist auch diese Gattung ein für den Literarhistoriker
merkwürdige und immerhin interessante Spielart der dramatischen Poesie, für unsere Betrachtung ist der Vertreter
«*Darius*» noch doppelt dadurch der näheren Bekanntschaft
wert gewesen, weil es ihm trotz seiner natürlichen Mängel
gelungen ist, noch im 18. Jahrhundert einem Crébillon einige
Anregungen zu geben.

## 4. Boyer.

*Artaxerce | Tragedie. Par Monsieur Boyer, | de l'Académie
Françoise. Avec sa critique. | A Paris, , Chez C. Blageart, Court-
neuve du Palais, au Dauphin. M.DC.LXXXIII | avec permission.*
Erlaubnis zum Druck vom 13. Januar 1683.

Das Stück wurde nach Parfaict's Angabe am Sonntag,
den 22. November 1682, zum ersten Mal aufgeführt [2]. Es
erlebte nur fünf Vorstellungen, darunter eine am Hof. Die
letzte Pariser Aufführung fand am 2. Dezember statt [3].

[1] L. c., p. 331.
[2] Von Mouhy wiederholt: *Tabl. dram.*, p. 25.
[3] Parfaict, *Hist. d. Th. fr.* XII, 324; Parfaict, *Dict.* unter
*Artaxerce*; Mouhy, l. c., wie des öfteren, weniger zuverlässig, ungenau
statt 22. Nov. 2. Nov.; *Abrégé* I, 45.

In den ersten Vorstellungen wurde die Tragödie beifällig
aufgenommen, zuletzt jedoch pfiff man sie unbarmherzig aus.
Racine und Despréaux machten den Dichter lächerlich [1]).
Bei seiner Mit- und Nachwelt hatte der Abbé Boyer [2])
wenig Dichterglück, obwohl er sich selbst für den überlegenen
Rivalen eines Racine hielt.
Petit de Juleville [3]) nennt ihn neben Thomas Corneille
und Quinault, mit denen er um die Gunst des damaligen
Publikums gebuhlt habe, und sagt schließlich über seine
Stücke: «*Rien de plus insipide et de plus pauvrement écrit que
les tragi-comédies [4]) de l'abbé Boyer, qui ne cessent d'être ennuyeuses
que pour devenir ridicules.*»
Den tieferen Grund für den geringen dauernden Wert
der dramatischen Arbeit Boyer's sowohl als auch mancher
heute fast vergessenen Zeitgenossen müssen wir in der all-
gemeineren Tatsache eines Fortschreitens der dramatischen
Dekadenz n a c h Racine finden.
Im Anschluß an die Besprechung von Boyer's *Judith*
(1695) sagt Lotheissen p. 429:
„Je mehr sich die Poesie verlor, je weniger man die
Grundbedingungen des dramatischen Gedichtes verstand, um so
größer wurde die Zahl der dramatischen Dichter. Die Erscheinung läßt sich leicht erklären: Die Verfasser der neuen
Tragödien hatten keine Ahnung von den Schwierigkeiten, die
den wahren Dichter oft genug hemmen. Sie fühlten sich im
Besitze gewisser Handwerksregeln, einiger fester Traditionen,
handhabten eine ausgebildete Sprache, der sie nicht so leicht
alle Würde und Schönheit nehmen konnten, und im Bewußtsein ihrer Fertigkeiten schrieben sie mutig Tragödie auf Tragödie, verarbeiteten dazu alle möglichen Stoffe der alten Sage
und Geschichte und verfielen stets mehr der geistlosen Fabriks-

---

[1]) Vgl. Parfaict, l. c.
[2]) Über Boyer's Leben (1618—1698) vgl. die *Nouv. biogr. gén.*
VII, 177 (*Artaxerce* nicht erwähnt), *Gr. Encycl.* VII, 914. — Verzeichnis
seiner Werke, darunter 23 Theaterstücke, s. Soleinne I, n^os 1225 ff.;
Brunet I. 1193; Pellisson et d'Olivet, p. 519).
[3]) *Hist. de la langue et de la litt. fr.* V, 73.
[4]) *Artaxerce* ist in diese Bezeichnung inbegriffen.

arbeit. welche den Ruf der französischen Tragödie so sehr
geschädigt hat."

Diese Worte werfen bereits ein Licht auf den Gesamt-
charakter des Stückes. dessen Analyse wir wiederum eine
vorbereitende kurze Inhaltsangabe[1] voranstellen:

Artaxerce ist wegen ausgebrochener Thronstreitigkeiten zur Er-
nennung des Nachfolgers entschlossen. Seine Wahl schwankt zwischen
dem eben siegreich heimgekehrten Darius und Ariarathe. Sein ehr-
geiziger Minister Tiribaze möchte durch eine Heirat seiner Tochter
Nitocris, die von Ariarathe geliebt wird. die Königswürde an sein Haus
bringen. Im Einverständnis mit seiner Tochter begünstigt er die Wahl
des tapferen Darius, von dem er hofft. daß er sich bei der Krönung
Nitocris erbitten werde. Darius aber fordert Aspasie, seine Geliebte.
Diese liebt ihn zwar, glaubt sich aber dem König, der in sie ebenfalls
verliebt ist. zu Dank verpflichtet und kämpft mit sich, als ihr eine Frist
zur Entscheidung gegeben wird. ob sie die Liebe oder Dankespflicht
höher stellen soll. Schließlich gesteht sie dem König ihre Liebe zu Darius.
Der darüber erzürnte König läßt sich von Tiribaze, der sich an Darius
rächen will, zur Wiederwegnahme Aspasie's bestimmen. Der Intrigant
bewegt alsdann durch Freunde den gekränkten Prinzen zu einem Ent-
führungsversuch. Dieser scheitert. Darius wird als Hochverräter festgenommen. Tiribaze möchte den König zum Vollzug der Todesstrafe
drängen. Sein Bemühen scheitert aber an der Vaterliebe des Königs.
Um seinen Rachedurst zu kühlen, sticht der beleidigte Minister den
Prinzen Darius nieder und wird dabei selbst getötet.

## Analyse.

### I. Akt.

La Scene est à Babilonne. dans le Palais d'Artaxerce.

Darius ist als Sieger heimgekehrt. Artaxerce will den
tüchtigsten seiner Söhne zum Nachfolger erwählen und so
deren Streitigkeiten ein Ende machen. Die Wahl dreht sich
zwischen Darius und Ariarathe. Aber Tiribaze will die Krone
durch seine Tochter an seine Familie bringen:

C'est de tous les Mortels le plus imperieux
Il est vindicatif, ardent, ambitieux.

[1] Vgl. die etwas verschwommene Inhaltsangabe bei Parfaict,
Hist. XII. 324 ff. und Ann. dram. I, 365. deren résumé verkürzt von
Parfaict herübergenommen ist.

*On l'a vû quelquefois plein d'une indigne audace*
*Pres du Roy hautement à nos yeux prendre place,*
*Et porter en public, en dépit de nos Loix.*
*Les mesmes ornemens qui distinguent nos Roys.*

Diese Charakteristik knüpft an Plutarch an, wo es heißt, daß Tiribazos «la robe du Roy» anzog, «et non content de ce, y attacha encores plusieurs ioyaux d'or, que les Rois seuls auoient accoustumé de porter, ... de maniere que tous ceux de la cour en murmuroiët, pource que c'estoit chose defenduë par les ordonnances de Perse.» Gleich darauf erzählt Plutarch, daß Artaxerxes seine Gemahlin, Mutter und die jüngeren Söhne zur Tafel zuließ. Von Tiribazos steht nichts.

Darius liebt die Aspasie. Sein Bruder Arsame hatte sie ebenfalls geliebt. Als er sie vom König verlangte, fiel er in Ungnade und fand später den Tod in der Schlacht.

Um dem gleichen Schicksal zu entgehen, stützt Darius sein Vorhaben, die Geliebte zu erhalten, auf die Macht des Gesetzes.

«*Le Roy doit accorder*
*Ce que son Successeur luy voudra demander.*»

Der Prinz muß nur noch um die Gunst der Tiribaze werben, wozu er sich trotz seines Stolzes und Hasses gegen ihn entschließt.

Dieser grimmige Haß des Darius gegen den Minister zeigte sich auch bei Magnon.

Tiribaze kommt. Darius bittet ihn um die Befürwortung seiner Wahl und verspricht ihm, sich dafür dankbar zu erweisen. Tiribaze tritt von seinem vermeintlichen Recht auf die Nachfolge zurück, das er, wie er meint, durch persönliche Verdienste sich erworben habe:

«*On sçait par quels conseils je sauray cet Empire,*
*Quand vostre Oncle Cyrus vint attaquer le Roy.*»

Hiervon erzählt Plutarch beim Bericht des Bruderkriegs.

*On sçait quels coups pour luy je détournay sur moy,*
*Et qu'aux plus grands périls ma vie abandonnée,*
*Par mon sang prodigué marqua cette journée.*

Dies erinnert an jene Stelle bei Plutarch, wo die Lebens-
rettung des Königs durch Tiribaze geschildert ist.

*Qui m'a sauvé la vie, a part à la Couronne.*
*Voilà ce qu'il m'a dit, Seigneur, plus d'une fois.»*

Auch diese Worte sind durch Plutarch inspiriert. Es
heißt dort nämlich, daß Tiribazos dem König sagte: *«Sire,*
*te souvienne ey apres de cest journee.»*

Tiribaze deutet seinen Wunsch (daß Darius seine Tochter
als Krönungsgabe erbitten möge) nur an. Der Prinz verspricht auch der eintretenden Nitocris seine Dankbarkeit gegen
ihren Vater.

Es folgt eine Aussprache zwischen Tiribaze und seiner
Tochter. Nitocris wundert sich, daß ihr Vater auf die Krone
verzichtet. Tiribaze freut sich des Stolzes der Tochter und
erwidert:

*J'ay du courage assez pour pretendre à l'Empire,*
*Mais enfin quelque orgueil que ma faveur m'inspire,*
*Le Roy me refusa la Princesse Amestris.*
*Quoy que de grands honneurs effacent ce mépris,*
*Le Roy souffrira-t-il qu'une audace insensée*
*Jusqu'aux droits de son sang élève ma pensée?*

(Tiribaze ist hier zurückhaltender als bei Magnon; er
überschreitet sein Recht auf königliche Dankbarkeit nicht!)
Tiribaze rühmt die Tapferkeit des Darius. Zwar sei die
heiße Liebe des jungen Ariarathe bemitleidenswert.

*«Mais doit-on crouer l'amour et l'amitié,*
*Quand un grand interest veut que l'on les sacrifice?»*

Bei den Persern sei Darius beliebt (ein Gedanke, der
wohl von Corneille's *Darius* stammt). Um deren Zorn nicht
zu reizen, wolle er lieber seiner Tochter die Krone sichern:

*«Que ton front couronné console mes vieux ans,*
*Et que je règne en toi pour régner plus long temps.»* [1]

---

[1] Petit de Julleville, l. c., zitiert die Stelle als *vers pleins*
*de sentiment et d'élégance».*

Dem Rate des Vaters folgend, ist Nitocris bereit, ihre Liebe zu Ariarathe dem Ehrgeiz zu opfern. Sie entschließt sich sogar, Aspasie, ihre gehaßte Rivalin, als Fürsprecherin für die Wahl des Darius zu gewinnen.

## II. Akt.

Aspazie ist unglücklich. Sie liebt den Prinzen und doch zwingt sie ihre Dankbarkeit und Achtung gegen den König, sich von ihrer Liebe loszureißen. Wir vernehmen von ihrem inneren Kampf. Von Artaxerce entwirft sie ein „Portrait" in den glänzendsten Farben. Weinend erzählt sie, wie Aspazie bei Boisrobert (1, 1), ihre Schicksale:

*« Du Païs d'Ionie en ces Lieux amenée*
*Au superbe Cyrus malgré moi destinée*
*Je ris par son trépas finir mes déplaisirs.»*

Sie gedenkt ihres herzlichen Verhältnisses mit der verstorbenen Königin, bei der sie in hoher Gunst gestanden sei. Sie ist sich ihres großen Einflusses auf den König bewußt:

*«... si quelquefois le Roy*
*Vent bien pour me parler desrendre jusqu'à moy,*
*Il croit que le conseil d'une jeune Etrangere*
*Est moins interessé, plus libre, et plus sincere,*
*Et la fortune veut qu'en prenant mes avis*
*Il ne se repent point de les avoir suivis.»* (II, 2)

Die angeführten Stellen lassen keinen Zweifel darüber aufkommen, daß Boyer für die Rolle der Aspasie aus Aelian XII, 1 geschöpft hat, ebenso wie Boisrobert. Er hält sich sogar genauer an seine Quelle, denn selbst die Personen — Cyrus und Artaxerce — stimmen. Freilich überträgt der Dichter auf seinen Helden Artaxerce, was von Cyrus erzählt wird:

Aelian bestätigt, daß Aspasia wider ihren Willen zu Cyrus gebracht worden ist; er verbreitet sich ausführlich über die freundschaftlichen Beziehungen zwischen Parysatis, der Gemahlin des Artaxerxes, und Aspasia und sagt u. a.:
*„Eliam hoc eam adiuvit, ut valde amaretur, quod ingenio calebat,*

*Saepe igitur Cyrus eam etiam de rebus gravioribus in consilium adhibuit; nec poenituit eum illi auscultavisse.*[1])

Nitocris kommt nun zu Aspasie und trägt ihre Bitte vor. Da Aspasie sich wundert, daß sie nicht für Ariarathe spricht, gibt Nitocris heuchelnd vor, sie füge sich dem Willen ihres fürs Staatswohl besorgten Vaters. Nitocris läßt sogar durchblicken, daß Darius sie liebe. Aspasie glaubt sich natürlich von Darius verraten. Ihre Eifersucht erneuert ihren seelischen Kampf. Soll sie für Darius sprechen und ihre Nebenbuhlerin zur Herrschaft kommen lassen? Dem Blick des eintretenden Königs möchte sich Aspasie am liebsten entziehen.

Die folgenden Szenen (4 und 5) stehen nun stark unter dem Einfluß Plutarch's bzw. Magnon's (I, 1).

Der König sehnt sich natürlich nach Ruhe und Frieden; er möchte abdanken. Dazu bewegt ihn vor allem sein großes häusliches Unglück: ihn betrüben die Kämpfe seiner Söhne:

*J'ay cent fois éprouvé les fureurs d'une Mère*

*Essayé l'attentat, la revolte d'un Frere,*

*Et mon dernier exploit, par un sort inhumain,*

*Du trépas de ce Frere ensanglanta ma main.*

*Pour comble de misere, une Espouse fidelle*

*A rendu par sa mort ma douleur immortelle.*

Die Anspielung auf das Attentat des Cyrus deutet auf Plutarch's Erzählung vom Anschlag des Cyrus auf das Leben seines älteren Bruders anläßlich der Krönungsfeier im Tempel zu Pasargades. — Die anderen Ereignisse, die der König erwähnt, kennen wir bereits. — Die Lesart, daß Artaxerxes seinen Bruder in der Schlacht mit eigener Hand niedergestreckt habe, findet sich ebenfalls bei Plutarch. Über seine Tat empfand er aber nicht etwa Gewissensbisse, wie unser Artaxerce, sondern er prahlte mit seiner Tat.

Des Königs Aufregung steigert sich, da beim Opfer ein unheilverkündender Zwischenfall eingetreten sei[2]):

*«... les Destins en colère*
*Me forcent d'expier le meurtre de mon Frère.»*

Auch der Magnon'sche Artaxerxe ist aus ähnlichem
Grund beunruhigt.

Wie nun bei Magnon (I. 2) Tiribaze das Verlangen des
Volkes nach Frieden zum Ausdruck bringt und zur Wahl des
Nachfolgers rät, so drängt auch hier Tiribaze zur Entscheidung. Der König entschließt sich, da Aspasie seine Ab-
dankung nicht wünscht, mit ihr zu herrschen, aber einstweilen
seinen Nachfolger zu ernennen. Tiribaze ist natürlich über
diese Absicht bestürzt, beruhigt sich jedoch, als Artaxerce
ihm andeutet, daß Darius seine Tochter Nitocris als Gemahlin
wählen werde.

Der König befiehlt, daß der Rat sich versammle.

## III. Akt.

Siegesgewiß hat Tiribaze schon im Volke die Kunde verbreiten lassen, daß Darius, der künftige König, Nitocris zur
Gemahlin nehmen werde.

Diese ist außer sich vor Freude und offenbart von neuem
ihre Herzlosigkeit gegen Ariarathe.

Doch die Freude wandelt sich in Schrecken, als Darie
kommt und das Gerücht widerlegt: Er wolle Nitocris seinem
Bruder nicht abspenstig machen. So glaube er, sich seinem
Versprechen gemäß dankbar zu erweisen.

Es folgt die Krönungsszene, der Höhepunkt des Dramas.
Der König fordert den jungen Nachfolger auf, sich eine Gunst
zu erbitten. Darius wünscht zunächst, Artaxerce möge Nitocris und Ariarathe glücklich machen. Des Königs Staunen

*... on decouvre en chacune victime*
*Les marques d'un malheur dont on est menacé.*

Im *Artaxerxe* verkündet ein Orakel dem König Unglück. Am
schönsten verwendet aber Boyer dieses Motiv. Die Opferzeichen sind
ein symbolischer Ausdruck der Gewissensbisse des Königs. Es scheint,
daß sich im 17. Jahrhundert der Gebrauch dieses dramatischen Mittels
einer gewissen Beliebtheit erfreute („Opfer- und Orakelmotiv"). Vgl.
Cyrano de Bergerac's Drama *La Mort d'Agrippine veuve de Germanicus* II 5).

über dieses unerwartete Verlangen erhöht sich, als Darius für
sich Aspasie fordert. Artaxerce erkennt die Strenge des
Schicksals, das Sühne für den Tod des Cyrus heische. Gegen
den Vorwurf der Undankbarkeit gegen Tiribaze und dessen
Tochter weiß sich Darius zu verteidigen. Aspasie wird zur
Entscheidung herbeigerufen. Bei ihrem Kommen sagt Darius:

«*Elle vient. Ay-ie tort? Seigneur, voila mon crime.*»

Dieser Ausruf ist eine Nachbildung von Magnon II. 1.
wo Artaxerxe sagt:

«*Voicy ce bel object pour qui je suis parjure.*
*Et si de ses beaux yeux l'en ou l'autre est touché,*
*Qu'il donne au criminel le pardon du peché.*»

Der König bekennt nun — zum Erstaunen des Darius —,
daß er selbst Aspasie liebe. Sie solle nach einer Bedenkzeit
(*avant la fin du jour!*) sich entscheiden.

Boyer weicht insofern — und mit gutem Grund — von
Magnon und Boisrobert ab. daß er, die dramatische Spannung
erhöhend. Aspasie's Antwort hinausschiebt.

Im übrigen ist die Rede des Königs eine Kombination
aus beiden Dramen[1]).

---

[1]) Zum Vergleich diene folgende Gegenüberstellung:

| Boisrobert II, 2. *Roy à Darie:* | Boyer IV, 5. Der König zu Darius: |
|---|---|
| *Ie ne doy l'observer (sc. la loi) que selon ma puissance* | *D'autres Roys employoient la force et la rigueur.* |
| *Car d'entreprendre icy dessus les volontez* | *Chacun sous mon Empire est maître de son cœur.* |
| *Agir dessus les cœurs, forcer les libertez,* | *Usez-en comme moy Fier d'une Loy supréme* |
| *Ie ne puis sans passer pour tyran de l'Asie.* | *Ne croyez pas par là m'arracher ce que j'aime:* |
| Magnon II, 2. *Aspasie:* | *Vous pouvez exiger ce qui dépend de moy,* |
| *La volonté d'autruy ne peut rien sur la nostre* | *Mais je ne puis donner ny son cœur, ny sa foy.* |
| *Artaxerxe:* | à *Aspasie:* |
| *Vous en disposerez, vostre soubçon m'offence,* | *Un Tyran peut aller jusqu'à la violence.* |

Darius und Aspasie streben nach einer glücklichen Lösung. Die Geliebte ist uneigennützig und edel genug, dem Prinzen die Ehe mit Nitocris anzuraten. Darius deutet das Motiv falsch und zur Rechtfertigung gesteht Aspasie ihre Liebe zu ihm. Sie meint am König verräterisch zu handeln, wenn sie dessen Liebe nicht erwidert und überhäuft sich mit Selbstvorwürfen. Darius macht den Vorschlag, gemeinschaftlich den König um eine Zusage zu bitten.

*Allons tous deux, allons . . . ammolir son courage.*

Dieser Vers klingt an Amestris' Aufforderung an (Magnon III. 3):

*. . . Allons tous trois nous mettre aux pieds du Roy.*
*Cette belle constance asseueroit sa foy.*

Darius ist überzeugt, daß der große König und zärtliche Vater einwilligen wird. Aspasie läßt den Prinzen über ihr Vorhaben im ungewissen. Sie fürchtet den Zorn des Königs. Darius will nun allein sein Glück versuchen.

## IV. Akt.

Noch hat sich Aspasie nicht entschieden. Der König kann es kaum fassen, daß er sich in seiner Liebe getäuscht haben soll. Er meint zum Gespött Asiens zu werden. Er erfährt, daß das Volk auf Seite des Darius steht (Corneille's Einfluß?). — Ariarathe sei geneigt, den Zwist für seine Zwecke auszunützen.

In einem Monolog stellt der König über seine Lage Betrachtungen an. Er fühlt, daß sein Ruhm beim Volke auf dem Spiele steht, daß Aspasie seinen Sohn liebt. Er erkennt auch, daß ihm die Liebe vielleicht schwach machen wird und fragt sich zweifelnd:

*Ie n'abuseray point de ma toute-*
*puissance:*
*C'est de vous que depend l'effet de*
*mon arrest.*

*Ie suis Roy. Mon devoir sçait régler*
*ma puissance,*
*Et les cœurs n'estant point sous*
*l'Empire d'autruy*
*Le reste ne dépend ny de moy, ny*
*de luy.»*

*Mais que veut cet amour? veut-il malgré moy-même,*
*Si mon Fils est aimé, luy ravir ce qu'il aime?*

Wir sehen, Artaxerce faßt den Gedanken, Aspasie später
wieder wegzunehmen, um ihn sofort wieder aufzugeben.
Darius kommt, wirft sich dem Vater zu Füßen. Ein
edler Wettstreit entspinnt sich zwischen beiden. Darius erklärt, er könne der Geliebten unmöglich entsagen.
Deutlich verrät diese Szene (IV. 4) Magnon's Einfluß,
wo Darie an gleicher Stelle (IV. 4) sagt, indem er sich gleichfalls ihm (dem König) zu Füßen wirft:

*Je vous veux demander Aspasie, ou la mort.*
*Sans elle . . .*
*rien . . . ne m'attache à la vie.*

In unserem Stück heißt es:

*Darius: Et si ce cœur ingrat ne peut vous la céder,*
*Au moins je puis mourir . . .*

Als der König erwidert:

*Les Dieux à mon amour ont attaché ma vie.*

sagt Darius:

*. . . perdant Aspasie*
*Mon respect ne peut vous répondre de ma vie.*

Also auch er stellt die Geliebte höher als sein Leben.
In diesem Augenblick eilt Aspasie, von Unruhe gepeinigt,
herein. Sie fürchtet Unheil, wenn sie länger schweigt und
gesteht dem König ihre Liebe zu Darius. Auf Artaxerce
wirkt dieses Geständnis erschütternd. Er unterdrückt seinen
Schmerz und verläßt höchst erzürnt die Liebenden.
Das Schicksal des Darius bleibt wie bei Magnon vorerst
unentschieden.
Aspasie ist entschlossen, den König zu beglücken und
fordert den Geliebten auf, er solle ebenfalls seine Pflicht erfüllen und freiwillig zurücktreten. Darius fühlt sich wegen
der Verletzung seines Selbstbestimmungsrechts bei dieser Zumutung gekränkt.
Sein Schmerz wächst, als Tiribaze kommt und erklärt, er
solle auf Befehl des Königs Aspasie holen. Er stellt sich

zunächst, als ob er die Absicht des Königs nicht kenne. Sofort aber durchschaut Darius, daß Artaxerce von Tiribaze
beeinflußt worden ist. Dieser leugnet dies nicht länger, sondern hält dem Prinzen seine angebliche Undankbarkeit vor. Er
werde sich rächen und Ariarathe's Unterstützung sich sichern.
Kühn gesteht er, daß der König auf seinen Rat Aspasie
am nächsten Tage heiraten werde. Nun rechnet auch Darius
mit dem mächtigen Höfling ab. Er läßt sich unbesonnener-
weise zu Drohungen gegen den Vater hinreißen. Fände er
auch selbst seinen Untergang, so werde doch Tiribaze in den
Sturz mitverwickelt. Denn Artaxerce liebe seinen Sohn zu
sehr, um ihn nicht an dem Urheber des Verderbens zu rächen.

Diese Szene erinnert wieder an Boisrobert und Magnon.
Hier übernimmt aber Tiribaze selbst die Mission des Königs.
Für die folgende Szene ist Magnon vorbildlich gewesen:
Nitocris stachelt ihren Vater zur Rache an. Von gleichem
Rachedurst ist Tiribaze beseelt. Er will sich auch für die
Verweigerung der Amestris Genugtuung verschaffen. Darius
soll mit Ariarathe's Hilfe zu einem Anschlag gegen den
König gehetzt werden. Auch Ariarathe will er dann be-
seitigen und schließlich selbst herrschen [1]. Zwar fürchtet
Tiribaze die Gefahr des Unternehmens, doch von Nitocris
abermals angestachelt, schreitet er hoffnungsfreudig zur Aus-
führung seines Planes.

## V. Akt.

Das Rachewerk ist im Gang. Geschrei und Lärm kündet
Kämpfe an, die sich hinter der Bühne abspielen. Nitocris

---

[1] Man vergleiche:

| Magnon IV. 6. Tiribaze: | Boyer. Nitocris: |
|---|---|
| Il faut que ie m'immole et le pere et le fils | Quel dessin est le vostre? |
| Interessons Ochus dans cette double perte ... | Tiribaze: |
| Ruinous mesme Ochus apres cet ar-tifice | De les perdre tous deux, d'immoler l'un par l'autre |
| Ainsi le criminel doit perdre son complice. | Ariarathe ... Doit ainsi que le Roy faire place à ton Pere. |

ist freudig erregt. Ihr Jubel ist verfrüht. Tiribaze kommt
und berichtet ihr, daß Darius die Entführung versucht habe.
Der König sei durch ihn verständigt worden. So sei es zu
einem Zusammenstoß zwischen beiden gekommen. Darius
habe seinen Bruder Ariarathe verwundet, hierauf aber —
beim Anblick des Königs — sei der Prinz reumütig zu seinen
Füßen gestürzt und festgenommen worden. Nun wolle ihn
der König unter irgendeinem Vorwand vor Strafe schützen.
Nitocris hofft, daß Tiribaze den Zorn des Artaxerce wecke,
um den Tod des verhaßten Darius herbeizuführen.

Der König kommt. Tiribaze drängt ihn zur Verhängung
der Todesstrafe. Doch Artaxerce ist wegen der Reue des
Prinzen zur Milde geneigt, zumal dieser in seiner Verzweiflung
sich ohne das Einschreiten des Vaters getötet hätte. Tiribaze erklärt natürlich die Reue für heuchlerisch (wie Ariaspe
bei Boisrobert!) und fordert den Tod des Darius. Seine Einflüsterungen scheitern an der Güte und Liebe des Königs.
Tiribaze sieht seine Pläne zunichte werden, legt deshalb sein
Amt nieder und erklärt, er werde freiwillig ins Exil gehen.
Beim Abgehen sagt er leise:

*Rien ne peut nous ranger que le sang de son fils.*

Darius ist vor den Vater befohlen worden. Artaxerce
will ihm das Leben schenken, wenn er zur Versöhnung des
beleidigten Ministers dessen Tochter heirate. Der Prinz will
aber lieber sterben. Der König merkt, daß die Liebe zu
Aspasie diesen Wunsch veranlaßt und befiehlt in seinem Zorn,
den „Undankbaren" zum Tode zu führen. Niemand spricht,
den Unglücklichen zu verteidigen.

Kaum ist er weg, hören wir aus einem Monolog,
wie furchtbar dem König der Gedanke an den Tod seines
Sohnes ist.

Aspasie eilt herbei und bietet ihm ihre Hand an. Artaxerce versteht ihren Beweggrund. Sie will Darius retten und
dem König ihre Liebe schenken. Diese hochherzige Gesinnung des Mädchens besiegt endlich den König. Er will
sich an Großmut von keinem sterblichen Wesen übertreffen
lassen, sondern sich selbst überwinden und Darius mit Aspasie,

Ariarathe mit Nitocris vermählen. Er befiehlt, Darius wieder
herzuführen.

Doch zu spät tritt seine Umkehr ein. Oronte, Darius'
Vertrauter, bringt die Nachricht, daß Tiribaze den Prinzen
ermordet und er selbst dem Mörder den Dolch in die Brust
gestoßen habe. Sterbend habe Tiribaze seine Pläne enthüllt.
Nitocris sei ohnmächtig über seiner Leiche zusammengesunken.
Auch Darius sei mit einem Schuldbekenntnis verschieden und
habe dem König und Aspasie Glück gewünscht. Aspasie
wünscht als Ursache des Unheils zu sterben. Doch Artaxerce
erwartet in seinem Schmerze von ihr Trost und fordert sie auf:

*Allons, Madame, allons fléchir les Immortels.*

*Et porter nos regrets au pieds de leurs Autels!*

Der letzte Akt erinnert in seiner Anlage an Magnon.
Der Anschlag ist, abweichend von Boisrobert, nicht auf die
Bühne gebracht. Das Geständnis des Tiribaze und der Botenbericht (Oronte) entsprechen der Lösung in Magnon's *Artaxerce*,
auch in einigen Einzelheiten, so z. B. daß Tiribaze mit einer
gotteslästerischen Äußerung stirbt. Aus Boisrobert scheint
Aspasie's Wunsch, mit Darius zu sterben, herübergenommen
zu sein, sowie das reumütige Bekenntnis des Prinzen.

## Quellen.

Die offenkundige Gleichheit der Fabel unseres Stückes
mit Magnon's Artaxerxe wurde bereits von Mouhy festgestellt[1].

Parfaict's[2] Angabe ist schon genauer: *«Boyer avoit trouvé
le tout dans l'Artaxerce de M. Magnon, et celui-ci s'étoit servi . . .
du Couronnement de Darie.»*

In seinem *Dictionnaire* hat Parfaict[3], wie bereits S. 55
erwähnt, auch auf Beziehungen des «fonds du sujet» zu Corneille's *Darius* hingewiesen.

Unsere Analyse ermöglicht uns nunmehr, die Quellenfrage schärfer ins Auge zu fassen.

[1] Mouhy, *Tabl. dram.*, p. 25 «tiré de Magnon»; ebenso *Abrégé*
II. 211.

[2] *Hist.* XII. 230.

[3] *Dict. d. Th.* a. 1641.

Wie Boisrobert und Magnon ging auch Claude Boyer auf die Urquelle Plutarch zurück. Aus ihr schöpfte er neu und selbständig einige Charakterzüge des Tiribaze und mehrere Einzelheiten aus dem Leben des Königs[1]. Wie bei Boisrobert konnten wir auch für Boyer Beziehungen zu Aelian nachweisen.

In bezug auf die antiken Autoren stehen wir auf relativ sicherem Boden. Nicht so hinsichtlich der Frage nach Boyer's Verhältnis zu Boisrobert. Magnon und Corneille. Der zeitlich am nächsten stehende *Darius* des Corneille hat wahrscheinlich in zwei Motiven, die nur bei ihm zu finden sind. Spuren hinterlassen:

1. Der König bestimmt willkürlich hier wie dort die Heirat des Darius mit der Tochter des Tiribaze. obwohl der Prinz eine andere liebt.

2. Darius ist bei den Persern sehr beliebt; das Volk tritt deshalb für seine Rechte ein.

Das Liebesgeständnis der Aspasie ist dem Geist nach sehr ähnlich dem Bekenntnis der Statira. bis zu einem gewissen Grade auch dem der Aspazie bei Boisrobert. Doch wäre es gewagt. deshalb einen Schluß auf unmittelbare Beziehungen zu Boisrobert zu ziehen. Wir dürften mit mehr Wahrscheinlichkeit in Dingen des Liebeslebens den allgemeinen Zeitgeist als primäre Quelle anzusehen haben. der in anderen Dramen in analoger Weise sich äußert.

Wir lassen also aus Mangel an beweiskräftigen Anhaltspunkten die Frage. ob Corneille's *Darius* gestaltend auf unser Drama eingewirkt habe. offen.

Nicht sehr groß ist Boisrobert's Einfluß. Immerhin können wir an mehreren Stellen seine Nachwirkung verspüren. (Opfer; die Intrigue des Tiribaze insofern sie dahin abzielt. die Entführung als Mordversuch erscheinen zu lassen.)

Daß Magnon in ziemlich weitgehendem Maße von Boyer benützt wurde. ist zweifellos. Trotzdem Magnon's Drama vom

---

[1] Schon M a g n o n ging besonders ausführlich auf diese für die Handlung z. T. unwichtige Einzelheiten ein, die vor dem Beginn der Haupthandlung sich abspielen; B o y e r faßte sie kürzer und in besserer Motivierung zusammen.

formell-künstlerischen Standpunkt nicht hoch einzuschätzen
ist, war es für den Abbé Boyer das geeignetste Vorbild durch
seinen inneren Gehalt. Denn der ernste Geist, der Magnon's
Stück durchweht, ist auch in unserer Tragödie wiederzufinden.
Dabei ist Boyer's Bemühen, die bei Magnon bereits vorhandenen Ansätze zu einer tieferen Erfassung und Durchführung
der Charaktere mit größerer Gründlichkeit zu verwerten, recht
deutlich zu verspüren.

„Selbstkritiken", die Schriftsteller über ein neues Werk
ihrer Feder abgeben, bevor es in den weiteren Leserkreis eintritt, sind in gewissen modernen literarischen Zeitschriften
keine seltene Erscheinung mehr.

Auch der Abbé Boyer schrieb über seinen *Artaxerce* eine
Selbstkritik, die er an der Spitze seines Dramas abdrucken
ließ. Freilich ein bemerkenswerter Unterschied trennt sie
von der erwähnten modernen Form. Sie verdankt nämlich
ihre Entstehung dem Bedürfnis des Autors, sich gegen die
vermeintlich ungerechten Angriffe, denen sein *Artaxerce* nicht
minder wie andere seiner Dramen ausgesetzt war, mit Zähig-
keit zu verteidigen. Kein Wunder, daß Boyer die zeit-
genössische Kritik aus tiefster Seele haßt, «qui sans doute est
un des plus grands malheurs qu'on puisse reprocher à notre siècle».

Trotz ihrer polemischen Tendenz ist die Selbstkritik
Boyer's maßvoll, wie er auch von vornherein gesteht, daß sein
Stück nicht ohne Fehler sei. Der Autor strebt sichtlich nach
Objektivität gegen sich selbst.

Wir werden also unsere Kritik am besten an Boyer's
Vorwort anknüpfen, was übrigens auch Parfaict getan hat [1],
der der Besprechung des *Artaxerce* einen verhältnismäßig
großen Raum in seiner *Histoire* einräumte, gleichzeitig aber
auch werden wir uns mit Parfaict selbst auseinanderzusetzen
haben.

Im Mittelpunkt des Streites der Meinungen stand und
steht auch für uns die Figur des Königs. Er ist der Held
des Dramas. Interessant und für die Beurteilung wertvoll
ist Boyer's Mitteilung, daß er den historischen Artaxerce nach

---

[1] *Hist. d. th. fr.* XII, 324 ff.

dem Vorbild von Louis le Grand geändert habe. Damit wird
nur die für den französischen Klassizismus bekannte Eigen-
tümlichkeit bestätigt, daß die antiken Helden im Kostüm des
17. Jahrhunderts auf der Bühne erscheinen. Der Dichter
weist mit Recht darauf hin, daß der Perserkönig zwar kein
*Héros du premier ordre* gewesen sei, aber doch hervorragende
Eigenschaften ihn geschmückt hätten, *«certus rares et singulières
pour un Roy de Perse, dont les Roys ordinairement affectoient une
majesté inaccessible, et une serérité odieuse»*. Er brauchte also
nur die guten und edlen Züge des *Artaxerce* beibehalten und
das Charakterbild noch mehr idealisieren, um seine Absicht,
Louis XIV. zu verherrlichen, zu erfüllen. Das „Portrait",
das Aspasie von dem König entwirft (II, 1) und das Boyer
— ganz charakteristisch für seine Zeit — ausdrücklich als
Portrait» bezeichnet, läßt an Größe und Vornehmheit nichts
zu wünschen übrig.

Nun wurde gegen den Dichter der Vorwurf erhoben, die
Gefühle des Helden und das Benehmen, das er im Stücke an
den Tag lege, entspreche der Vorstellung, die man durch das
Portrait von ihm bekomme, keineswegs.

Dagegen verwahrt sich Boyer nicht ohne Geschick: Er
weist nach, daß die Abneigung des Königs, länger die Bürde
der Herrschaft zu tragen, durch sein Unglück wohl motiviert
sei; daß seine Nachgiebigkeit gegen Tiribaze ein Beweis für
seine Dankbarkeit gegen seinen Lebensretter und seine stärkste
Thronstütze sei. Man kann diese Auffassung gelten lassen. —
Artaxerce gegen den Vorwurf der Schwäche völlig zu verteidigen, wird aber auch Boyer schwer.

Wir müssen auf diesen Punkt näher eingehen, da der
Vorwurf, der Held sei ein Schwächling, so ziemlich der
schwerste ist, den man einem Dramatiker überhaupt machen
kann.

Es handelt sich um die Frage, ob die Liebe des Königs
zu Aspasie und die daraus entspringende Rivalität zwischen
Vater und Sohn, des Helden würdig sei.

Wir müssen die Frage verneinen. Es mutet uns komisch
an, daß der König Artaxerce, i. e. der Sonnenkönig Louis XIV.,
in seinen alten Tagen mit dem eigenen Sohne in Liebes-

streitigkeiten geraten soll, ganz abgesehen von der sonderbaren
Einbildung, von der der König befangen ist, das junge Mädchen könnte ihm vor dem feurigen, tapferen Prinzen den Vorzug geben.

Um Aspasie dreht sich das ganze Stück. Deshalb ist
von vornherein die Stoffwahl unglücklich. Mag auch der
Dichter, was wir ihm zugestehen dürfen, den Konflikt gut
entwickelt und mit Konsequenz durchgeführt haben, die
Ausführung ändert nichts an der Tatsache, daß Boyer von
Unwahrscheinlichkeiten und Unnatürlichkeiten ausgeht. —
Diesen Grundirrtum vermochte aber Boyer nicht einzusehen.

Wie sein Meister Racine will auch er in Aspasie's Charakteristik zeigen, wie die Pflicht über die Neigung den Sieg
davonträgt, übersieht jedoch, was Racine nie tut, daß für
Aspasie gar keine zwingende moralische Verpflichtung besteht,
ihre natürliche Zuneigung zu Darius zu bekämpfen.

Parfaict urteilt sehr absprechend, ja mit einem gewissen
Ärger, über Boyer und sein Werk. Er spricht allgemein von
der Verblendung des Dichters gegenüber den wesentlichen
Mängeln seiner Dramen, tadelt am Artaxerce mit Recht «*le
sujet essentiellement vicieux*», es sei «*ni noble ni digne du Theatre*»
und bemängelt «*la fausseté des sentiments*».

Boyer verteidigt nicht nur seinen Helden, sondern auch
die anderen Hauptpersonen mit Wärme. Aspasie's Kampf
gegen die Leidenschaft der Liebe stellt er in wirksamen
Gegensatz zu Nitocris' heißem Bemühen, ihre Ehrsucht, ihren
Stolz, und schließlich ihre Rachsucht zu befriedigen. Sie ist
ein liebloses Wesen.

In den Augen des Publikums war es ein Wagnis, ein
Mädchen ohne Liebe auf die Bühne zu bringen. Die Kritik
stieß sich natürlich daran.

Nitocris flammt selbst ihren Vater zur Rache an. Sie
ist fast unnatürlich hart in ihrem Wesen. Tiribaze, der aus
Liebe zu ihr zum Verbrecher wird, gewinnt unsere Teilnahme
in viel höherem Grade als seine Tochter.

In der fünften Szene des ersten Aktes zergliedert Nitocris
ihre Empfindungen. Wir glauben La Rochefoucauld zu hören.

wenn sie ihrer Vertrauten auseinandersetzt, daß Ruhm und Ehrgeiz die menschliche Seele beherrschten.

«*La vanité fait toutes nos vertus.*»

Es fällt ihr nicht schwer, Ariarathe, der sie aufrichtig liebt, aus Ehrgeiz preiszugeben:

«*Où je vois plus d'amour, je voy plus de foiblesse;*
*Je distingue le rang et non pas la tendresse.*

. . . . . . . . . . . . . . . . . . . . . .

*Tout ce qui fait régner ne fait jamais rougir.*»

Darius ist das Gegenbild zu Tiribaze, wie in den früheren Stücken.

Auch ihn hat Boyer gegen Angriffe der Kritik zu schützen. Man verübelte dem Prinzen, daß er es wagt, dem König durch die Entführung der Geliebten trotzen zu wollen, während Artaxerce von der Kritik deshalb getadelt wurde, daß er schließlich nachgibt, anstatt gegen den Sohn seiner Autorität sich zu bedienen.

Diese Einwürfe sind haltlos, geben aber unserer früheren Behauptung recht, daß die Unterwerfung unter die Autorität des Königs nicht nur in der Politik, sondern auch im Drama dogmatisch gefordert wurde.

In dieser Beziehung ist Boyer's Tragödie mit dem *Couronnement de Darie* nahe verwandt.

Die Lösung bedeutet im Grunde (wie im Boisrobert'schen Stücke) nichts anderes als den Sieg der Autorität über feindliche Kräfte. Darius und Tiribaze fallen; der König erringt, nachdem er seine auch von Boyer als solche gedachte rein menschliche Schwäche, die Eifersucht auf seinen Sohn, überwunden hat, Aspasie's Zuneigung und Liebe.

Noch ein Wort im allgemeinen über Boyer's Vorrede: Man scheint aus persönlicher Abneigung gegen den Dichter auch an einer Reihe von Dingen im *Artaxerce* Kritik geübt zu haben, die, von Objektivität weit entfernt, den Eindruck macht, als ob man absichtlich die Worte des Dichters z. T. verdreht habe, nur um daraus Vorwürfe für den Dramatiker abzuleiten. Gegen derartige Unterstellungen, wie z. B. daß Artaxerce tatsächlich abdanke — für den Helden natürlich eine Schmach —,

konnte sich Boyer ohne weiteres durch Hinweis auf das Drama
rechtfertigen.

Selbst Parfaict bringt sich in den Verdacht der Ge-
hässigkeit gegen Boyer oder mindestens in den Schein, das
Stück nur oberflächlich gelesen zu haben, wenn er Aspasie
eine *mince Grisette* nennt, dem König vorwirft: *il renonce
au trône pour s'abandonner avec plus de liberté à sa folle passion*
und unter völliger Verkennung der Sachlage sagt: *Le Spec-
tateur ne voit qu'avec indignation la division scandaleuse du père
et du fils, pour une coquette assez méprisable, qui les joue tous
deux.*

Gegen solche Vorwürfe fallen Aussetzungen an der Sprache
(*foiblesse des vers, le défaut des expressions*) kaum mehr ins
Gewicht.

Die Einheiten sind selbstverständlich strenge gewahrt.

Von der Einheit des Ortes bedingt ist die Einführung
von Vertrauten und die schon erwähnte Verlegung des Ent-
führungsversuches und der Ermordung des Darius hinter die
Szene. „Wenn die Szene nicht wechseln sollte," sagt Carrière
über die Technik des französischen klassischen Dramas, „so
mußte vieles, was wir miterleben möchten, der Erzählung
überlassen bleiben ... Wie schwach ist der Notbehelf der
Vertrauten, mit denen die Hauptpersonen besprechen, was wir
selbst anschauen möchten!"

Boyer konnte nicht mehr so frei die Bühne zum Schauplatz des Tumults machen, wie Boisrobert.

Alles in allem genommen steht der *Artaxerce* weit über
den anderen besprochenen Dramen. Wenn die Kritik trotzdem Boyer's Tragödie scharf mitgenommen hat, so darf nicht
vergessen werden, daß der Geschmack des Publikums ge-
läuterter war als in der Mitte des großen Jahrhunderts. Die
Ansprüche ans Drama waren gewachsen und man verzieh
einem Boyer nicht mehr, was sich Dichter wie Boisrobert,
Magnon und Th. Corneille noch gestatten durften.

Nur ganz kurze Zeit konnte man ernsthaft im Zweifel sein,
ob Boyer's oder Racine's Stern größere Leuchtkraft besitze.

Die schöpferische Kraft des für die Ewigkeit bildenden
Künstlers blieb unserem Abbé versagt, und wir können füglich

unterschreiben. was fast hundert Jahre nach dem *Artaxerce*
die *Anecdotes dramatiques* über ihn sagen:

> *Cet Auteur avoit beaucoup d'esprit, et ses différens ouvrages
> sont animés d'un feu qui ne fut point affoibli par l'âge, mais il
> n'avoit aucune connoissance du fond de l'art qu'il pratiquoit; et
> manquoit également de goût et de sens.»* [1]

## 5. Crébillon.

Das folgende Drama. *Xerxès* von J. P. Crébillon, ist
geeignet, vom Standpunkt der vergleichenden Literaturgeschichte besonderes Interesse zu erwecken: Die Träger der
Handlung fallen historisch in eine frühere Generation des
Achämenidengeschlechtes. Der Titelheld ist Xerxes I. (485
—465). Zwei Söhne von ihm trugen den Namen Darius und
Artaxerxes (I.) (s. Stammtafel). Sie sind wohl zu unterscheiden von ihren Namensvettern, die uns bisher beschäftigt
haben. Diese Unterscheidung gilt jedoch nur für den Ge-
schichtsforscher. Literarisch sind alle drei Personen mit den
bisher behandelten Perserkönigen und -prinzen eng verwandt.
Die Verwandtschaft erstreckt sich aber auch zum Teil auf
die verwerteten Motive und Ereignisse. Unsere Untersuchung
wird nun im einzelnen zu zeigen haben, wie sich bei Crébillon
ein neuer geschichtlicher Stoff mit Bestandteilen früherer Dramen
zu einem originellen poetischen Gebilde verschmolzen hat.

Crébillon schrieb seinen *Xerxès* als fünfte seiner Tragödien.
Er wurde nur ein einziges Mal aufgeführt, und zwar in der
Comédie Française am 7. Februar 1714 [2]. Nach der Vor-
stellung zog der Dichter laut übereinstimmendem Bericht der
Tradition das Werk zurück, da er einsah, daß es verfehlt
war [3]. Der *Xerxès* gilt allgemein als das minderwertigste
Stück Crébillon's.

[1] *Anecdotes dramatiques* (1775) III, 67.
[2] Beauchamps, *Recherches* 2, 304; Parfaict, *Hist.* XV. 160;
Dutrait, p. 39.
[3] Vgl. Mouhy. *Tabl. dram.*. p. 240; *Abrégé* I, 496; *Anecd. dram.*
II, 272; Lucas I. 306 («*Xerxès . . . pâle épreuve tirée du moule de Racine*»); *Ann. dram.* IX, 389 (Kritik abgedruckt von der *Préface* der
*Œuvres de Crébillon* p. *Peyron*. Paris 1797, p. XXIV); Dutrait. p. 39.

Erst im Jahre 1749 ließ es der Dichter, ermuntert durch den Erfolg seines *Catilina*, drucken und zwar in unveränderter Form [1]).

Szene: Babylon. Palast des Perserkönigs.

### Kurze Inhaltsangabe.

Artaban, der Günstling des Königs Xerxès, strebt nach der Königsherrschaft. Er ermordet seinen Herrn unter der Beihilfe des Tissapherne und versteht es, den Verdacht auf den älteren Prinzen Darius abzulenken. Xerxès hatte nämlich nicht ihn, den älteren Sohn, sondern auf Artaban's Betreiben dessen (Darius') jüngeren Bruder Artaxerxe zum Nachfolger ernannt. Da Artaxerxe dem alten Brauch gemäß Amestris, die Geliebte des Darius, als Geschenk sich erbeten und erhalten hat, entschließt sich Darius, mit ihr zu fliehen. Der Mord geschieht zur gleichen Stunde, in der die Liebenden zur Flucht bereit sind. Artaxerxe glaubt, Darius habe den Vater aus Rache ermordet, läßt ihn verhaften, und Darius wird vom Gericht zum Tode verurteilt. Vor der Vollstreckung der Strafe deckt Barsine, die Tochter Artaban's, das Verbrechen ihres Vaters auf. Sie liebt nämlich den Prinzen Darius, rettet ihn so und vergiftet sich aus Schande und Gram über ihren Vater. Artaban, der auch die Ermordung des Artaxerxe geplant hat, wird von seinem Mithelfer Tissapherne getötet, der von Reue über seine Schuld ergriffen worden ist und ebenfalls Selbstmord verübt.

### I. Akt.

Artaban enthüllt seinem Vertrauten Tissapherne, daß der König Xerxès auf seine Veranlassung Artaxerxe zum Nachfolger erwählt und den tapferen, von den Persern bewunderten Helden Darius zurückgesetzt habe. Den darüber erstaunten Tissapherne klärt er, nachdem er sich seiner Treue durch den lügnerischen Vorwand, daß Xerxès ihn hasse, versichert hat, über den Grund auf. Er habe dem König eingeredet, Darius strebe nach der Herrschaft. Tissapherne erhält Anweisungen, um den siegreich heimkehrenden Prinzen gegen den König aufzuhetzen. Artaban eröffnet seinen Plan:

*« Ce n'est qu'en le portant aux plus noirs attentats,*
*Que je puis à mes lois soumettre ces États.*

---

[1]) *Xerxès, tragédie par M. de Crébillon, de l'Académie Françoise.*
*A Paris, chez Prault fils, quay de Comty . . .* 1749; eine zweite Separatausgabe erfolgte zu Avignon 1765. Über die Ausgaben in den *Œuvres* s. Dutrait, p. 537 ff.

*Détruisons, pour remplir une place si chère,*
*Le père par les fils, et les fils par le père.*
*Je veux, à chacun d'eux me livrant à la fois,*
*Paraître les servir, mais les perdre tous trois.»*

Crébillon beginnt also sein Drama mit der Verschwörung und dreht, abweichend von seinen Vorgängern, die Reihenfolge der beiden Haupthandlungen um. Die Liebesaffäre setzt erst später ein.

Artaban zerstreut alle Bedenken seines noch zaudernden Vertrauten und ergeht sich, wie Artaxerxe bei Magnon, in abfällige Äußerungen über den Wert der Eidespflichten:

Magnon II, 1. *Artaxerxe:*
*. . . ô serment temeraire.*
*Insolente coustume, idole du vulgaire*

*. . . . . . . . . . .*

*Ce phantosme assemblé de loy, de Foy, de Dieux,*
*Que l'on faict effroyable à l'ame comme aux yeux,*
*N'est qu'en leger remord qui touche vne foible ame,*
*Chimere qui consiste en la crainte du blame.*
*Qui de soy produisant vn scrupule d'honneur*
*Inspire dans vn lasche vn sentiment d'horreur:*
*Ce caprice en effect n'est qu'vne aueugl estime.*
*Qui faict vertu le vice, et faict la vertu crime.»*

*«Laisse ces vains devoirs à des ames vulgaires.*
*Laisse à de vils humains ces sermens mercenaires.*

*. . . . . . . . .*

*Notre honneur dépendra d'un vain respect pour eux?*
*Pour moi, que touche peu cet honneur chimerique.*

*. . . . .*

IV, 2 sagt er darüber:
*Amour d'un vain renom, foiblesse scrupuleuse,*
*Dès que le Sort nous garde un succès favorable*

*. . . . . . . . . .*

*Il fait du parricide un honneur généreux.»*

Wir erkennen deutlich die Gleichheit der Gedanken in beiden Reden!

Die Motive Artaban's hören wir aus seinem Mund:
*J'appelle à ma raison d'un joug si tyrannique.*
*Me venger et régner, voilà mes souverains,*
*Tout le reste pour moi n'a que des titres vains.»*

Xerxès kommt in großer Aufregung. Von Artaban nach der Ursache befragt, bekundet er seine Reue über die Wahl des Artaxerxe: dieser habe nämlich, von einem alten persischen Rechte, nach welchem der neuernannte Nachfolger eine Gnade erbitten dürfe, die ihm gewährt werden müsse, Gebrauch machend, die Hand der Amestris verlangt, die er schon Darius als Lohn seiner Tapferkeit versprochen habe. Artaban ist über diese Nachricht sehr überrascht; er glaubt nämlich, Darius liebe seine Tochter Barsine. Der König gesteht ihm, daß er die Liebe des Prinzen auf seine Nichte Amestris abgelenkt habe aus Furcht. Artaban möchte sich einst mit seinem (Artaban's) Schwiegersohn gegen seinen König verbünden. Durch Bitten und Drohungen und sogar dadurch, daß er sich selbst als Rivalen seines Sohnes ausgegeben habe, sei ihm seine Absicht geglückt.

Das uns vertraute Motiv der Rivalität zwischen Vater und Sohn kehrt also auch hier wieder; sie ist nur fingiert.

Der König fürchtet nun die Wut des beleidigten Darius. Artaban wird um Rat gebeten: Er schlägt vor, Amestris gegen Darius aufzuhetzen, indem man den Schein erwecke, als sei der Prinz zu seiner ersten Liebe, Barsine, zurückgekehrt. Wie Tiribaze voreilig die Vermählung der Xitocris mit Darius verkünden läßt (Boyer), so rät auch Artaban, die Nachricht von der bevorstehenden Heirat Barsine's mit Darius zu verbreiten. Für den Fall des Mißlingens dieses Planes müsse Darius beseitigt und Amestris zur Heirat mit Artaxerxe gezwungen werden.

Artaban verfährt genau wie Tiribaze bei Magnon: Erst suggeriert er dem König als Mittel eine List, dann, wenn sie versagen sollte, Gewalt.

Dem König wird die Heimkehr des Siegers gemeldet. Strengstens läßt Xerxès dem Prinzen verbieten, vor ihm zu erscheinen. In höchster Angst fleht er zur Sonne, der Gottheit Persiens, Unheil abzuwenden.

Das Gebet erinnert an die Bitte des Königs bei Magnon. Artaxerxe ist die Verstimmung des Vaters nicht entgangen. Er vermutet in ihm seinen Nebenbuhler. Xerxès macht ihm nur Andeutungen, worauf sich Artaxerxe, wenn auch unwillig, entfernt.

Während Xerxes sein Mitleid für ihn bekundet, kommt Amestris und erfährt nun die Thronerhebung des Artaxerxe. Sie kann ihre Erregung nicht meistern, obwohl ihr der König schweigenden Gehorsam gebietet. Sie bricht in leidenschaftliche Klagen über die an Darius geübte Ungerechtigkeit aus. Sie schildert dabei ihren Geliebten in glänzenden Farben. Xerxes beruft sich auf sein königliches Recht, mit der Krone frei zu schalten, auf seinen Willen, der genüge, Gesetze vorzuschreiben, auf seine Neigung zu Artaxerxe.

Er befiehlt ihr — wie Ochus der Statira (Corneille) — sie solle sich zur Vermählung mit Artaxerxe bereit halten. Amestris ist aber weniger gefügig als Statira. Sie erklärt, nur der Tod könne sie von Darius trennen. Als gütliches Zureden nichts fruchtet, spielt Xerxes seinen Haupttrumpf aus: er gibt Amestris zu verstehen, daß ihr Geliebter untreu sei.

Die Verleumdung tut ihre Wirkung: Amestris gerät in furchtbare Aufregung. Eifersüchtige Anwandlungen quälen sie. Sie kann nicht fassen, daß Darius sie täuschen sollte. Entsetzlich ist ihr der Zweifel. Sie schwankt nun zwischen Furcht und Hoffnung. Rache an Darius, wenn der König recht hätte!

## II. Akt.

Barsine hat die Nachricht empfangen, Xerxes selbst habe die Vorbereitungen zur feierlichen Vermählung zwischen ihr und Darius angeordnet. Sie kann es kaum glauben, daß ihr der Prinz noch gewogen sei. Hat sie doch früher seine Liebe verachtet in der törichten Hoffnung, Xerxes' Herz und so die Krone zu gewinnen.

Diese Szene, die zwischen Barsine und ihrer Vertrauten spielt, ist analog dem Zwiegespräch zwischen Nitocris und ihrer Vertrauten, wo sie aus Herrschsucht den Geliebten aufopfert (Boyer I, 5). Beide müssen dafür bitter büßen.

Der König überbringt nochmals persönlich die Nachricht, daß er seiner Jahre wegen auf Barsine verzichtet habe, um Darius mit ihrer Hand zu belohnen.

Den gleichen Gedanken, nämlich Darius mit der Tochter seines Feindes zu „belohnen", hatte auch Ochus, das Vorbild des Xerxès (Corneille).

Der König bittet Barsine, sie möge Darius dahin beeinflussen, in Gehorsam gegen ihn zu verharren, da kommt nichts Schlimmes ahnend, der Prinz, um seinem Vater seine Huldigung darzubringen. Höchst ungnädig wird er empfangen, wie bei Magnon:

| Magnon V, 4. *Artaxerxe:* | *Xerxès* II, 4 ruft ihm zu: |
|---|---|
| «*M'assassiner, perfide, et tu m'oxes attendre.*» | «*A ma justes fureur dérobes-toi, perfide Et comment oxes-tu te montrer à mes yeux?*» |

Allen verräterischen Komplotten zum Trotz werde er sich Gehorsam verschaffen, fügt er hinzu.

Darius versteht das Gebaren des Königs natürlich nicht. Er wendet sich an Barsine um Aufklärung. Die gegenseitigen Mißverständnisse werden dabei nur größer. Nur soviel erkennt Darius, daß der König ihn betrogen hat, ein parjure» sei (Magnon!), während Barsine klar wird, daß das Herz des Prinzen Amestris gehört. Vergebens ist ihre reumütige Bitte. Darius möge das ihm angetane Unrecht vergessen. Rache erfüllt sie, zumal nun ihre Rivalin eintritt und von Darius freudigst begrüßt wird.

Getäuscht von der Anwesenheit Barsine's weist Amestris den vermeintlich treulosen Geliebten zurück.

Verzweifelt läßt sie den Prinzen allein, der in tiefster Trauer den Tod herbeiwünscht. Sein Monolog ist eine Nachbildung des Selbstgesprächs des Darie bei Magnon:

| Magnon III, 7. *Darie:* | Créb. II, 7. *Darius:* |
|---|---|
| «*Dieux, venez au secours d'une foible vertu,* | «*Dieux, qui semblez vous faire une loi si rigoureuse* |
| *Ce n'est qu'auer langueur que ma vertu s'excite,* | *De rendre la vertu pesante et malheureuse,* |
| *Je suis si delaissé qu'elle mesme me quitte.* | . . . . . . . . . . |
| . . . . . . . . . . | *Contentez-vous d'avoir presqu'ébranlé la mienne,* |
| *Calme-toy ma fureur, arreste, ie me rends.* | *Souffrez qu'un saint respect dans mon cœur la retienne,* |

*Plutost, plutost ma mort que ce*    *Que ie puisse du moins, malgré tout*
*que i'entreprends.»*       *mon courroux*
*D'un reste de vertu vous rendre en-*
*cor jaloux.»*

Auch die folgende Szene ist uns aus Magnon bekannt.
Zwischen Artaxerxe und Darius findet das erste Zusammentreffen statt (vgl. Magnon 1, 4 und III. 5: Ochus und
Darie lieben beide das gleiche Mädchen: Feindschaft zwischen
ihnen infolge gegenseitiger Mißverständnisse). Darius erfährt
erst jetzt. daß Artaxerxe Nachfolger geworden ist. Dieser
entschuldigt sich damit, daß er wider seinen Willen. lediglich
aus Gehorsam gegen den König. sich habe wählen lassen.
Darius nimmt ihm dies nicht übel. Erst als er hört, daß
auch Artaxerxe Amestris liebt und heiraten will, ergrimmt
er über ihn und macht ihm die heftigsten Vorwürfe, die
natürlich unbegründet sind, da Artaxerxe nicht wissen konnte,
daß Darius Barsine nicht mehr liebt.

Mit seinem Degen will sich Darius Genugtuung verschaffen.
Die feindlichen Brüder trennt — Artaban. (Bei Boisrobert
und Magnon tat dies Aspazie!)

Er befiehlt beide vor den König. Als Feinde scheiden
Darius und Artaxerxe, beide einander nicht verstehend. Darius
wirft auch dem Artaban den Fehdehandschuh hin: ihn haßt
er als den Urheber seiner Erniedrigung (vgl. die Erbitterung
des Darie gegen Tiribaze bei Magnon und Boyer).

Seinem Vertrauten Tissapherne offenbart Artaban weitere
Pläne. zunächst gegen Darius. Der Akt schließt mit dem
Hinweis auf ein Verbrechen.

## III. Akt.

Artaxerxe gesteht der Amestris seine Liebe und bietet
ihr die Krone an. Sie ist bereit, ihm die Hand zu bieten,
aber nur, um sich an Darius auf diese Weise zu rächen. Sobald Artaxerxe ihr Motiv erkennt, tritt er von seiner Werbung
zurück. Er tritt den Rechten seines Bruders nicht zu nahe.

Als Amestris hört, daß Darius ihr treu sei, beklagt sie
ihren unseligen Irrtum und bereut bitterlich ihr Unrecht an
Darius. Sie will sich aus Schamgefühl seinem Anblick entziehen, als er eben kommt. Er wolle ihr Lebewohl sagen,

erklärt er der Geliebten. Es kommt natürlich zu einer klärenden Aussprache und, wie an der gleichen Stelle im Drama bei Magnon (III. 4), schwören sich die Liebenden Treue bis in den Tod und beschließen gemeinsame Flucht aus der Gewalt des Xerxès. Darius wird über das Verhalten seines edlen Bruders aufgeklärt. Folgende Aufforderung der Amestris erhöht die Ähnlichkeit mit Magnon:

Magnon III. 5. *Aspazie* zu *Darie:*

*N'irritez pas le Roy . . .*
*N'impute: poinct au Roy ce que les*
*Dieux ordonnent*
*Ils nous mènent souvent par des*
*chemins cachez*
*N'irritons point les Dieux, attendons*
*leur loisir.*

*Les Dieux protégeront des amours*
*légitimes.*
*Xerxès vient, gardes-toi d'un seul*
*mot qui l'offense*
*D'armer contre tes jours une injuste*
*vengeance.*

Der König macht dem Prinzen in der Tat heftige Vorwürfe, als er ihn bei Amestris trifft. Diese verteidigt den Geliebten in ähnlicher Weise wie Statira (Corneille III. 2) gegen den argwöhnischen König. Darius wird vom Hofe verbannt. Der Aufforderung, Artaxerxe zum Altar zu folgen — eine Aufforderung, die auch Ochus an Statira richtet —, widersetzt sich die kühne Amestris. Der König ist darüber entsetzt, noch mehr über Darius, dessen Stolz sich ebenfalls gegen den Vater aufbäumt und von ihm Rechenschaft fordert. Nur der Tod könne ihm Amestris rauben. Die Ausreden des Königs, unter denen eine (ziemlich unklare) Anspielung auf die Mutter des Prinzen auf Magnon's Einfluß hinweist, erbittern den Beleidigten noch mehr. Wie Darius Codoman (Corneille II. 3) erinnert er den König an seine reichen Verdienste und wie Ochus verrät auch Xerxès schließlich die wahre Ursache seines Hasses und seiner Strenge — die Furcht vor einem mächtigen und populären Rivalen. Der Prinz solle blind gehorchen. Nochmals wird über Darius die Verbannung — bei Todesstrafe! — ausgesprochen und Artaban mit der Überwachung des Befehlvollzugs betraut.

Empört greift Darius zur Waffe, da hält ihn Artaban zurück und hindert ihn, etwas Unbedachtes zu unternehmen.

Er versucht nun. sich dem Prinzen als Freund aufzuspielen.
Alle verführerischen Worte prallen zunächst an dem königs-
treuen Prinzen ab, dem der Dichter ähnliche Worte in den
Mund legt. wie Magnon:

Magnon IV. 5. Darie zu
Tiribaze:

Aux peres comme aux Roys l'on
doit tout deferer.
Se resigner en fils à toutes leurs
coleres.
Les peres sont nos Roys. et les Roys
sont nos peres.
Nous deuons respecter tout ce qui
part du sang
Nous deuons adorer tous ceux de
ce haut rang
Le Ciel ne consent pas à ces hardis
desseins;
Luy qui tient les tyrans, et les Roys
soubs ses mains.
Luy qui s'est reserué de chastier
leurs crimes.»

(III, 7):
«Pour moi, soûmis aux lois qu'im-
pose la nature,
Ie me reproche même un frivole
murmure,
Ie respecte en mon Roi le maître
des humains,
I'adore en lui du Ciel les decrets
souverains.
Dont les rois sont ici les seuls de-
positaires.
Et non pas des sujets foibles et té-
méraires.»

Schließlich geht er aber in die Falle: Artaban erinnert
ihn an die geraubte Geliebte. Zur Entführung wolle er dem
Prinzen behilflich sein. Dessen Bedenken zerstreut er leicht.
Darius vertraut sich ihm an. Während der Nacht soll der
kühne Plan zur Ausführung kommen [1].

## IV. Akt.

Es ist tiefe Nacht. Im Gemach innerhalb des Palastes
erwartet Artaban sein Opfer. Seine seelischen Vorgänge
verrät uns der Intrigant in einem Monolog. Er besiegt sein
quälendes Gewissen. Bald wird seine Hand von Blut dampfen!

---

[1] Dutrait rühmt p. 429 diesen Auftritt mit Recht in hohem
Grade: «Cette scène de séduction est assurément des plus remarquables
par le dessin énergique du caractère d'Artaban, et la critique impartiale
ne peut refuser d'y voir les marques d'un talent très original et très
sûr. On ne saurait reprocher au traître de débiter froidement des ma-
.ximes atroces, comme il le fait en d'autres endroits: il ne disserte plus.
il agit. toutes ses insinuations sont des actes.»

In anscheinend tiefer Traurigkeit nähert sich Darius. Seine erste Frage ist die nach dem Verbleib der Geliebten. Amestris sei argwöhnisch und zaudere deshalb, erwidert Artaban. Er läßt sich den Dolch des Prinzen geben, um Amestris ein Pfand des Geliebten zu zeigen. Sie werde dann kommen. Während Artaban auf dem Wege zu Amestris ist, hält Darius einen Monolog. Er ist von bangen Ahnungen erfüllt und macht sich Gedanken über seine Pflichtverletzung, denn er weilt trotz des Verbotes noch am Hofe.

Beim Erscheinen der Amestris schwindet seine Angst. Auch die Geliebte ist sehr beunruhigt. Sie traut Artaban nicht. Darius solle fliehen und sie erwarten. Das tut der arglose Prinz nicht.

Schon beginnt das Unheil. Artaxerxe, von Artaban bereits verständigt, überrascht beide. Erstaunt über die Kühnheit, mit der Darius den heiligen Ort, der gewöhnlichen Sterblichen unzugänglich sei, betrete, fordert er Rechenschaft von ihm. Darius verrät sein Geheimnis nicht und erweckt bei dem dadurch gereizten Artaxerxe den Verdacht, daß er ein hochverräterisches Unternehmen im Schilde führe. Darius will sich diese Beleidigung nicht gefallen lassen — doch Amestris unterbricht ihn. Sie hat furchtbares Schreien gehört; entsetzliche Angst packt sie. Artaxerxe vermutet die Ankunft des Königs und drängt den Bruder zur Flucht — da erscheint Artaban und meldet in erheucheltem Schmerz, der König sei ermordet. Darius verlangt von Artaban, dem Hüter des Königs, Aufklärung. Sofort kehrt dieser die Sache um und erklärt Darius für den Mörder. Die Antwort des Prinzen deutet auf Magnon's Einfluß hin:

Magnon V. 5. *Darie zu
Artaxerse:*

«O Dieu.r, quel imposteur!...
Quoy, se laisser seduire au rapport
d'en perfide,
Sur vn simple soupçon croire vn
fils paricide
. . . . . . . . . .
Vn fils est-il moins cru qu'en esprit
facticux?»

*Ah, monstre, imposteur,*
. . . . . . . . . .
*Quoy, Prince, vous souffrez qu'il
ose m'accuser?*
. . . . . . . . . .
*Quoi! d'un esclave indigne appuyant
l'imposture,
Vous-même à votre sang vous feriez
cette injure?
J'avois cru que ce cœur qu'Artaxerxe connoît . . .»*

Bestärkt durch das Schweigen des Artaxerxe fährt Artaban in seiner Beschuldigung fort, erzählt weitläufig eine er-
logene Geschichte [1]) von dem sterbenden König, der selbst
Darius als seinen Mörder bezeichnet habe und zeigt schließlich dessen Dolch. Nun erkennt Darius die Tücke seines
Feindes, will seinen Bruder aufklären, wird jedoch von Artaxerxe, der von der Schuld des Darius bereits überzeugt ist,
unterbrochen. Nun verzichtet in seiner Verzweiflung Darius
seinerseits auf jede Verteidigung. Stolz baut er auf die Hilfe
der Götter. — Artaxerxe befiehlt dem Artaban, den Gerichts-
hof zu berufen. Darius wird im Palast bewacht. Amestris
spricht dem Geliebten Mut und Hoffnung zu, und Darius fleht
zu den Göttern, wie Darie bei Magnon um seine Ehre mehr
als um sein Leben besorgt:

Magnon V, 2. Darie:

Ie me cuis à la mort . . .
Insolente fortune, immortelle enne-
    mie,
Tu veux à mes malheurs ioindre
    encor l'infamie.
Infidelle . . .
    . . . laisse moy l'honneur:
Tu te dois contenter que ie sois mi-
    serable
Sans estre ingenieuse à me rendre
    coupable
Souffre, fatal amour, que ie meurs
    innocent.»

«Ce n'est donc plus qu'à vous, grands
    Dieux, que j'ai recours!
Non pas dans le dessin de conserver
    mes jours:
Saurez-moi seulement d'une indigne
    mémoire,
Que du moins ces lauriers fameux
    par tant de gloire,
Des honneurs souverains par le sort
    dépouillés,
D'un opprobre éternel ne soient ja-
    mais souillés! (IV. 8.)

Amestris eilt fort, um für seine Rettung tätig zu sein.

## V. Akt.

Artaban gibt seiner Freude in einem Monolog Ausdruck,
daß mit dem nahenden Tagesanbruch die Frucht seines Ver-
brechens reifen werde. Darius sei zum Tode verurteilt. Nun

---

[1]) Im chap. VIII. p. 252, wo er Crébillon's *Descriptions et
récits* würdigt, kommt Dutrait auch auf Artaban's Erzählung zu
sprechen. Er kritisiert sie sehr scharf und nennt sie einen «*illustre
exemple d'emphase et de mauvais goût!*... *En résumé, c'est un morceau
bien faible*» (vgl. auch p. 262).

müsse auch Artaxerxe fallen. Um jeden Verrat unmöglich
zu machen, will er auch seinen Mithelfer Tissapherne, der
sich bei der Mordtat feig und ängstlich benommen habe, aus
dem Wege schaffen.

Barsine kommt, in Tränen aufgelöst und beschwört ihren
Vater, Darius zu retten. Sie ahnt alsbald, wer der wahre
Schuldige ist. Artaban durchschaut die Beweggründe des
liebenden Mädchens und verstößt Barsine:

> «Opprobre désormais d'une illustre famille,
> Eh qu'importe à ton père, ou la vie, ou la mort?
> Vas, fuis loins de mes yeux . . .

Sie geht und zynisch ruft der Mörder aus:

> «Ce n'est point par des pleurs que l'on peut émouvoir
> Un cœur qui ne connait amour loix, ni devoir.»

Artaxerxe, der kommt, drängt er — wie Tiribaze den
Artaxerxe bei Boyer — zur Vollstreckung der Hinrichtung.
Schon treffe das von Amestris aufgestachelte Volk Anstalten,
Darius zu befreien (vgl. die Teilnahme der Perser im *Darius!*).
Wie Tiribaze fordert er von ihm die Erfüllung der Pflicht
der Gerechtigkeit. Aber auch unser Artaxerxe möchte am
liebsten Darius retten, wenigstens will er ihn nochmals sehen
im letzten Augenblick seines Lebens. Sein Monolog erinnert
stark an den des Darie bei Magnon, als er zwischen blutiger
Rache und Kindesliebe schwankt:

| Darie (III, 7): | V, 4) Artaxerxe (Xerxès apostrophierend): |
|---|---|
| A peine je ressens une secrete horreur | «Toi qui de ma douleur attends ce sacrifice, |
| Qu'en plus doux mouvement vient flater ma fureur, | Dissipes les horreurs d'un doute qui m'accable |
| Mon amour qui voudroit surprendre ma colere, | N'exposes point un cœur qu'irrite ton trépas, |
| Desguise en ennemis et mon pere et mon frere | A des crimes certains, pour un qui ne l'est pas. |
| S'il faut, ma passion, que je perde l'un d'eux. | Prends pitié, de ton sang, fais que ma main funeste, |
| Suspens pour un moment cet arrest hazardeux. | En croyant le venger, n'en verse pas le reste.» |

Separe l'innocent d'avecque le cou-  
    pable  
. . . . . . . . . .  
Accorde à ma vertu l'vne de ces vic-  
    times  
Je ne puis me resoudre à faire tant  
    de crimes.

Je ne sais quelle voix me parle en  
    sa faveur,  
Mais jamais la pitié n'attendrit  
    tant un cœur.  
Grands Dieux, épargnez-moi le re-  
    proche fatal  
De n'avoir immolé peut-être qu'un  
    rival.»

Amestris fleht das Mitleid des Artaxerxe für Darius an. Dieser selbst verteidigt, ohne es eigentlich zu wollen, seine Unschuld: er rührt den Bruder zu Mitleid und Tränen, aber Artaxerxe fühlt sich zu seinem Schmerz außerstande, das Urteil der Richter umzustoßen. Er verspricht feierlich, daß er nie auf Amestris, wenn sie durch Darius' Tod frei sei, Anspruch erheben werde.

Der Unglückliche nimmt Abschied und rüstet sich zum letzten Gang — da eilt Barsine herein, hält Darius zurück und spricht von einem furchtbaren Verbrechen, das sie jedoch nicht selbst enthüllen könne. Aus Schande habe sie Gift genommen. Nur Tissapherne vermöge alles zu sagen. Glücklich sterbe sie, da Darius gerettet und die Tat ihres Vaters gesühnt sei.

Tissapherne klärt das Übrige auf. Er gesteht seine Schuld: ferner, daß er Artaban, der sein eigenes Leben bedroht, getötet habe. Sterbend wird Tissapherne, der ebenfalls Selbstmörder ist, weggetragen.

Um sein Unrecht gut zu machen, vereint Artaxerxe seinen Bruder mit Amestris und gibt ihm die Hälfte seines Reiches.

Der Schluß ist wiederum identisch mit dem bei Magnon. Vor der Verlobung des Liebespaares stellt Artaxerxe in beiden Stücken die Frage, wie er Darius versöhnen könne. Man vergleiche:

Créb.: *Artaxerxe:*

  «Que je dois désormais te paroitre odieux!  
Ah mon cher Darius! par quels soins, quels hommages,  
Pourrai je dans ton cœur réparer tant d'outrages?»

mit Magnon: *Artaxerxe:*

  «Mon genereux Darie, accorde moy ma grace,

*Ton innocence attend que ie luy satisface:*
*Nomme quelques farcurs qui valent ce pardon ...»*

Wie bei Magnon bringt auch hier Tissapherne die Aufklärung.

So zieht sich Magnon's Einfluß wie ein roter Faden durch das ganze Stück.

## Quellen.

Dutrait, der Biograph Crébillon's, sagt in seinem Buche über die Quelle des *Xerxès*: «*Crébillon paroit en avoir trouvé la première idée dans Justin*» (III. 1)[1], gibt eine Inhaltsangabe der betreffenden Stelle und bemerkt dazu: «*Le poète emprunte à l'histoire le meurtre* [sc. *de Xerxès*] *et l'accusation contre Darius, après laquelle il place immédiatement la trahison du complice d'Artaban.*»

Ein Blick auf Justin's Bericht, den wir im Anhang wiedergegeben haben, bestätigt Dutrait's Angabe. Doch der weitere Satz: «*Le reste est de son invention*» bedarf stark der Berichtigung.

Im allgemeinen wurde bereits lange vor Dutrait, dessen Buch 1895 entstand, auf Crébillon's Beziehungen zu früheren Dramatikern hingewiesen:

Im Jahre 1749, dem Druckjahr des *Xerxès*, schrieb nämlich ein Anonymus aus La Rochelle eine briefliche Kritik des Werkes an die Brüder Parfaict. In der *Histoire* (XV. 160 f.) wird diese auszugsweise wiedergegeben. Die Herausgeber identifizieren sich nicht mit den Meinungen des Anonymus. «*Sans adopter ses sentimens*» sagen sie nämlich über die Quellen der Tragödie: «*Si on veut l'en croire, M. de Crébillon a pris dans le Couronnement de Darie de M. l'Abbé de Boisrobert, dans l'Artaxerxe de Magnon, et dans la Tragédie du même titre de M. l'Abbé*

---

[1] Die Anregung ist — möglicherweise — von der französischen Justinübersetzung des Louis Ferrier de la Martinière ausgegangen, die in Paris 1708, also nur 6 Jahre vor der Abfassung des *Xerxès*, in dritter Auflage erschien (1693[1], 1698[2], 1708[3], 1737[4] usw.). Vgl. Blanc, *Bibl. etc.* II. 1103.

*Boyer, la plus grande part du sujet, des situations, et des caractères de la Pièce. Selon lui, ceux d'Artaban et d'Amestris, sont copiés d'après le Tiribaze et l'Aspasie des trois précédeus. Le Roy et ses deux fils sont aussi leurs modèles ... La loi des Perses, dit-il, qui fait le nœud de la Tragédie est encore une imitation.»*

Auffällig ist, daß Corneille's *Darius* nicht erwähnt ist. Wir erraten den Grund: die Fäden, die ihn mit Crébillon verbinden, sind verborgener und nur bei genauer Untersuchung sichtbar.

Wir werden nun im einzelnen wieder den Einfluß der Vorläufer genauer bestimmen.

Eine Reihe von textlichen Anklängen an Magnon haben wir bereits angegeben. Auch die äußere Struktur und vor allem die innere Form, der Charakter des Stückes, ist der des *Artaxerxe*. Der *Xerxès* ist ein ausgesprochenes Intrigenstück. Crébillon hat die Beziehungen, die den Tiribaze des Magnon mit dem Liebesspiel persönlich verbanden, vollständig gelöst; denn Artaban benützt die Liebesaffären der Hauptpersonen nur als Mittel zur Intrige, nicht als Selbstzweck. Liebe ist ihm gleichgültig.

Wir wissen, daß *Xerxès* das einzige Stück ist, zu dem der Dichter vorher einen Plan entworfen hat[1]. Es scheint, als ob dieses Abweichen von seiner sonstigen Art poetischer Produktion ihm zum Verhängnis geworden sei: denn das starre Festhalten an dem vorgezeichneten Schema mochte Crébillon dazu verleitet haben, der Intrige zuliebe der Wahrscheinlichkeit der Handlung und mehr noch der der Charaktere Gewalt anzutun.

Auch Crébillon liebt Reflexionen. Aber er vermeidet glücklich die Klippen, an denen Magnon gescheitert ist. Sie sind nicht aufdringlich durch ihre Häufigkeit und Länge und lassen auch genügend Raum für den Ausdruck der Liebesempfindungen des Darius und seiner Geliebten, die bei Magnon von der Reflexion erstickt worden waren.

[1] *Anecd. dram.* III, 129: «C. avoit une façon singulière de composer. Jamais il n'a fait par écrit le plan d'aucune de ses Tragédies, si l'on excepte Xerxès, qui n'est assurément pas la mieux conduite de toutes les siennes.»

Über den Einfluß der Charaktere werden wir noch zu sprechen haben.

Auch Boyer's Drama dürfte Crébillon benutzt haben: nicht gerade textlich, als vielmehr durch Entlehnung verschiedener Motive. Der Gedanke, eine Tochter des Verschwörers in die Handlung einzuführen, stammt gewiß von Boyer. Barsine entspricht der Nitocris. Auch sie erstrebt die Hand des jungen Kriegshelden Darius, der in beiden Fällen seine Liebe der königlichen Prinzessin zugewendet hat. Wie dort, so wird auch hier vom König willkürlich über die Hand des Mädchens verfügt. Tiribaze und Artaban nützen beide diesen Umstand aus, freilich jeder in seiner Art (s. u. die Charakteristik Artaban's).

Beide Verschwörer drängen zur Hinrichtung des Darius (vgl. Créb. V, 3 u. Boyer V. 3!). Mehrere Stellen weisen auf Corneille hin. Wir fassen sie kurz zusammen:

1. Amestris soll, wie Statira, zur Heirat gezwungen werden (I. 7).

2. Sie nimmt gleich Statira ihren Geliebten Darius gegen Verdächtigung seiner treuen Gesinnung in Schutz (III. 5).

3. Der König will Darius mit Barsine bzw. Nitocris „belohnen" (II, 3).

4. Beide Mädchen erhalten vom König den strikten Befehl, dem aufgezwungenen Bräutigam zum Traualtar zu folgen (Corn. IV, 1, Créb. III, 5).

5. Darius hält in der Gefahr dem König seine Dienste vor Augen, um sich zu rechtfertigen (Corn. II, 3, Créb. III, 6).

Über Ochus und Xerxès s. u.

Hat Crébillon auch von Boisrobert sich beeinflussen lassen? Unser oben erwähnter Anonymus scheint dies zu glauben. Zwar kehrt bei Crébillon ein Motiv wieder, das wir nur bei Boisrobert trafen, nämlich die Verleihung des halben Reiches an Darius am Ende des Dramas, aber Crébillon konnte diese Idee recht wohl selbst erfunden oder irgendeinem anderen Dichter nachgeahmt haben. Wir glauben daher, daß Boisrobert nicht in Betracht kommt.

Wir erwähnten schon, daß sich unser Stück bei der Aufführung als ein völliger Mißerfolg erwies.

7*

Den inneren Grund hierfür deuteten wir ebenfalls an: die Handlung entspringt nicht aus den Charakteren der Hauptpersonen, sondern sie ist zu großem Teil ein Ergebnis verschlagener Intrigenkünste, unter denen die Charaktere zu mechanischen Handlungen gedrängt werden.

Wir sehen davon ab, im einzelnen den Gang der Handlung auf seine Wahrscheinlichkeit hin zu prüfen und verweisen auf Dutrait, dessen Analyse eine Darstellung des Inhalts von diesem Gesichtspunkt aus darbietet.

Wenden wir unser Augenmerk auf die Charaktere und ihre Verwandtschaft mit denen der früheren Dramen!

Artaban ist von der obigen Bemerkung über die Charaktere ausgenommen: denn er ist es, der die Intrige leitet. Er allein vereinigt die Fäden der Handlung in seiner Hand, bis sie ihm schließlich entfallen, da er seiner Regiekunst zu viel zugemutet hat. Er ist die Inkarnation des Bösen, ohne sympathische Züge, aber trotzdem nicht abstoßend, so wenig wie Shakespeare's *Richard III.* Sein überlegener persönlicher Einfluß stempelt seine bewußten (Tissapherne) und unbewußten Mithelfer (Xerxes, Artaxerxe, Barsine, Amestris, Darius) zu willenlosen Werkzeugen seiner ehrgeizigen Pläne.

Amestris allerdings entzieht sich dem Netz, das auch über sie geworfen wird, noch rechtzeitig und steht fest zu ihrem Geliebten.

Tissapherne ist nicht aus eigenem Antrieb Artaban's Komplize, sondern durch Lüge und glänzende Versprechungen von ihm verführt. An dem Sieg seiner besseren Natur scheitert das Unternehmen des Verräters. Insofern ist die Gestalt des Tissapherne mit der des Ochus bei Magnon verwandt, dessen Unfähigkeit, zum gemeinen Mörder zu werden, des Tiribaze Absichten zunichte macht.

Auch Xerxes handelt unter dem unheilvollen Einfluß Artaban's und muß seine Verblendung bitter genug büßen.

Besonders aber das Handeln des Artaxerxe, seine unglaubliche Leichtgläubigkeit, sind eine Folge des raffinierten Vorgehens des Artaban. Auch Barsine wird eine Zeitlang getäuscht.

Schließlich muß jedoch das kunstvoll aufgerichtete Ge-
bäude von Blendung und Trug zusammenfallen.

Die Parallele zwischen Artaban und Tiribaze bei Magnon
und Boyer liegt auf der Hand. Aus beiden Vorbildern ist
die Figur des Artaban geschaffen. Magnon's Tiribaze lieh den
Geist, Boyer's Verschwörer mehr Äußerlichkeiten. Crébillon
hat aber einen Zug, der jenen beiden gemeinsam ist, vollständig ausgeschieden — die Liebe. Auf Artaban paßt das
Wort, das der Dichter in dem Vorwort zum *Atrée* (1707) sagt,
wo er über die Bedeutung der Liebe im Drama sich ausläßt:
«*Les cœurs nés sans amour sont des êtres de raison.*»

Barsine hat Crébillon mit dem ureigensten Zug der weib-
lichen Psyche, mit Liebe, ausgestattet. Begreiflicher Ehrgeiz
beschattet ihr Charakterbild: ihre Selbstsühne aber und ihre
Aufopferung für den Vater und Geliebten versöhnt uns mit
ihr vollständig.

Das Verhältnis von Artaban-Barsine zu Boyer's Tiribaze-
Nitocris läßt sich formell in der Figur des Chiasmus darstellen:
Bezeichnen wir Liebe und Ehrgeiz als ihre Hauptmotive,
so ist das Bild folgendermaßen:

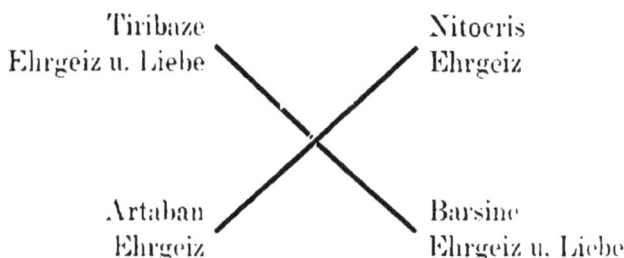

| Tiribaze | Nitocris |
|---|---|
| Ehrgeiz u. Liebe | Ehrgeiz |
| Artaban | Barsine |
| Ehrgeiz | Ehrgeiz u. Liebe |

Die Kombination Crébillon's ist zweifellos natürlicher und
wahrscheinlicher, weshalb wir in seinem Drama einen Fortschritt erblicken.

Xerxès scheint, wie erwähnt, am meisten Ähnlichkeit mit
dem König Ochus bei Corneille zu haben. Seine tyrannische
Art und das aus ihr entspringende Mißtrauen gegen etwaige
Nebenbuhler seiner Herrschaft sind seine hervorstechenden
Züge. Er ist jedoch weniger grausam als Ochus, sondern
eher schwächlich und leicht beeinflußbar, Eigenschaften, die
wir beim Artaxerce des Magnon feststellten. So ist also auch

Xerxès eine Mischung aus zwei Vorlagen — Magnon und Corneille.

Artaxerxe, der edle, gutmütige, aber leicht beeinflußbare Bruder des Darius, ist zweifellos nach dem Ochus des Magnon gebildet. Er ist zwar von allen Charakteren am schlechtesten gelungen, steht aber natürlich weit über Ochus. Der Vergleich des Liebespaares Darius-Amestris mit Darius-Aspazie der anderen Dichtungen bzw. mit Darius-Statira ist von geringem Interesse. Die Auffassung der Liebe bei Crébillon ist völlig die des 17. Jahrhunderts.

Die Sprache im Xerxès, der Stil und die Versifikation, werden von Dutrait nicht gelobt. Er führt S. 456 ff. eine Reihe von Verstößen und Geschmacklosigkeiten zum Beweis an.

Er konstatiert ferner (im allgemeinen) den Hang des Dichters zu Reflexionen und «tirades éloquentes» (S. 239). Für unser Stück gilt seine Bemerkung, daß Crébillon darin vollständig klassisch sei, nicht zum wenigsten.

Die Einheiten sind durchaus gewahrt.

Über die Häufigkeit des Monologs bei Crébillon klagt Dutrait. Wir finden im Xerxès deren 7.

Ihre Längen sind mit Dutrait'schem Maßstab gemessen nach unserer Zählung folgende:

| | | |
|---|---|---|
| assez court | (10—20): | 4 |
| moyen | (20—30): | 1 |
| long | (30—40): | 2 |
| | | 7 |

Von einem „Mißbrauch" des Monologs kann man also beim Xerxès kaum sprechen.

Über die Vertrauten im Stücke, zwei männliche und zwei weibliche, gilt die allgemeine Bemerkung, die wir bei Boyer machten.

# Ergebnis und Schlußbetrachtung.

Der Rahmen der Arbeit gebietet, von der Darstellung der übrigen Dramen abzustehen.

Das bisher gewonnene Hauptergebnis ist der Nachweis des Quellenverhältnisses der einzelnen Stücke.

Folgende Skizze wird es zusammenfassend veranschaulichen:

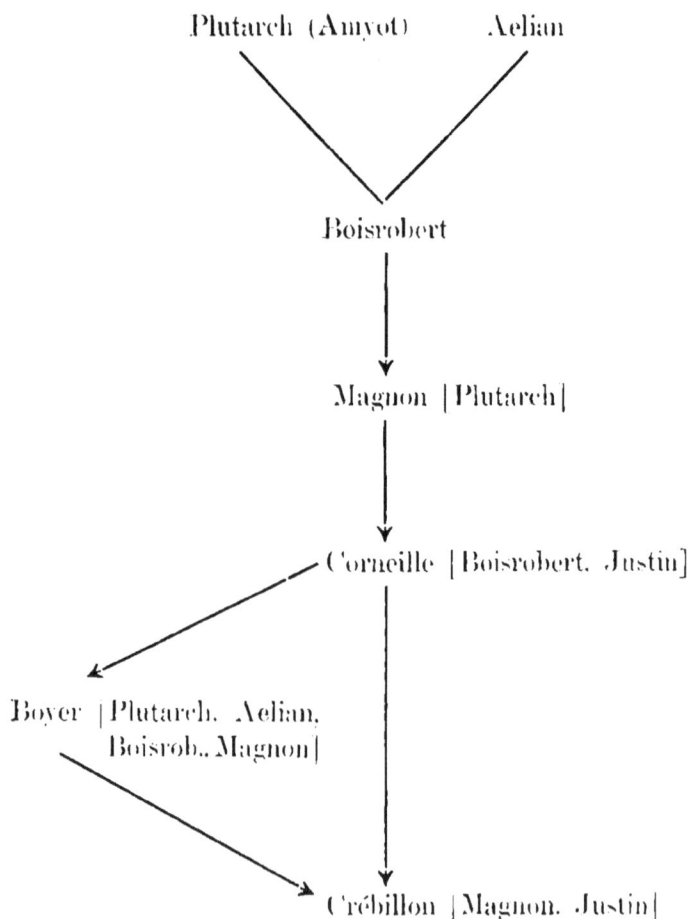

Plutarch (Amyot)  Aelian

Boisrobert

Magnon |Plutarch|

Corneille |Boisrobert. Justin]

Boyer |Plutarch. Aelian, Boisrob., Magnon|

Crébillon |Magnon. Justin|

Über das weitere Ergebnis der Untersuchung mögen einige Andeutungen genügen. Mit Metastasio's *Artaserse* betreten wir italienischen Boden. Wie Crébillon baut auch er sein Stück auf Justin's Bericht auf und schafft — ob mit oder ohne Kenntnis *Nerris* bleibe dahingestellt — ein Musikdrama, von dessen universeller Beliebtheit die im Anhang beigefügte Übersicht über die Übersetzungen des Stückes ein treues Bild gibt. Eine beredte Sprache spricht auch die Tatsache, daß sein Text — nach unseren Zählungen — von über 50 Komponisten in Musik gesetzt worden ist. Das Thema vom Königsmord aus Rache für beleidigte Ehre wird vom Dichter in seiner etwas romantischen Art dadurch interessanter gestaltet, daß der Sohn des Mörders Artaban die Tochter des ermordeten Serse liebt und durch den Gang der Ereignisse in einen Konflikt zwischen Vaterliebe und Treue zur Geliebten gedrängt wird. Damit verbindet sich ein zweiter Konflikt, in den Artaserse, der Sohn des getöteten Serse, gerät: in den Widerstreit der Pflicht der Gerechtigkeit und Freundestreue. Metastasio und Crébillon sind die Hauptvorbilder für die weiteren Dichtungen. Insbesondere Bettinelli, Lemierre und Delrieu lehnen sich neben Deschamps und Vionnet aufs engste an den Italiener an, in der Absicht, die von ihm behandelten Konflikte folgerichtig zu lösen. Am besten gelingt dies Delrieu, dessen Handlung durchaus in den Charakteren wurzelt und wegen der psychologisch tiefen Durchführung den Höhepunkt sämtlicher Dramen vorstellt. Auch de la Ville de Mirmont ahmt Metastasio nach.

**So dürfen wir ruhig behaupten, daß von der oberflächlichen Tragikomödie Boisrobert's bis zur erschütternden Tragödie Delrieu's Stoffgestaltung und Behandlungsweise in aufsteigender Linie sich bewegen.**

# Anhang.

## 1. Stammtafel der Achämeniden.

# 1. Stammtafel der Achämeniden.

(zusammengestellt nach Artikeln in Pauly's Realencycl. d. klass. Altertums und Justi (Gesch. des alten Persiens, p. 15).

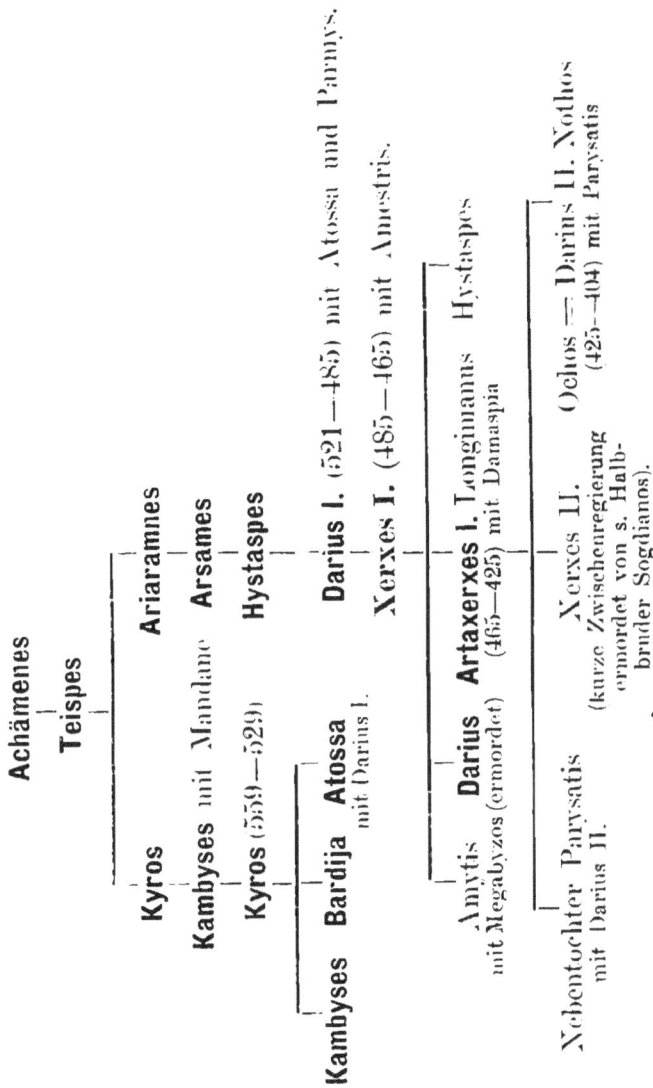

Achämenes

Teispes

Ariaramnes    Arsames    Hystaspes

Kyros    Kambyses mit Mandane

Kyros (559—529)

Darius I. (521—485) mit Atossa und Parmys.

Xerxes I. (485—465) mit Amestris.

Kambyses    Bardija    Atossa mit Darius I.

Amytis mit Megabyzos    Darius (ermordet)    Artaxerxes I. Longimanus (465—425) mit Damaspia    Hystaspes

Xerxes II. (kurze Zwischenregierung ermordet von s. Halbbruder Sogdianos).

Ochos = Darius II. Nothos (425—404) mit Parysatis

Nebentochter Parysatis mit Darius II.

Kambyses

**Artaxerxes II.**
Mnemon (404—361) mit
Statira, Atossa u. Amestris.
Favoritin Aspasia

Amestris     Kyros     Ostanes
          ÷ 401 in der
      Schlacht b. Kunaxa

Oxathres

Amestris
mit Arta-
xerxes II.

Atossa
mit Arta-
xerxes II.

**Darius**

Parysatis
mit Alexander

Bistanes

**Ochos**
= Artaxerxes III.
(361—336) von
Bagoas beseitigt.

Söhne von
Bagoas beseitigt

Enkelin
mit Hystaspes

**Ariaspes**
= Ariaratus von
Ochos beseitigt
(desgl. Arsames)

Arses
von Bagoas
beseitigt

**Arsames**

**Arsames**
mit Sisygambis

**Darius III.** (Codomannus)
(336—330) mit Statira.

**Sisygambis**
mit Arsames

**Barsine**
. (= Statira) mit
Alexander d. Großen
(331—323).

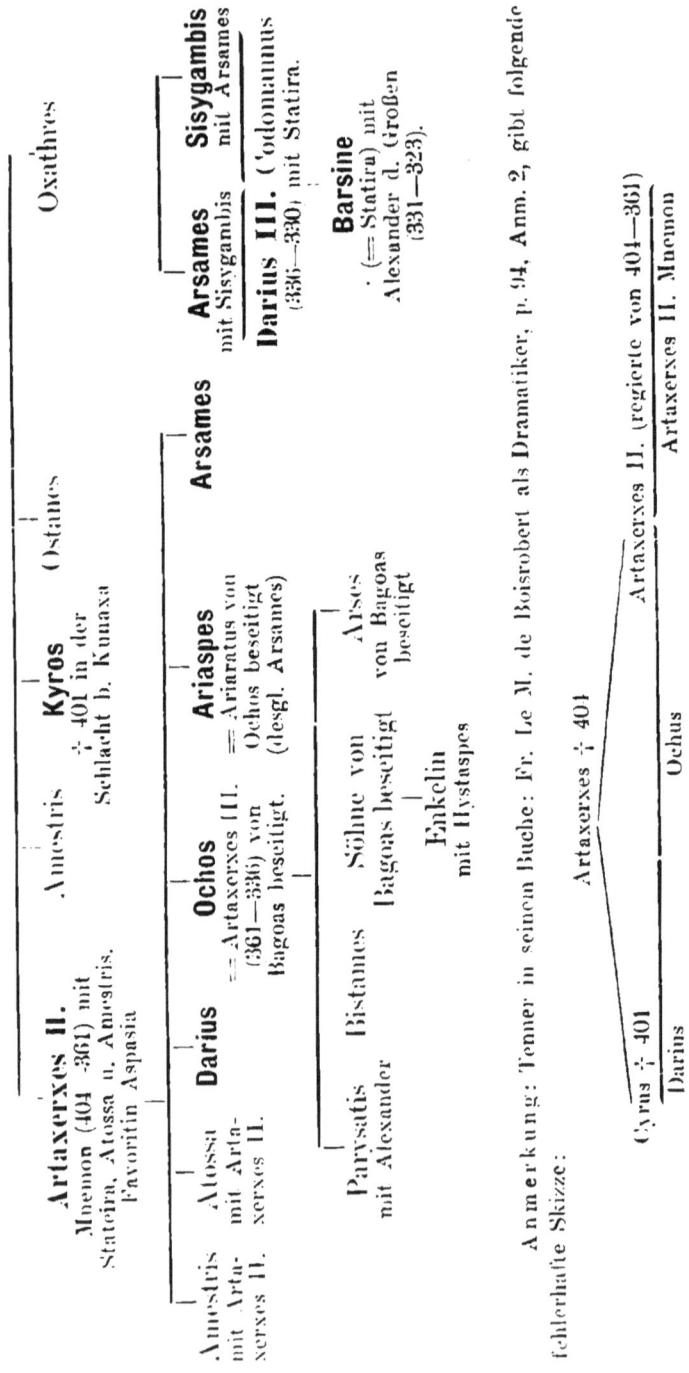

Anmerkung: Tenner in seinem Buche: Fr. Le M. de Boisrobert als Dramatiker, p. 94, Anm. 2, gibt folgende
fehlerhafte Skizze:

Artaxerxes ÷ 401

Artaxerxes II. (regierte von 404—361)
Artaxerxes II. Mnemon

Cyrus ÷ 401

Darius          Ochus

## 2. Inhaltsangabe zu Th. Corneille's *Darius*.

### (Annales dramatiques, III, 83 f.)

*Tiribaze, chargé par Ochus d'immoler Artaxerce son frère et toute sa famille, a sauvé Darius de la proscription, et l'a présenté à la cour sous le nom de Codoman. Ce jeune prince a rendu les plus grands services à la patrie, et fait la conquête de plusieurs États. De retour à la cour de son oncle, il est devenu amoureux de la princesse Statira, sa cousine, et s'en est fait aimer; il n'a pas craint même de lui faire l'aveu de son amour. Cependant Mégabise, dans le dessin de s'emparer du trône, a formé une conjuration et a répandu la nouvelle de l'existence de Darius. C'est sous le nom de Darius qu'il veut agir. Ces bruits inquiètent Ochus, mais il ne sait rien encore de la conspiration: d'ailleurs il n'a rien à craindre, tant que Codoman lui restera fidèle. Il fait venir ce héros pour le récompenser; mais celui-ci ne veut rien accepter. Ce refus irrite Ochus. Enfin, pressé de s'expliquer, Codoman lui demande la main de Statira. C'est alors qu'Ochus, qui ne croit voir qu'un ambitieux dans ce héros, s'emporte sérieusement et le menace de sa vengeance. Pour la rendre plus cruelle, il veut donner la main de sa fille à Mégabise, et il ordonne à l'amante de Codoman de se préparer à accepter Mégabise pour époux. Celle-ci fait de vains efforts auprès de l'ambitieux Mégabise: ce chef de conjurés qui ne voulait qu'arriver au trône, trouve trop agréable d'y monter sans coup férir, pour renoncer à ses droits: mais ses partisans, indignés de sa conduite le dénouent, et bientôt il est arrêté: c'est alors qu'il essaye de se faire passer pour Darius. C'est sous le nom de ce prince qu'il brave son Roi: Enfin, la princesse Amestris, qui tient en ses mains le secret de la naissance de son neveu présente un écrit que Tiribaze lui a remis en mourant. Darius est reconnu, Mégabise est confondu, et Ochus adopte le projet, qu'avait formé sa sœur Amestris, d'unir Statira à Darius.*

## 3. Justin, liber III. cap. I (ed. Ruehl).

*Xerxes, rex Persarum, terror antea gentium, bello in Graecia infeliciter gesto etiam suis contemptui esse capit. Quippe Artabano,*

*praefectus eius, deficiente cotidie regis maiestate in spem regni ad-
ductus cum septem robustissimis filiis regiam vespere ingreditur
(nam amicitiae iure semper illi patebat), trucidatoque rege voto suo
obsistentes filios eius dolo adgreditur. Securior de Artaxerxe, puero
admodum, fingit regem a Darco, qui erat adulescens, quo maturius
regno potiretur, occisum; impellit Artaxerxem parricidium parricidio
vindicare. Cum ventum ad domum Darci esset, dormiens iuventus,
quasi somnum fingeret, interficitur. Dein cum unum ex regis
filiis sceleri suo superem Artabanus videret metueretque de regno
certamina principum, adsumit in societatem consilii Bagabaxum* [1]),
qui praesenti statu contentus rem prodit Artaxerxi: ut pater eius
occisus sit, ut frater falsa parricidii suspicione oppressus, ut denique
ipsi pararentur insidiae. His cognitis Artaxerxes, verens Artabani
numerum filiorum, in posterum diem paratum esse armatum
exercitum iubet, recogniturus et numerum militum et in armis
industriam singularum. Itaque cum inter ceteros et ipse Artabanus
armatus adsisteret, rex simulat se breviorem loricam habere, iubet
Artabanum secum commutare, exuentem se ac nudatum gladio traicit:
tum et filios eius corripi iubet. Atque ita egregius adulescens et
caedem patris et necem fratris et se ab insidiis Artabani vindicavit.*

## 4. Beiträge zu einer Bibliographie der Übersetzungen des *Artaserse* von Metastasio.

### 1. Italienische Prosaübertragung.

*Artaserse, Tragedia. Riduzione in prosa del dramma di Me-
tastasio, di Girolamo Baruffaldi, arciprete di Cento.* In Bologna.
1734 in-16 (s. Salvioli. p. 388: der Wortlaut des Titels ist
etwas abweichend im älteren Werk von Allacci. p. 104:
*A. Tr., tradotta (in prosa) dal dr. di P. Met., e rappresentata in
Cento — in B, per Lelio dalla Volpe.* 1734 in-12 (sic!) di
G. Baruffaldi. Ferrarese Arc. di Cento (Abkzg. v. Verf. d.
Arbeit).

---

[1] Die gewöhnliche Lesart ist Megabazus. Bei Herodot und Ktesias
heißt er Megabyzus.

## 2. Spanien.

1. *Artajerjes.* — *Inédita. Traduccion de la original de Meta-stasio.* — Luzán. Don Ignacio de [1702—54].

2. *Artagerges. (Traduccion en verso de la original de Meta-stasio. Inédita* [nach 1742] (s. La Barrera y Leirado. p. 228 und p. 525).

## 3. Frankreich.

Die folgende Liste stützt sich hauptsächlich auf Blanc: *Bibliogr. italien-fr.* (1886) p. 1317 ff. und auf die zerstreuten Angaben in Lacroix: *Bibl. dram. de Soleinne* (1843). Wir folgen der Chronologie der Übersetzungen.

1. *Œuvres de Metastasio:* tome I (et unique) (enthält u. a. *Artaxerce*): traduites par Bonnet de Chemilin. Paris. Delormel. 500 pages in-12: 1749.

2. *Tragédies-Operas* (34 pièces) tr. p. César Pierre Richelet. Vienne (Paris). 12 vol. in-12, 1751—60 (s. t. VIII: *Artaxerce*).

3. *Artaxerce,* tr. en 5 actes [prose!]: Strasbourg. J. H. Heitz. in-8. 1751.

4. *Artaxerce,* tr. en trois actes, trad. en vers, par X. de Bursay: Paris. Vente. in-8. 1765.

Anmerkung. Der *Artaxerce* des Bursay ist. wie es in der Ausgabe zu Dehrieu's gleichnamigem Drama im Vorwort der Herausgeber p. 115 heißt, eine wörtliche Übersetzung, *qui présente les défauts du célèbre poète italien, sans offrir ses beautés, est si faiblement écrite et conçue qu'elle fut refusée à la Comédie Française et ne fut jouée que par les acteurs du Théâtre Montansier alors à Versailles.* Diese Angabe ist wertvoll, da sie uns verbürgt. daß Bursay's Drama. das uns unzugänglich blieb. keine freie Nachahmung des italienischen Stückes ist (wie etwa das des de la Ville de Mirmont) (1810). Blanc's Bibliographie ist nämlich das einzige der von uns befragten Werke. wo das Drama Bursay's schon im Titel als das, was es ist — eine Übersetzung — sich erkennen läßt. Frühere Notizen lauten nämlich durchgehends irreführend: «*Artaxerce, tr … imitée de l'italien de Metastasio*» usw. (s. *Ancel. dram.*

11. 315 [Suppl.]. *Bibl. d. Th. franç.* III, 224: Mouhy, *Abrégé* I. 16; Lacroix-Soleinne II, 147). Selbst Dutrait, p. 548 hält in seiner Liste der Artaxerxesdramen Bursay's Stück für eine Nachahmung. Er führt außerdem an: *Artaxerxès, tragédie par M. M\*\*\*, en cinq actes (imitée de Métastase), sans nom de lieu, ni de l'éditeur. 1765 (Confusion possible avec la précédente)* [sc. de Bursay, dessen Stück ebenfalls 1765 erschien!]. Leider gibt Dutrait die Quelle dieser Angabe nicht an. — Blanc führt auch einen zweiten Druck des Bursay'schen Stückes an: Marseille, Sube Laporte, in-8; 1776. Wir wissen, daß es in Marseille mit Erfolg gespielt wurde im Jahre 1765 (s. *Bibl. d. th. fr.,* l. c.: *Anecd. dram.,* l. c.; Mouhy, l. c.).

5. *Artaxerce,* opéra en trois actes, traduit (prose) avec notes, par Ch. C. (Colnet); Paris; in-8; 1808 [Paris. Levallois sagt Blanc: Paris, Palais-Royal sagt Lacroix-Soleinne 2 suppl. No. 398].

6. *Artaxerce,* tragédie opéra, en 3 actes, traduit par P. Duport. Paris. Guérin, in-8; 1835.

A n m e r k u n g. Blanc führt fälschlich den *Artaxerce* des Alex. de Laville (1810) als Übersetzung an; unrichtig ist auch die Angabe: *tr. en 5 actes»* (statt 3!).

## 4. Dänemark.

1. *Artaxerxes,* et musikalisk Syngespil til at opfores paa den Kgl. Danske Skue-Plads 1760. Oversadt paa Dansk af Rasm. Soelberg. [Musiken af Jos. Sarti.] Kbh. u. A.

2. Von größerer Bedeutung ist die Übersetzung von Holberg. Ludv.: *Artaxerxes* et heroisk Skuespil udi 3 Acter [Oversættelse efter Metastasio] (ad. 1 u. 2, s. Bruun, Chr. V. Bibliotheca Danica IV, 418).

A n m e r k u n g. Graesse, *Trésor des Livres* III, 321 gibt uns über Holberg weiteren Aufschluß: Von dessen „Den Danske Skueplads Kjøbhv. 1731—57, 7 vol. in-8°" (einer Sammlung, die auch den *Artaxerxes* enthält!) gibt es eine deutsche Übersetzung: Dänische Schaubühne von J. G. L. v. A.) Lpzg. 1750—55. 5 vol. in-8° (s. u.!) und eine andere von Oehlenschläger. Lpzg. 1822—23. 4 vol. in-8°.

Von einer französischen Übersetzung von G. Fursman (Copenh. 1746 klein in-8⁰) erschien nur der 1. Band. Auch eine schwedische Übersetzung erwähnt Graesse: *Udvalgte Comedier*. Stregnäs 1827—33. 8 tom in-8⁰.

## 5. Deutschland.

1. *Artaxerxes*, ein ernsthaftes Singspiel, so auf Befehl des Höchstansehnlichen Kaiserl. Herrn Principal-Commissarii, des regierenden Herrn Fürstens von Thurn und Taxis, Hochfürstl. durchl. etc. etc. auf dero Theater zu Regensburg vorgestellet werden soll. 1785.

Bemerkung: Bei „Personen" heißt es: „Die Poesie ist von dem berühmten Herrn Metastasio, Kaiserl. Poeten." Die Übersetzung ist eine Mischung von Prosa und Poesie, geändert und gekürzt.

2. *Artaxerxes*. Ein Drama in drey Aufzügen. Nach dem Italienischen des Metastasio von Julius von Bollé. Würzburg 1824 (Regensburg 1824). Vorgedruckt ist eine poetische Zueignung an „Eine Hohe Fürstinn aus edlem deutschen Geschlechte".

Übersetzt in 5 füßigen, teilweise gereimten Jamben.

3. *Artaxerxes*, in: Die dänische Schaubühne von L. v. Holberg. Kopenh. 1759—62. 5. Bd. (s. o. unter Dänemark 2).

Holberg nennt sein Stück ein „heroisches Schauspiel". Ebenso nennt es der anonyme deutsche Übersetzer.

Die Übersetzung ist sehr frei.

## 6. England.

1. *Artaxerxes*, drama per musica [in three acts, and in verse, adapted from Metastasio, with an English prose translation]. Ital. and Eng. London. 1734; 8⁰. (Eine andere Ausgabe vom Jahre 1735.)

2. *Artaxerxes*, an English opera [in three acts, and in verse, translated and adapted by Th. A. Arne from the Italian of Metastasio]. 8⁰. 1761: andere Ausgaben vom Jahre 1801 u. 1802. 8".

3. *Artaxerxes*. Opera, translated from Metastasio, by John Hoole. 8° 1767: 8° 1800 in: Dramas and Poems translated by Hoole. London 1800. 3 tom. in-8° (s. Graesse, l. c., IV, 506).

4. *Artaxerxes*, an English opera, in two acts [and in verse, from the Italian of Metastasio]. See Duncombe's Edition [of the British Theatre]. Vol. 1. [1825, etc.] 12° 11770 a. 1. (s. Brit. Mus. Cat. ad. 1, 2, 3 u. 4).

Bemerkung. Die Übersetzung von Dr. Arne bezeichnet die *Biogr. Dramatica* II, 38 als "a most wretched mangled translation". Seine Komposition dagegen wird außerordentlich gerühmt.

www.ingramcontent.com/pod-product-compliance
Lightning Source LLC
Chambersburg PA
CBHW031405270326

41929CB00010BA/1327